조이 오브 워크

THE JOY OF WORK

by Bruce Daisley

THE JOY OF WORK

조이 오브 워크

최강의 기업들에서 발견한
일의 기쁨을 되찾는 30가지 방법

브루스 데이즐리 지음 | **김한슬기** 옮김

INFLUENTIAL
인 플 루 엔 셜

CONTENTS

3부 **일의 기쁨과 성과를 극대화하는
10가지 자극의 기술**

더 나은 직장생활은
가능하다

여러분이 꿈는 최악의 직장은 어디인가?

나는 열여섯 살 생일에 버밍엄 중심가에 자리한 햄버거 가게에서 첫 아르바이트를 시작했다. 당시 나는 160센티미터도 되지 않는 작은 키에 아직 변성기가 지나지 않아 목소리가 어정쩡했다. 외모에도 자신이 없어 위축되기 일쑤였고 늘 사람들의 눈치를 살폈다. 게다가 처음 사회생활을 하는 터라 혹시 말 한마디 잘못했다가 잘리지는 않을까 전전긍긍했다. 등굣길만큼이나 출근길도 고역이었지만, 일이 좋아서 하는 사람이 어디 있겠나 생각하며 하루하루 버텼다. 그저 그렇게 조용히 테이블이나 닦고 급여를 받으면 그만이었다.

잔뜩 주눅이 들었던 탓에 매니저의 말이라면 꼼짝없이 따랐다. 한번은 맨손으로 휴지를 둘둘 뭉쳐 싱크대 밑에 어마어마하게 쌓인 쥐똥을 치운 적도 있다. 운이 좋은 날에는 청소를 하는 대신 인형 탈을 썼다. 그러곤 대로변에서 시큰둥한 표정으로 빠르게 걸음을 옮기는 사람들에게 할인 전단지를 돌렸다.

그렇다고 그 햄버거 가게가 최악의 직장이었냐고 묻는다면, 꼭 그렇지만은 않다. 지금 생각해보면 정말 열악한 일터였지만 당시에는 온갖 궂은일을 하면서도 같이 일하는 아르바이트생과 수다를 떨며 깔깔대곤 했다. 다른 사람은 어떤지 모르겠지만 나는 매일 얼마나 자주 웃는지에 따라 행복이 결정된다고 생각했다. 아주 잠깐이라도 누군가와 어울려 웃고 떠들며 즐거운 시간을 보낸다면 그걸로 족했다.

나는 여러 일터를 거치며 한 가지 특이한 점을 발견했다. 훌륭한 비전을 가진 리더가 이모저모 살뜰히 보살피지 않아도 좋은 직장이 될 수 있다는 사실이다. 오히려 직원들이 괴팍한 사장한테 시달리면서도 업장을 잘 꾸려나가는 곳이 많았다. 예전에 일했던 한 멕시코 레스토랑은 사장이 성격이 더러웠는데, 사장만 가게를 나서면 화기애애한 공간으로 탈바꿈했다. 사장은 그야말로 고약한 사람이었지만 세계 어딜 가도 그만한 치미창가(고기, 치즈, 콩 등 여러 식재료를 토르티야에 싸서 기름에 튀긴 멕시코 전통 요리―옮긴이)를 내놓는 레스토랑은 찾을 수 없을 것이다.

그렇게 나는 기업문화가 단순히 사장 한 사람에 의해 좌지우지

되지 않는다는 사실을 깨달았다. 직원 모두가 업무 환경에 영향을 미친다. 따뜻하고 보람찬 직장을 만들기 위해서는 구성원 모두가 함께 노력해야 한다.

스티브 잡스Steve Jobs는 "당신이 하는 일을 사랑하라"고 말했다. 말은 쉽지만 듣기에 따라서는 오해의 소지가 있다. 일을 사랑하라는데 도저히 그럴 수 없다면? 나에게 문제가 있는 걸까? 이 말은 자칫 직장인에게 불리하게 악용될 여지도 있다. "정말 하고 싶은 일을 하고 있다면 급여 인상을 바라거나, 일이 너무 많다고 불만을 품거나, 스트레스가 심하다고 징징대서는 안 된다. 회사는 언제든 여러분의 자리를 '진심으로' 원하는 사람에게 내줄 수 있다."

직원 개개인에게 기업문화 형성에 온전한 책임이 있다는 뜻은 아니다. 다만 직장생활을 좀 더 즐겁게 하기 위해 스스로 이런저런 시도를 해볼 필요는 있다. 문제는 시간이 갈수록 일하는 재미가 떨어진다는 점이다. "전에는 일이 훨씬 더 재미있었는데"라며 과거를 그리워하는 경우가 심심찮게 보인다. 진심으로 일을 좋아하는 사람은 거의 없을뿐더러, 일을 좋아하려고 애쓰다가 지치는 사람도 많다.

갤럽에서 전 세계 직장인을 대상으로 실시한 조사에 따르면 자신의 직업과 직장에 애정과 열의를 가지고 주도적으로 업무를 수행하는 비율은 13퍼센트에 불과하다. 영국의 경우 8퍼센트로 상황이 더 심각했다.[1] 현대 직장인은 언제 직장을 잃을지 모른다는 불안에 시달릴 뿐 아니라 회사에 예상치 못한 급한 일이 생길까 봐 일요일에도 스마트폰을 손에서 떼지 못하고 틈만 나면 이메일을 확인하며 귀중한 휴일을 방해받는다.

　나는 직장 운이 꽤 좋은 편이었다. 지난 10년은 세계적 기업 구글, 트위터, 유튜브에서 근무했다. 그 전에는 《히트Heat》와 《큐Q》를 발간하는 잡지사, 캐피털 라디오와 유명 밴드 키스가 속한 엔터테인먼트 회사에서 일했다. 모두 근무하기 아주 좋은 직장이었다. 그리고 지금은 트위터 유럽 지사 부사장으로 일하고 있다. 회사를 방문한 손님에게서 트위터 런던 사무실 분위기에 대한 칭찬이나 근무 환경을 개선하는 방법을 묻는 이메일을 받으면 자랑스러움에 가슴이 뿌듯해진다.

　오랫동안 기업문화에 관심을 가져왔지만 제대로 연구해야겠다고 마음먹은 이유는 회사가 예전 같지 않다고 느꼈기 때문이다. 직원이 예전처럼 일을 즐기지 못하고 있는 듯했다. 퇴사자도 속출했다. 멍하니 자리만 지키는 사람도 많았다. 무엇이 잘못됐는지, 어떻게 해결할지 도무지 아무런 생각이 떠오르지 않았다.

　고심 끝에 혹시라도 도움이 될까 싶어 팟캐스트 〈먹고 자고 일하고 반복하라(Eat Sleep Work Repeat)〉를 시작했다. 직장생활에 활력을 불어넣는 방법을 잘 아는 조직심리 전문가를 초대해 제대로 된 조언을 얻기 위해서였다. 놀랍게도 기업문화를 개선할 수 있는 쉽고 간단한 방법은 생각보다 아주 많았다. 그중 여덟 가지를 추려 마케팅대행사 마그네틱의 CEO인 수 토드Sue Todd와 함께 '뉴

워크 매니페스토The New Work Manifesto'에피소드를 기획했다. 반응이 폭발적이었다. 경찰, 간호사, 변호사, 은행원 등 다양한 직종의 사람들이 팟캐스트에 소개된 아이디어를 어떻게 자신의 직장에 적용할 수 있을지 문의해왔다.

만족스러운 직장을 만드는 방법을 다룬 조사와 연구 자료는 이미 차고 넘친다. 다만 매일 힘겹게 출근길에 오르는 직장인이 모르고 있을 뿐이다. 그래서 나는 전문가의 조언을 살짝 다듬어 누구나 시도해볼 만한, 혹은 회사에 건의해볼 만한 방법 30가지를 정리해 독자들과 책을 통해 공유하기로 했다. 직접 시도해보고 성공적인 결과를 얻은 방법도 있고, 주변에서 많이 보이는 나쁜 업무 습관을 고치는 데 도움이 될 만한 방법도 있다. 몇 가지는 당장 적용하기 어려울 수 있겠지만 효과는 확실하다.

어디서 어떤 일을 하든 일은 인생에 의미를 더한다. 직장에 대한 애정을 과시할 필요까지는 없지만 자기 직장을 좋아하고 행복하게 일한다는 건 자부심을 가질 만하다.

현대 직장인을 괴롭히는 두 가지 메가트렌드

오늘날 직장인에게 스트레스는 아주 당연한 일이 됐다. 지독한 스트레스는 창의력을 떨어뜨리는 걸림돌이자 직장인이 일상 업무를 수행하는 데도 부정적인 영향을 미친다. 이런 상황은 날로 악화될 뿐 조금도 나아질 기미가 보이지 않는다. 현대 직장인을 옴짝달싹 못하게 가로막는 두 가지 '메가트렌드' 탓이다. 바로 '끊임없는 연결'과 '인공지능'이다. 이것들로 인해 직장생활은 예전과 완전히 달라졌다.

지난 20년 동안 회사가 직원에게 요구하는 일은 점점 많아졌다. 언제 어디서든 휴대전화로 이메일을 확인할 수 있게 되면서 회사와 직원의 관계가 근본적으로 달라졌기 때문이다. 그래서 업무 성과가 향상됐는가 하면 그건 정확히 알 수 없다. 분명한 사실은 근로시간이 이전과 비교할 수 없을 만큼 길어졌다는 점이다.

처음에는 기술의 발전이 반가웠다. 휴대전화만 있으면 언제 어디서든 이메일을 확인하고 일을 할 수 있으니 편하다고 생각했다. 시간과 장소에 구애받지 않아 자유롭다고 느꼈다. 마침내 집 소파에 편안히 누워 프리미엄 욕실매트 가격을 묻는 고객의 질문에 답할 수 있게 됐다. 기차를 타고 이동하면서 이메일로 버스표 예매 내역을 보내달라고 요청할 수도 있었다. 휴대전화에 추가된 이메일 기능이 업무량을 늘릴 거라 생각한 사람은 드물었다. 생각을 했더라도 이만큼 많아질 거라곤 예상도 못했을 것이다.

이제는 상황이 얼마나 심각한지 잘 보인다. 2012년에 실시한 한 조사에 따르면 영국 직장인의 하루 평균 근로시간은 7.5시간에서 9.5시간으로 두 시간 늘어 23퍼센트나 증가했다.[2] 이에 한참 못 미치는 급여 인상 폭을 고려하면 상당히 많이 늘어난 셈이다. 무엇보다 직장인이 표준 근로시간을 넘어서까지 업무에 얽매여야 한다는 점이 가장 큰 문제다. 조사 결과 미국 직장인의 60퍼센트가 평일에는 13시간 30분 동안, 주말에는 5시간 동안 직장과 연락이 닿아 있었다. 모두 합하면 한 주에 70시간 이상을 직장에 할애하고 있는 것이다.[3] 이뿐 아니라 직원들이 퇴근 후 회사에서 온 연락을 자연스럽게 받아주면서 고용주는 이를 당연하게 여기게 됐다. 갤럽의 설문조사에 참여한 전 세계 기업의 62퍼센트가 직원이 근로시간 외에도 회사에서 오는 연락에 답해야 한다고 대답했다.[4]

뒤에 다시 언급하겠지만 근로시간 연장의 긍정적 효과는 증명된 바가 없다. 수확체감의 법칙에 따라 근로시간이 길어지면 창의력을 발휘하기 어렵기 때문에 업무 효율은 오히려 떨어진다. 수많은 연구 자료가 이를 입증한다. 또한 과도한 업무를 처리하느라 과로에 시달리면 심리학에서 말하는 '부정적 정서' 상태에 빠진다(이에 대해서는 3부에서 자세히 설명한다). 문제는 이로 인해 일을 즐거운 활동이 아닌 끔찍한 활동으로 받아들이게 된다는 데 있다. 실제로 부정적 정서 상태가 지속되면 직장 밖의 사생활이 매우 만족스럽지 않은 이상 자신의 일에 불만을 품을 가능성이 매우 높다는 사실을 증명한 심리학 연구도 있다.[5] 직장과 연결성이 높아질수록 우울 증세도 심화된다. 또한 타액에서 분비되는 코르티솔 수치를 측정해보니 근로시간 외에 업무용 이메일을 확인하는 직장인 절반 이상이 높은 스트레스 수준을 보였다.[6]

또 하나의 메가트렌드인 인공지능이 미치는 영향도 매우 크다.

로봇의 등장이 어떤 결과를 가져올지는 누구도 정확히 예측할 수 없다. 그러나 자동화가 저임금 노동직군에 엄청난 영향을 미칠 것이라는 주장에는 이견이 없는 듯하다. 인공지능은 반복되는 업무를 매우 효과적으로 처리할 수 있기에 생각보다 훨씬 광범위한 산업을 위기로 몰아넣을 수 있다. 그중에서도 법률 관련 직종은 머지않은 미래에 로봇으로 대체될 것이라 예상되는 가장 대표적인 분야다. 법적 분쟁을 해결하기 위해서는 다양한 연구 자료와 수많은 기존 판례를 분석해야 하는데, 컴퓨터는 매우 빠르고 정확하게 이런 '패턴 인식' 작업을 처리할 수 있기 때문이다.[7] 지금 당장은 법조인이 유망 직종으로 보이겠지만 조만간 법과 관련된 일자리가 절반 가까이 사라질 것이라는 예측도 분분하다.[8]

물론 인공지능의 발달을 긍정적으로 받아들이는 사람도 있다. 영국 왕립예술학회 대표 매슈 테일러Matthew Taylor는 영국 정부의 요청으로 고용의 미래를 주제로 보고서를 작성하며 이런 전망을 내놨다.[9] "여러모로 분석해본 결과, 온라인 유통 채널 증가는 고용 창출을 이끌었다. 과거에 비해 오프라인 유통 산업이 위축된 것은 사실이다. 그러나 물류관리 및 배송 관련 일자리는 오히려 증가하는 추세며, 이렇게 새로 생긴 일자리가 사라진 일자리보다 훨씬 많다."[10] 테일러의 주장이 사실이라 해도 많은 일자리가 인공지능 로봇으로 대체될 가능성이 높다는 예상을 완전히 무시할 수는 없다.

그렇다면 살아남을 수 있는 직업은 어떤 것들일까? 단순한 업무가 반복되는 직업일수록 기계가 인간을 대체할 확률이 높다. 반면 정답이 없는 문제를 해결하기 위해 끊임없이 고민해야 하는 직업은 대체하기가 매우 어렵다. '이런 방법을 시도해보면 어떨까? 상품을 다른 방식으로 포장하면 어떨까?' 등 매일같이 '이건 어떨까?'라는 질문을 던져야 하는 일이 바로 여기에 해당한다. 인공지능이 아이디어를 구상하고, 해답을 고민하고, 이치를 궁리하는 직업을 대신하려면 상당히 오랜 시간이 걸릴 것이다.

첫 번째 메가트렌드인 '끊임없는 연결'은 은밀하게 우리의 뇌를 혹사시킨다. 일반적으로 느끼는 불안 수준이 과거보다 높아진 이유는 명확하다. 삶의 많은 부분을 차지하는 일에서 받는 스트레스가 커졌기 때문이다. 물론 옛날이라고 일이 마냥 수월했던 건 아니다. 하지만 적어도 이전 세대는 직장과 사생활이 확실히 분리되어 있었기에 퇴근 이후 직장에서 연락이 올까 봐 휴대전화를 들여다볼 필요는 없었다.

그러나 진짜 문제는 따로 있다. 인공지능이 범람하는 시대에 살아남기 위해서는 그 어느 때보다 창의력이 중요하다. 그런데 끊임없는 연결에 의해 스트레스를 받으면 창의적인 사고가 어려워진다. 진퇴양난이다. 과학자들은 이런 상태를 '부정적 정서'라 일컫는다. 나는 이 책에서 지난 50년간의 연구를 참고해 부정적 정서와 긍정적 정서가 심리에 어떤 영향을 미치는지 자세히 보여줄 예정이다.

우리에게는 상황을 바꾸고 개선할 힘이 있다. 지금 이 책을 읽는 독자 대부분은 평범한 직장인일 것이다. 조직 운영에 관한 대부분의 결정은 대표나 사장, 고위 임원이 내리지만, 회사 내에서의 기분이나 감정, 직장 동료와의 관계 등은 평범한 직장인들도 얼마든 조절할 수 있다. 더 행복하고 신나는 직장생활을 위한 효과적인 방법은 많다. 누구나 이 책에 소개된 조언을 실제 직장생활에 적용할 수 있다.

충전하고, 공감하고, 자극하라!

이 책은 크게 세 부분으로 구성된다. 나는 각 부분이 가진 특징을 최대한 살리면서 마침내 셋이 하나로 어우러져 행복한 근무환경을 위한 큰 그림이 완성되도록 구성에 신경 썼다.

충전 ─ 1부는 에너지를 충전하는 방법을 알아본다. 에너지를 완벽히 회복하는 방법은 무엇일까? 업무를 보다 쉽게 관리할 수 있는 간단한 팁은 없을까? 어떻게 하면 부정적 정서를 긍정적 정서로 바꿀 수 있을까?

공감 ─ 2부는 과학적 연구 결과를 활용해 팀원 사이의 신뢰를 회복하고 관계를 개선하는 방법을 이야기한다. 여기에서 소개하는 방법은 여러분이 평범한 직장인이라는 가정을 바탕으로 하고 있다. 누군가에게 명령을 내릴 만한 높은 직급이 아니더라도 충분히 업무 분위기를 바꿀 수 있다. 나는 좋은 문장이나 기사를 감명 깊게 읽은 팀원 단 한 명에 의해 팀 분위기가 긍정적으로 변화한 사례를 아주 많이 목격했다.

자극 — 3부는 팀이 완벽한 조화를 이루어 특별한 울림을 공유하는 노동문화를 조성하는 방법을 설명한다. 두 번째 부분과 세 번째 부분에서 중점적으로 다루는 내용은 MIT의 경제학자인 알렉스 펜틀랜드Alex Pentland 교수가 도출한 흥미로운 연구 결과를 바탕으로 한다. 연구에 따르면 훌륭한 팀은 활발히 의견을 주고받을 뿐 아니라 서로를 적절히 자극한다. 창의력과 에너지를 자극하고 성공을 유도하는 방법은 무엇일까? 어떻게 하면 팀원과 특별한 울림을 공유할 수 있을까?

펜틀랜드 교수가 새로운 연구방법을 고안하기 전까지 근무 환경 변화에 따른 직장인의 행동 변화를 확인하기 위해서는 피험자를 모집하고 가상의 상황을 설정할 수밖에 없었다. 펜틀랜드 교수 연구팀은 직장인들이 목에 걸고 다니는 사원증과 구성원들의 움직임을 기록하는 장치를 통합한 소시오메트릭 배지Sociometric Badge를 개발했다. 이 배지는 사람들이 사무실을 드나들 때마다 자동으로 움직임을 인식하여 직장에서 어떤 일이 벌어지는지, 직원이 실제로 어떤 행동을 하는지, 그 행동이 주변에 어떤 영향을 미치는지 관찰함으로써 업무 효율을 개선하는 데 효과가 없는 행동이 무엇인지를 밝혀냈다. 이 연구는 업무 효율을 개선하려면 어떻게 행동해야 할지 스스로의 행동을 돌아보는 계기가 될 것이다. 뒤에서 이야기하겠지만, 딱 한 가지만 미리 말해주겠다. 현대 직장에서 이메일은 생산성 향상에 거의 아무런 도움이 되지 않는다.

이외에도 다양한 연구 결과를 참고해 직장생활을 자극하는 여러 가지 방법을 소개할 예정이다. 책을 펼쳐라. 읽고, 시도하라. 읽은 내용을 팀 회의에서 공유하라. 누구나 다시 직장생활을 즐길 수 있다는 사실을 깨닫게 될 것이다.

가벼운 발걸음으로 출근길에 나서자. 이제 일하는 즐거움을 되찾을 시간이다.

1부

직장생활의
끔찍함을 줄여주는
12가지 충전의 기술

#Recharge

The Joy of Work

왜 충전이 필요한가?

15억 연봉에 가려진 비정상적인 근무 환경

전직 은행원이었던 알렉산드라 미셸Alexandra Michel 교수는 무려 9년 간 한 연구에 매달렸다. 투자은행의 증권 브로커가 금융계의 정 상에 올라 거액의 연봉을 쓸어 담기까지 어떤 과정을 거치는지 조사한 것이다.

이미 잘 알고 있겠지만 투자은행은 사랑과 배려가 넘쳐나는 안 락한 직장과는 거리가 멀다. 지난 수십 년간 오전 8시 출근, 오 후 11시 퇴근이 업계 관행이었다. 신입사원으로 투자은행에 입사 하는 순간 당연한 듯 하루 15시간을 직장에서 보내야 한다. 상위 0.1퍼센트 부자에 등극할 기회를 잡기 위해서다. 2015년 골드만삭스 영국 지사에 근무하는 직원의 평균 연봉은 100만 파운드(한화로 약 15억 원)였다.[1] 이는 낮은 직급의 비서 등 보조 업무를 수행하는 직원의 급여를 포함한 수치이므로 실제로 중간급 직원이 수령한 연봉은 100만 파운드보다 훨씬 높을 것이다. 매일 꼬박 15시간을 일하는 신입사원이 받는 급여는 얼마 안 될지 모르나 이들은 미래에 대박을 터뜨릴 수도 있다는 희망을 품고 기꺼이 잠을 줄이고 취미 생활을 포기한다.

이렇게까지 업무 강도가 센 직장에서 일하는 독자는 드물겠지만 투자은행 사례는 과로로 치르게 되는 혹독한 대가가 무엇인지, 또 지나친 스트레스가 삶에 어떤 영향을 미치는지 매우 잘 보여준다.

미셸 교수는 업무 강도가 과도하게 높아지면 급격한 체중 증감, 스트레스성 탈모, 공황장애, 수면장애 등 다양한 신체 변화가 일어난다는 사실을 확인했다. 투자은행에 근무하는 브로커는 불과 3, 4년 사이에 건강이 심각하게 악화돼 비만, 심장병, 림프 질환, 면역 체계 이상과 같은 문제를 보이거나 심한 경우 암에 걸리기도 했다. 대개는 주변 사람이 과로로 인해 나타나는 증상을 제일 먼저 눈치 챈다. 한 직원은 일에 시달린 직원의 상태가 어떻게 보였냐는 질문에 "겨우 눈만 뜨고 있는 것 같았다"고 대답했다.[2]

정신적인 문제도 만만치 않았다. 약물 중독, 알코올 중독, 포르노 중독 등 각종 중독 현상과 공감 능력 저하, 우울증, 불안발작 등 정신질환 증세가 나타났다. 신체 건강과 정신 건강은 매우 밀접한 관계가 있다. 피로가 누적되면 신체 기능에 문제가 생기는데, 증상을 억누르기 위해 커피나 각성제, 진통제 등 특정 물질을 반복적으로 섭취하면서 중독 문제가 발생한다. 중독에 시달리는 한 브로커는 자신의 증상을 이렇게 설명했다. "나는 누구보다 절제력이 강한 사람이다. 하지만 몸이 제멋대로 끔찍한 행동을 저지르는 것 같은 순간이 있다. 그럴 땐 나 자신이 너무 싫어지지만 멈출 수 없다. 미칠 지경이다."

미셸 교수는 관찰 대상이었던 브로커 대부분이 신체적으로든 정신적으로든 부정적으로 변했다는 결론을 내렸다. 연구에 참여한 한 브로커는 자신에게 문제가 있다고 자각한 경험을 이야기했다. "급히 택시를 타려는데 차 문이 잠겨 있었다. 택시 기사가 문을 열어주려고 했지만 급한 마음에 내가 계속 손잡이를 잡아당기는 바람에 잠금장치가 해제되지 않았다. 순간 화가 머리 꼭대기까지 차올라 미친 듯이 창문을 두드리며 아무 죄 없는 기사한테 마구 욕을 퍼부었다." 그것으로도 모자라 택시 기사 사진을 찍어 웹사이트에 올리고 악성 후기까지 남겼다고 한다. 어떤 투자은행 임원은 미셸 교수와의 면담에서 심각성을 강조했다. "스스로를 존중할 줄 모르는 사람은 타인을 존중할 수 없다. 몸을 혹사하며 스스로를 한계까지 몰아붙이는 브로커는 결국 괴물이 된다."

치열한 경쟁에서 살아남기 위해 과도한 업무량을 무리하게 소화하다 목숨을 잃은 사례도 있다. 하지만 대체 인력은 언제나 넘쳐난다. 대규모 투자은행은 매해 신입사원을 채용한다. 몇 달 후면 또 경쟁자가 쏟아져 들어올 테니 서로를 안쓰러워할 여유는 없다. 게다가 모두들 수십 년 동안 비정상적인 근무 환경에 익숙해져 무엇이 잘못됐는지 인식조차 하지 못했다. 해가 뜨기 전에 출근해 별을 보며 퇴근하면서도 미래에 주어질 어마어마한 보상을 생각하며 모든 걸 당연한 듯 받아들였다.

2013년 8월, 뱅크오브아메리카 메릴린치에 근무하던 하계 인턴 모리츠 에르하르트Moritz Erhardt가 간질발작을 일으키며 쓰러져 사망하는 사건이 발생했다. 동료의 증언에 의하면 에르하르트는 사망 전 사흘 동안 잠시도 눈을 붙이지 못하고 무리하게 일했다고 한다.[3] 하계 인턴의 안타까운 죽음을 계기로 많은 투자은행이 대대적인 노동문화 개선에 나섰다. 2013년 가을 골드만삭스가 근로시간을 단축하며 변화에 앞장섰다. 골드만삭스는 신입사원에게 '아주 중대한 사유가 없는 이상 토요일 근무는 지양해달라'고 권유하며 주당 최장 근로시간을 75시간으로 제한했다. '토요일 휴무' 규칙은 점차 발전해 이제는 금요일 저녁 9시부터 일요일 오전까지 사무실 출근이 제한됐다. 골드만삭스 외에도 여러 투자은행이 근무 분위기를 전환하기 위해 노력했다. 크레디트스위스도 토요일 휴무 규칙을 적용했으며, 뱅크오브아메리카 메릴린치는 한 달에 26

일 이상 근무를 금지했다.[4]

물론 투자은행만큼 근로시간이 긴 직장은 거의 없다. 하지만 브로커가 3년에서 4년 만에 과로로 인해 각종 부작용에 시달리거나 심한 경우 돌이킬 수 없는 상황에 이른다면, 시간이 조금 더 오래 걸릴 수는 있으나 스트레스는 분명 평범한 직장인에게도 여러 가지 문제를 유발한다. 지금 우리는 브로커들이 그랬듯 문제를 외면하고 있을 뿐이다. 아직은 감정을 조절하지 못하는 심각한 단계까지 이르지 않았다 하더라도 어렴풋하게나마 비슷한 증상을 느끼고 있을 것이다.

번아웃 증후군이 전염병처럼 전 세계를 휩쓸고 있다. 일부 악독한 기업주는 직원의 안위는 아랑곳없이 직원을 혹사시킨다. 투자은행과 마찬가지로 효율이 떨어지는 직원을 대신할 인력은 항상 충분하기에 걱정할 필요가 없다. 젊고 열정 넘치는 신입사원을 채용해 하루 15시간씩 일을 시키고 건강이 악화돼 업무량을 소화하지 못하면 새로운 인력으로 대체한다. 수명이 다한 부품은 교체해버리면 그만이다.

오래전부터 이런 비인간적인 관행은 존재했다. 그런데 왜 지금에 와서 중대한 사회 문제로 떠올랐을까? 과장으로 들릴 수 있겠지만 휴대전화 성능이 너무 좋아진 탓이다.[5] 투자은행의 근로시간은 항상 지금처럼 길었다. 하지만 휴대전화가 없던 시절에는 퇴근 이후 일에서 해방될 수 있었다. 이제는 상황이 달라졌다. 회사를 벗어나도 24시간 내내 일에 신경을 곤두세우고 있어야 한다.

기술 발전으로 오랜 시간 이어져온 관습이 무너지기 시작했다. 인력을 대체하는 주기가 점점 짧아지면서 업무처리 능력이 떨어졌기 때문이다. 뛰어난 직원이 남아나질 않으니 대책을 마련해야 했다.

수많은 설문조사 결과가 현대사회 직장인의 절반 이상이 극도의 피로를 느끼고 있음을 보여준다.[6] 직장생활이 외롭다고 응답하는 직장인도 날로 증가하는 추세다. 연구 결과 피로도가 높아질수록 고립감도 빠르게 상승했다.[7] 하루 종일 수많은 사람에 둘러싸여 일하면서도 외로움을 느낀다는 직장인이 적지 않았다. 최근 실시한 설문조사에서 영국 직장인의 42퍼센트가 직장에 마음을 터놓고 지낼 만한 친구가 단 한 명도 없다고 대답했다.[8] 전에 없이 심각한 상황이다. 역사적으로 인류는 일을 함으로써 행복감과 성취감을 느꼈다. 어디서 무슨 일을 하든 우리는 직장에서 삶의 의미와 우정을 찾았다.

운 좋게 우리는 눈부신 기술 진보의 시대에 태어났다. 평소에 즐겨 보던 텔레비전 프로그램을 놓치더라도 출근길 버스에서 손쉽게 방송을 찾아볼 수 있다. 손바닥만 한 휴대전화만 있으면 지구 반대편에 있는 사람과도 수다를 떨 수 있다. 그 옛날 미래를 상상하며 많은 이들은 햇볕 쨍쨍한 모래사장에 편히 누워 로봇이 가져다주는 아이스크림을 먹는 모습을 떠올리곤 했다. 좀비처럼 비틀대며 출근해 사원증을 찍고 사무실에 들어서게 될 거라 생각한 사람은 거의 없었을 것이다.

아무래도 뭔가 단단히 잘못된 것 같은데 어떻게 바로잡아야 할까?

첫 번째 부분인 '충전'은 에너지를 회복하는 방법을 소개한다. 이 조언들을 참고해 업무 효율을 떨어뜨리는 요소를 하나씩 바로잡아나가다 보면 어느새 활기찬 직장생활을 즐기는 여러분의 모습을 발견하게 될 것이다. 상사와 동료에게 최근 발표된 다양한 과학적 연구 결과를 근거로 이미 검증된 업무 효율 개선 방안을 제안해보자. 간단한 변화만으로도 생산성과 창의력을 높일 수 있을 뿐 아니라 일하는 즐거움도 되찾을 수 있다.

수많은 신경과학자, 행동경제학자 및 이른바 '인적자본 분석가'의 노력 덕분에 지난 15년 동안 직장에 대한 이해가 엄청난 수준으로 발전했다. 일이 우리에게 어떤 영향을 미치는지, 또 어떻게 직장을 더 좋은 방향으로 이끌 수 있을지 그 어느 때보다 많은 정보가 주어졌다. 그리고 이 책은 여러분이 일을 대하는 태도를 완전히 바꾸고 더 행복한 삶을 누릴 수 있도록 도와주는 길잡이 역할을 할 것이다.

예전만큼 일이 재미있게 느껴지지 않더라도 너무 걱정할 필요는 없다. 우리에게는 이를 바로잡을 힘이 있기 때문이다. 직장의 요구가 달라졌다는 사실을 받아들이고 이에 맞는 대책을 찾으면 된다.

01

짧게 일하고
충분히 쉬어라

근로시간이 길어지는 게 내 탓이라고?

오늘날 주당 근로시간이 급증하게 된 이유를 살펴보자. 과거에는 사무실을 나서는 순간 업무와 작별이었다. 하지만 이제는 휴대전화만 있으면 기차에서도, 소파에서도, 심지어는 변기에 앉아서도 일할 수 있다. 게다가 업무 부담이 커지며 회사에 머무는 시간도 점점 길어지는 추세다. 마이크로소프트 소속 연구원 린다 스톤 Linda Stone은 그 원인으로 '끊임없는 주의 분산'을 지목했다.[1]

요즘 직장에는 신경 써야 할 문제가 많아도 너무 많다. 밀려드는 이메일에 일일이 답장하면서 회의를 준비하고 가끔씩 휴대전화를 확인하다 보면 하나의 업무에 집중하려야 도저히 집중할 수가 없다. 그렇게 우리는 여기저기 정신이 팔려 당장 눈앞에 있는 일에 온전히 관심을 쏟지 못한다.

그런데도 우리는 일에 집중이 잘 안 된다며 자책에 빠지곤 한다. 제시간에 일을 끝내지 못하면 스스로의 무능을 탓하지만, 사실 업무시간이 늘어지는 가장 큰 이유는 현대사회가 직장인에게 전에 없이 어마어마한 업무량을 소화하길 요구하고 있기 때문이다. 게다가 성공하기 위해서는 짧은 시간 안에 최대한 많은 일을 해내야 한다는 주장이 쏟아져 나오며 죄책감을 더하고 있다. 심지어 일주일에 네 시간만 일해도 충분히 성공할 수 있다는 내용을 담은 책과 팟캐스트도 있다. 조만간 '나는 3시간만 일한다'라는 제목의 책도 나올 기세다. 이런 책과 팟캐스트의 문제는 근로 시간이 길어지는 원인을 직장이 아닌 개인에게서 찾는다는 데 있다. 이들이 진짜로 하고 싶은 말은 따로 있다. "뒤처지지 않으려면 일하는 방법을 바꿔야지, 이 느림보야!"

신경과학자 대니얼 레비틴Daniel Levitin은 《정리하는 뇌The Organized Mind》에서 이렇게 말한다. "뇌가 하루 동안 내릴 수 있는 결정의 수는 정해져 있다. 그리고 뇌가 한계에 도달하면 아무리 중대한 사안이라도 더는 결정을 내리기가 불가능하다." 우리가 처리할 수 있는 정보량에는 한계가 있다는 뜻이다. 인간의 사고는 제로섬 게임이라 엄청난 업무량을 처리하면서 결과가 완벽하길 바랄 수는 없다.

레비틴의 주장을 입증하는 근거로, 미네소타 대학의 캐슬린 보스Kathleen Vohs 교수가 2008년에 발표한 〈성격과 사회심리학 저널 Journal of Personality and Social Psychology〉을 살펴보자. 보스 교수와 연구진은 실험에 참여한 학생들에게 '강의에서 어떤 영상을 시청하길 바라는가?', '이 (해결 불가능한) 퍼즐을 풀어보라' 등 일상적인 선택과 결정을 요구하는 질문을 던졌고, 질문이 계속되자 학생들은 정신적 피로를 호소하거나 '자아 고갈' 현상을 보이기 시작했다. 정신적 피로가 누적되자 학생들은 공부나 독서처럼 집중력을 발휘해야 하는 활동 대신 텔레비전 시청이나 비디오게임 같은 비교적 에너지 소모가 적은 활동을 선택했다.[2] 사소한 질문에 답하느라 하루에 주어진 결정 용량을 모두 소진해버려 정작 사고력이 필요한 순간에 뇌가 제 기능을 못하게 된 탓이다.

짧고 굵은 노동이 가지는 긍정적 효과

테니스계의 살아있는 전설 앤디 머레이Andy Murray의 조언을 마다할 사람은 없을 것이다. 머레이는 지금의 업무 방식을 완전히 바꿔놓을 만한 놀라운 사실을 알고 있다. 2013년 앤디 머레이는 경기시간이 길어지면 뭐가 가장 힘든지 묻는 기자의 질문에 평소 훈련하는 운동량이 엄청나기 때문에 의외로 체력은 큰 문제가 되지 않는다고 답했다. 대신에 수천 번 공을 받아치며 경기 진행을 고민하는 과정에서 쌓이는 정신적 피로를 지목했다. 게다가 어떤 시점을 넘어서면 사고의 질도 뚝 떨어진다.[3]

이는 우리가 알던 상식과 완전히 배치된다. 흔히 한 발짝 앞서 나가기 위해서는 남들보다 더 많이 더 오래 일해야 한다고 이야 기한다. 구글 부사장 마리사 메이어Marissa Mayer는 33세에 최연소 로《포춘Fortune》이 선정한 '가장 영향력 있는 여성 50인'에 이름을 올렸고, '40대 이하 기업인 40인'에 여성 최초로 꼽히기도 했다. 구글이 세계적 기업으로 자리 잡기까지 어떤 노력이 있었냐는 질 문에 메이어는 자신이 평사원이던 사업 초기에 전 직원이 자발적 으로 일주일에 130시간씩 근무했다고 대답했다.[4] 그들은 화장실 에 가는 시간을 줄이고, 늦게까지 일하다 책상에 엎드려 쪽잠을 잤다. 메이어는 "어쩌다 한 번 짧게 휴가를 갔을 때를 제외하고 일주일에 최소 한 번은 밤을 새워 일했다"고 과거를 회상했다.

애석할 따름이다. 가장 안타까운 건 자기를 희생하며 회사에 충성한 직원의 노력이 구글이 지금의 위치에 오르는 데 실제로 기여했다는 과학적 근거는 없다는 점이다. 물론 누구나 한 번쯤 은 벼락치기로 공부를 하거나 마감을 앞두고 밤을 새워본 적이 있을 것이다. 하지만 이는 확실한 보상이 주어지는 데다 일을 마 친 후에는 쓰러지듯 잠들어 충분히 에너지를 충전할 수 있다는 사실을 알기에 가능한 일이다.

과거 사례는 오히려 근로시간이 짧으면 생산성이 높아지는 경 향이 있다는 과학적 주장을 뒷받침한다. 1810년 영국의 사회운동가 로버트 오언Robert Owen은 하루 노동시간을 10시간으로 단축하자는 캠페인을 시작했다. 그리고 이는 10년도 안 돼 '8시간 노동, 8시간 휴식, 8시간 수면'이라는 슬로건으로 발전했다. 이런 노동 패턴을 통해 생산성을 높일 수 있다는 믿음이 있었기 때문이다. 그리고 이 믿음은 사실로 밝혀졌다.

20세기를 눈앞에 둔 1893년, 샐퍼드 제강은 많은 논란에도 불구하고 주당 53시간이었던 근로시간을 48시간으로 단축했고, 그 결과 총 생산량이 증가했다. 그리고 20세기 초 포드자동차는 하루 근로시간을 8시간으로 줄이면서 급여는 오히려 두 배 이상 올려 최저 일당을 5달러까지 인상하는 파격적인 방침을 도입했다. 이듬해 포드자동차 영업이익은 두 배 가까이 증가했다.[5] 이 방침의 목적으로 포드자동차는 근로자 처우 개선을 내세웠지만 사실은 회사의 이익을 극대화하기 위한 경제적 결정이었다. 근무 패턴을 조정하면 수익이 증가할 거라 예상했던 것이다. 게다가 하루는 24시간이니 9시간 근무로 2교대를 돌리기보다 8시간 근무로 3교대를 돌리는 편이 효율적이라는 계산도 근무 방침을 바꾸는 데 한몫했다.

그렇다면 주당 최장 근로시간이 몇 시간일 때 생산성이 가장 높을까? 스탠퍼드 대학의 존 펜카벨John Pencavel 교수가 2014년에 내놓은 연구 결과를 살펴보자.[6] 펜카벨 교수는 근로시간과 생산성의 관계를 연구하며 1차 세계대전 당시 영국 군수공장의 근무 일지를 자료로 활용했다. 기록이 상세히 남아 있어 노동시간을 비교적 정확히 파악할 수 있다는 이유도 있었지만, 군수공장은 전쟁을 치르는 데 없어서는 안 될 중요한 부분이기에 노동자의 기분에 따라 생산성에 차이가 발생하지는 않을 것이라 생각한 이유가 컸다. 자국이 전쟁에서 패해도 상관없다는 국민이 어디 있겠는가.

연구 결과는 자명했다. 이상적인 주당 최장 근로시간은 50시간이었다. 펜카벨 교수는 "50시간까지는 단위시간당 생산량이 일정했으나 이후부터는 점차 감소하기 시작했다"[7]고 설명했다. 주당 근로시간이 55~56시간에 이르자 노동자는 극심한 피로를 호소했으며 이는 총 생산량 감소로 이어졌다. 펜카벨 교수가 공개한 자료에 따르면 휴일 없이 매일 10시간씩 일해 일주일에 총 70시간을 근무한 노동자와 55시간을 근무한 노동자의 생산량에는 차이가 없었다.

주말 동안 충분한 휴식시간 확보도 생산성에 긍정적인 영향을 미쳤다. 휴일 없이 주당 56시간을 근무한 사람보다 일요일에 쉬고 주당 48시간 근무한 사람의 생산량이 더 많았다. 일주일에 단 하루 주어진 휴일이 평일 전체 생산성을 훨씬 높여놨으니, 일요일이 유급휴일이라 해도 일당만큼 값어치를 해내고도 남은 셈이다.

1차 세계대전 당시의 군수공장 사례가 너무 오래된 것 같다면 비슷한 결과를 보여주는 최근 자료로 컨설팅회사 맥킨지의 사례를 한번 살펴보자. 벤처캐피털로 놀라운 성공을 거둔 스콧 맥스웰Scott Maxwell은 맥킨지에 입사하고 얼마 안 됐을 무렵 멘토였던

존 카첸바흐Jon Katzenbach가 슬며시 건넨 조언 한마디가 큰 도움이 됐다고 털어놓았다. 당시 맥킨지에서는 휴일 없이 기계처럼 일하는 게 당연시됐고 일주일에 하루라도 쉬면 근무태만이라고 면박을 당하기 일쑤였다. 그런데 카첸바흐가 맥스웰에게 살짝 귀띔하길, 자신은 종교적인 이유로 일주일에 6일만 근무한다고 했다. 그럼에도 불구하고 카첸바흐는 일주일 내내 일하는 직원보다 더 많은 업무량을 소화해냈다.[8] 카첸바흐의 조언은 보여주기식이 아닌 생산적으로 일하라는 것이었다. 그는 여기서 더 나아가 주 4일 근무가 자기에게는 딱 적당할 듯하다고 말했다.

이후 벤처캐피털을 설립한 맥스웰은 직원을 대상으로 근로시간과 업무량이 어떤 상관관계를 가지는지 관찰하고 분석했다. 결론은 명백했다. "40시간을 기점으로 주당 근로시간이 한 시간씩 길어질 때마다 생산성이 감소했다." 그리고 분석한 내용을 바탕으로 야근 금지, 주말 근무 금지, 공휴일 근무 금지라는 새로운 근무 수칙을 발표했다.[9] 또한 업무 성과를 개선하려면 일하는 시간을 줄이라고 조언했다.[10]

기업용 메신저 슬랙Slack의 최고경영자 스튜어트 버터워스Stewart Butterworth 역시 유사한 정책을 도입했다. 슬랙은 짧고 굵은 노동이 가지는 긍정적 효과를 확신한다. 슬랙의 사훈은 '열심히 일하고 빨리 퇴근하자'다. 이를 증명하듯 그들은 사무실에 설치했던 탁구대와 미니 축구게임기를 치웠다. 그리고 퇴근 후 취미 활동이나 소규모 창업 준비 등 사생활을 즐기라고 격려한다. 영국 군수공장 사례와 맥킨지 사례에서 알 수 있듯 블루칼라 노동자든 화이트칼라 노동자든 생산성을 높이려면 근로시간을 단축해야 한다.

기업뿐 아니라 국가 차원에서도 마찬가지다. 국민의 평균 근로시간이 늘어나도 국가 전체 생산성이 높아지거나 경제력이 개선되지는 않는다. 2013년 《이코노미스트Economist》가 실시한 분석에 따르면 근로시간이 짧은 나라일수록 생산성이 높았다.[11] 독일은 일인당 설비투자를 늘려 근로자의 생산성을 개선했으며, 생산성 개선은 곧 근로시간 단축으로 이어졌다. 덕분에 과로에 시달리는 근로자가 대폭 줄었다.

스웨덴의 근로시간 단축 실험

그래서 해법은 무엇일까? 먼저 일을 대하는 자세부터 바꿔야 한다. 일에 대해 좀 더 단호한 자세를 취할 필요가 있다. 만약 일주일에 무조건 40시간만 일해야 한다면 우리는 시간을 최대한 효율적으로 활용하기 위해 고심하게 될 것이다. 회의에 꼬박 세 시간을 투자해야 할 이유가 있는지, 통근시간을 어떻게 활용할지 고민할 수밖에 없다. 또한 하루 중 집중력이 가장 높은 시간은 언제인지 스스로 업무 패턴을 돌아보게 될 것이다.

근로시간 분배를 블록놀이처럼 생각해도 좋다. 어떻게 하면 한 시간짜리 블록 40개를 각 요일별로 가장 적절히 분배할 수 있을

지 고민해보라. 토요일 오전에 한두 시간 정도 할애해 남은 업무를 마무리하는 대신 수요일에는 조금 일찍 퇴근해 한산한 영화관에서 영화를 한 편 봐도 좋을 것이다.

세계적인 작가이자 컨설턴트인 토니 슈워츠Tony Schwartz가 고안한 방법도 시도해보길 권한다. 슈워츠는 일에 지쳐 쓰러질 지경에 이르렀던 경험을 계기로 조직문화 개편에 나섰다. 그는 근로시간 연장에 초점을 맞추지 말고 에너지를 제대로 활용하는 데 집중하라며 '에너지 프로젝트Energy Project'의 중요성을 강조했다. 사람은 대부분 90분 주기로 에너지를 발산할 때 업무 효율이 가장 높다.[12] 매 주기마다 최선의 결과를 내려고 노력하다 보면 성과는 자연스럽게 개선된다.

최근 스웨덴은 근로시간 단축의 효과를 확인하기 위해 대규모 사회적 실험을 실시했다. 공공기관의 일부 근로자를 대상으로 급여 삭감 없이 업무시간을 6시간으로 단축한 것이다. 운 좋게 실험집단에 포함된 직원들은 6시간 근무를 하는 동안 결근 횟수가 줄고 건강이 개선되고 생산성이 향상됐다. 실험에 참여한 한 직원은 《뉴욕타임스》와 인터뷰에서 "실험으로 인생이 바뀌었다"며 매우 만족스러운 반응을 보였다. 또 다른 직원은 근무시간 단축이 어떤 효과를 가져왔냐는 질문에 "훨씬 효율적으로 일하게 됐다"[13]고 단언했다.

직장인 대부분에게 하루 6시간 근무는 꿈같은 일이다. 그렇게까지 엄청난 변화는 힘들겠지만 에너지를 가장 효과적으로 사용할 수 있는 나만의 방법을 찾아 짧은 시간 동안 집중함으로써 주당 최장 근로시간 40시간을 달성할 수 있도록 노력해보자. 일주일 중 직장에서 보내는 시간은 40시간이면 충분하다.

to-do list

☑ 야근하는 습관을 들이지 마라. 오늘 꼭 처리해야 하는 업무가 아니라면 퇴근시간이 되면 하던 일을 내려놓고 사무실을 나서라.

☑ 업무를 한 시간 단위로 분배하라. 애초 계획보다 업무가 많아지면 어떤 부분을 포기해야 할지 생각해보라.

☑ 일하는 시간이 길어질수록 에너지, 창의력, 상상력이 저하된다는 사실을 기억하라. 근로시간 연장은 피로 누적과 무기력증으로 이어진다.

02

일이 잘 안 풀릴 땐
산책에 나서라

찰스 디킨스 창의력의 비결, 하루 15킬로미터 걷기

한참 아이디어를 궁리하거나 업무에 집중하는 와중에 산책을 나간다면 흐름이 끊길 거라고 생각하는 사람이 많다. 가뜩이나 바빠서 눈코 뜰 새 없는데 유유자적 산책을 나선다니, 쉬는 동안 일거리는 점점 쌓이는데 일할 시간은 부족해질 게 뻔하다.

그러나 몸을 움직여 혈액순환을 촉진하면 마법같이 놀라운 일이 벌어진다. 산책은 생각을 확장하고 창의력을 자극하는 데 큰 도움이 된다. J.K. 롤링J. K. Rowling이 말했듯, "아이디어를 떠올리는 데는 한밤중의 산책만한 게 없다." 수백 편이 넘는 단편을 연재하고 역사에 길이 남을 장편소설 15편을 집필한 다작의 대표주자 찰스 디킨스Charles Dickens는 매일 오전 9시에서 오후 2시까지 집중해서 글을 쓴 후 15~20킬로미터를 걸었다. 디킨스는 "이렇게 걷지 않으면 건강을 유지할 수 없다"고 말했다. 철학자 쇠렌 키르케고르Søren Kierkegaard는 이런 글을 남겼다. "나는 최고의 생각 속으로 걸어 들어갔다. 그리고 걸어 나올 수 없을 정도로 버거운 생각은 없었다."[1]

산책의 이점이 과학적으로 증명됐을까? 스탠퍼드 대학의 매릴리 오페조Marily Oppezzo와 대니얼 슈워츠Daniel Schwartz는 산책의 효과를 알아보고자 다양한 실험을 했다. 연구진이 제시한 물건을 보고 상상력을 발휘해 원래의 용도가 아닌 새로운 용도를 떠올리는 '대체용도' 테스트가 대표적이다. 한 피험자는 열쇠를 보고 모양이 눈과 비슷하니 인공안구로 활용할 수 있겠다고 말했으나 이 대답은 부적절하다고 판단되어 점수에 반영되지 않았다. 반면 누군가에게 살해된다면 열쇠로 다잉메시지를 남겨 살인자의 정체를 밝히겠다고 대답한 피험자는 의심스러운 눈초리를 받기는 했으나 점수를 얻었다.[2] 실험은 앉아 있다가 일어나 산책을 하는 상황, 산책을 마치고 앉은 상황, 산책을 계속하는 상황, 계속 앉아 있는 상황에서 다양하게 이루어졌다.[3]

오페조와 슈워츠는 산책이 창의적 사고에 엄청난 영향을 끼친다는 사실을 발견했다. 피험자의 81퍼센트가 앉아 있을 때보다 산책을 할 때 평균적으로 60퍼센트나 높은 성적을 얻었다. 창의력을 발휘해야 하는 일을 하기 전, 혹은 하는 도중에 몸을 움직이면 사고력이 높아진다는 결과가 나왔다. 산책은 복잡한 논리를 요구하는 문제를 해결하는 데는 별로 도움이 되지 않았지만 자유롭게 아이디어를 떠올리는 데는 매우 효과적이었다. 과학계의 주장에 따르면 산책은 옳고 그름을 밝히는 '수렴적 사고'에는 큰 효과가 없지만 창의력을 필요로 하는 '확산적 사고'에는 매우 긍정적인 영향을 미친다.

'어디에서' 산책을 하는지도 중요하다. 2012년 출간된 한 논문은 탁 트인 공간에서 50분 동안 산책을 하면 집중력이 향상된다는 연구 결과를 발표했다. 자연에 둘러싸여 걷다 보면 머리를 가득 채운 번잡한 생각이 사라지고 정신이 맑아진다는 것이다.[4]

산책과 회의를 결합하라

혼자서 하는 산책뿐 아니라 여럿이 함께하는 산책도 아이디어를 떠올리는 데 큰 도움이 된다. 산책과 회의를 결합한 회사도 있다. 리더십 트레이닝 회사 어핑유어엘비스Upping Your Elvis의 대표 크리스 바레즈 브라운Chris Barez-Brown은 동료와 함께 산책할 때 시너지가 발생한다며 회사에 '걷기 회의'를 도입했다.

그는 두 명씩 짝지어 30분 이내의 짧은 시간 동안 산책을 하면서 현재 겪고 있는 문제를 큰소리로 마구 토로하는 '불만 터뜨리기' 시간을 가져보라고 권했다. 사람들은 처음에는 미적지근한 반응을 보였지만 30분 뒤에는 눈을 반짝이며 사무실로 돌아와 "와, 이렇게까지 효과가 좋을 거라곤 생각도 못했어요!"라는 반응을 보였다.

바레즈 브라운은 "머릿속에서 아무 편집 없이 입에서 나오는 대로 말할 기회는 많지 않다"며 주절주절 불만을 뱉어내다 보면 뒤죽박죽 섞여 있던 생각이 정리되면서 새로운 견해가 나온다고 이야기했다. 이렇게 가끔씩 다른 사람과 함께 산책하며 대화를 나누면 복잡한 생각이 정리되고 새로운 아이디어가 떠오르기 때문이다.

외부 강연에서는 주로 7분 30초짜리 짧은 산책을 시행한다. 이때, 한 명은 이야기하고 한 명은 듣도록 역할을 배정한다. 바레즈 브라운은 "그간 내내 신경 쓰였던 문제나 별 관심이 없던 부분에 관한 생각이 명확해져서 돌아오는 사람이 많다"[5]며 산책의 효과를 강조했다. 이런 방식으로 불만을 토로하면서 걷다 보면 아이디어를 내는 확산적 사고와 한 가지 문제에 집중하는 수렴적 사고가 동시에 활성화된다.

누가 어디서 어떤 이야기를 들을지 모르는 길 한복판에서 회의를 하다 회사 기밀이 유출될지 모른다며 우려하는 사람도 있다. 누군가 이야기를 엿들으면 큰일이니 밀폐된 공간에서 조용히 회의를 하는 편이 낫지 않을까? 마피아의 의견은 달랐다. 지금까지 검거된 뉴욕 마피아 중 유일하게 조사에 협조한 조셉 C. 마시노Joseph C. Massino는 마피아끼리 비밀스럽게 대화를 나누는 비법을 법정에서 공개했다. "클럽이나 자동차에서는 절대 은밀한 대화를 나누면 안 된다. 유선전화나 휴대전화로도 안 된다. 심지어 집에서도 입을 함부로 놀리면 안 된다."[6] 영화에나 나올 법한 대사다. 마시노는 걸으면서 나누는 대화가 비밀을 지키는 데 가장 효과적이라고 이야기했다. 특정 장소에서는 대화가 녹음될 위험이 있고, FBI가 언제 어디서 나타날지 모르니 주변을 잘 살피며 장소를 계속 옮겨야 한다는 것이다. 마피아의 은밀한 대화가 길 위에서 이루어진다면 산책을 하면서 내년 마케팅 계획에 관해 이야기한다고 해도 큰 문제는 없을 것이다.

일에 치여 지치거나 아이디어가 떠오르지 않아 답답하다면 사무실을 벗어나 몇 분이라도 바깥 공기를 쐬며 산책을 해보자. 독일 철학자 프리드리히 니체Friedrich Nietzsche는 이렇게 말했다. "진정으로 훌륭한 모든 사상은 산책을 할 때 나왔다."

to-do list

☑ 평범한 회의 대신 산책을 하면서 대화를 나누자고 제안해보라. 처음에는 새로운 회의 방식이 어색하게 느껴질 수도 있지만 그만두지 말고 계속 시도하라.

☑ 산책에 들이는 시간을 변경해보라. 7분 30초 동안 진행된 바레즈 브라운의 '불만 터뜨리기' 산책은 다시 자리에 앉아 한 가지 문제에 집중하기 전 다양한 생각을 떠올리기에 충분했다.

03

이어폰 사용을 허하라

이어폰 사용에 반대하는 당신은 꼰대?

근무시간 중 이어폰 사용을 두고 의견이 분분하다. 아마 여러분의 회사도 마찬가지일 것이다.

이어폰을 귀에 꽂은 직원에게 "나 때는 말이야"로 시작해 한마디하는 상사가 있지는 않은가? 나이 지긋한 분이 일하는 태도에 문제가 있다고 투덜대면서 옛날이 좋았다고 말하지는 않는가?

이어폰 사용의 득실을 두고 빚어지는 세대 갈등은 이미 여러 인사관리 포럼에 소개될 정도로 심각하다.[1] 청년층은 이어폰 사용을 옹호하지만 중장년층은 아무래도 못마땅하다는 의견이 대다수다. 어린이방송 전문 채널 니켈로디언Nickelodeon의 전 대표 앤 크리머Anne Kreamer는 《하버드 비즈니스 리뷰》와의 인터뷰에서 회사 내에서 이어폰 사용을 금지했다며 중장년층의 의견을 대변하는 모습을 보여주기도 했다.[2] 크리머는 만약 자신이 회사에서 이어폰을 끼고 일했다면 좋은 소식이 있어 온 회사가 흥분에 휩싸였을 때 동료와 기쁨을 나누지 못하는 등 소중한 경험을 수도 없이 놓쳤을 것이라 주장했다.

앤 크리머가 이룬 업적을 평가절하하려는 의도는 아니나, 아무래도 크리머는 과거를 조금 미화하고 있는 듯하다. 니켈로디언에서는 프로그램이 대박을 칠 때마다 모두 함께 박수라도 쳤던 걸까? 사실 크리머가 이야기하는 1990년대는 언제 사무실을 찾아도 최소한 직원의 3분의 1에서 절반 정도가 전화로 업무를 처리하느라 바빴을 시절이다. 다들 알겠지만 옆자리 직원이 행복에 겨워 책상 위에서 춤을 추고 있더라도 이는 급하게 고객과의 통화를 종료할 만한 사안은 아니다.

대부분의 회사에는 많든 적든 세대 차이에 따른 권력 불균형이 존재한다. 일반적으로 나이가 어릴수록 직급이 낮기 때문에 20대 30대 젊은 직원의 행동이 좋게 보이지 않는다는 의견이 약간이나마 우세할 수밖에 없다. 사무실 내 이어폰 사용 문제를 두고 젊은 직원을 탓하는 이유도 같은 맥락이다. 이어폰 착용이 금지된 회사에서는 왠지 열정적인 직원이 화이트보드에 다음 해 계획을 써 내려가며 날카로운 지적이 오가는 열띤 토론을 벌일 것 같다는 인식이 있다. 하지만 이어폰을 금지하는 회사나 허용하는 회사나 업무 분위기는 비슷하다.

사실 이어폰은 훌륭한 업무 보조 도구다. 이어폰을 끼면 주의를 분산시키는 온갖 방해로부터 벗어나 한결 수월하게 업무에 집중할 수 있기 때문이다. 미국 대다수 기업에서 사내 스피커로 화이트노이즈를 흘려보내는 것도 불필요한 자극을 차단해 업무 집중력을 높이기 위해서다.

나는 이어폰 사용을 금지할 이유가 없다고 생각한다. 오히려 크리스마스를 기념하듯 이어폰을 기념하면 어떨까? 여기에서 기념하라는 말은 이어폰 사용이 일상이 되어서는 안 된다는 의미다. 팀원과 협의를 거쳐 이어폰 사용이 허용되는 시간과 불가한 시간을 구분하면 최선의 결과를 얻을 수 있을 것이다. 특히 회사가 조용히 업무에 집중할 만한 공간을 제공하지 못할 때는 오전에 이어폰을 착용하고 일하는 방법이 가장 이상적이다. 직장인 대부분의 생체 리듬이 오전 업무에 적합하게 맞춰져 있기 때문에 출근 직후 몇 시간 동안 집중력은 최고에 달한다. 반면 점심시간 전후는 동료와 소통과 공감이 가장 잘 이루어지는 시간이므로 이어폰 사용을 자제하는 것이 좋다.

캠벨수프 전임 대표는 "업무에 방해가 되는 온갖 사소한 요소를 탓하지 말라. 그 모든 요소가 업무의 일부"라고 말했다.[3] 방음이 완벽한 개인 집무실에서 일하는 사람이라면 누구나 이렇게 이야기할 수 있을 것이다. 하지만 지난 10년간 사무실에서 발생하는 소음은 캠벨수프 대표의 할아버지가 와도 감당할 수 없는 수준에 이르렀다.

창의력이 필요할 때와 집중력이 필요할 때

인지 능력을 요하는 복잡한 문제해결에 몰두하고 있을 때 주변의 방해를 받으면 사고의 흐름이 끊겨 매우 좋지 않다. 하지만 창의력이 필요한 작업을 할 때는 적당한 방해가 오히려 도움이 되기도 한다. 적절한 이어폰 사용을 장려해야 하는 이유다.

우뇌 사고와 좌뇌 사고의 차이는 대중에게 이미 잘 알려져 있다. 행동경제학자 대니얼 카너먼Daniel Kahneman은 인간의 사고를 두 시스템으로 구분해 설명한다. 간단히 설명하자면 시스템1은 빠르고 직관적인 사고를 유도하는 반면 시스템2는 느리고 깊은 사고를 유도한다. 과학자들은 여러 행동에 작용하는 뇌의 활동을 쉽게 설명하기 위해 단순화된 용어를 사용하지만, 실제로는 특정 업무를 수행할 때 우뇌와 좌뇌 중 어느 한쪽이 특별히 활성화되지는 않는다. 빠른 사고와 느린 사고를 유도하는 부분이 확연히 분리되어 있지 않다. 심리학과 인지과학 분야의 세계적 석학 리사 펠드먼 배럿Lisa Feldman Barrett은 잘못된 개념이 사실처럼 받아들여지고 있다고 우려했다. "카너먼은 시스템1과 시스템2가 임의로 만들어낸 용어라는 사실을 이미 여러 번 밝혔지만 아직까지 뇌에 두 시스템을 담당하는 부분이 따로 있다고 생각하는 사람이 많다." [4] 뇌가 정보를 처리하는 과정은 이보다 훨씬 복잡하다.

우리 뇌에서는 같은 신경 세포를 공유하지만 서로 다른 기능을 수행하는 여러 네트워크가 형성된다. 앞에서 잠깐 언급했듯 한 가지 일에 집중하려면 수렴적 사고를 해야 하는데, 이 경우 실행 주의 네트워크Executive Attention Network가 활성화된다. 실행 주의 네트워크는 시도 때도 없이 울리는 이메일 알림 같은 주의를 분산하는 요소를 떨쳐버리고 집중력을 발휘할 수 있도록 도와준다. 반면 확산적 사고를 발휘해 상상력을 자극해야 할 때는 실행 주의 네트워크의 활동 범위가 줄어드는 대신 '디폴트 네트워크Default Network'와 현출성 네트워크Salience Network의 활동 범위가 넓어진다. [5] 현출성 네트워크는 주변의 자극을 관찰하고 행동에 어떤 영향을 미칠지 예측하는 역할을 하며, 디폴트 네트워크는 과거를 회상하거나 멍하니 의식의 흐름을 따라갈 때 활성화된다. 뇌에 몽상을 위한 장소가 따로 마련돼 있는 셈이다.

그리고 앞에서 이야기했듯 산책은 현출성 네트워크와 디폴트 네트워크를 모두 자극할 수 있는 아주 좋은 방법 중 하나다. 창의적인 아이디어를 떠올리기 위해서는 상상력을 발휘할 수 있도록 생각을 자연스럽게 흘려보내야 하는데, 실행 주의 네트워크가 완전히 활성화된 상태에서는 그러기가 힘들다. [6] 이때 우리는 집중력을 흐트러뜨리는 행동을 통해 확산적 사고를 자극할 수 있다.

세계적인 명성을 지닌 광고인 로리 서덜랜드Rory Sutherland는 아이

디어가 떠오르는 과정을 이렇게 설명했다. "아르키메데스Archimedes
는 몸을 욕조에 완전히 담그기 전, 욕조 안으로 들어가던 중에
유레카를 외쳤다. 다들 한 번쯤은 기차에서 내리려고 자리에서
일어설 때처럼 어떤 상태에서 다른 상태로 넘어가는 찰나의 순
간 번뜩 아이디어가 떠오른 경험이 있을 것이다. 이유는 모르겠
지만 이상하게도 갑자기 일이 잘 되고 술술 풀릴 때가 있다. 마치
지금까지 머리에 깊숙이 박혀 있던 온갖 고정관념이 사라지고 갑
자기 창의력에 날개가 달린 듯 아이디어가 마구 샘솟는 느낌이
든다."[7] 즉 아무 생각 없이 습관적으로 몸을 움직여 디폴트 네트
워크와 현출성 네트워크가 모두 활성화되면 전혀 생각지 못한 아
이디어가 떠오를 수 있다. 실제로 외부 자극에 쉽게 주의를 빼앗
기는 사람일수록 창의적인 아이디어를 생각해낼 확률이 높다는
연구 결과도 있다.[8]

　컬럼비아 대학교 소속 연구원 세 명은 여기서 한 단계 더 나아
가 창의력을 필요로 하는 문제를 해결하는 도중에 주의를 전환
하면 한 가지 문제에만 꾸준히 집중했을 때보다 생산성이 향상된
다는 사실을 증명했다. 연구진은 피험자를 세 그룹으로 나눠 두
개의 문제를 제시했다. 첫 번째 그룹은 1번 문제를 완전히 해결한
다음 2번 문제를 풀도록 했고, 두 번째 그룹은 번갈아가며 정해
진 시간 동안 해답을 고민하도록 했으며, 세 번째 그룹은 자유롭
게 시간을 활용하도록 했다.

　시간을 자유롭게 쓴 그룹이 문제를 가장 잘 해결했을 거라 대

부분 생각하겠지만, 실제로는 시간 간격을 두고 번갈아 문제를 푼 두 번째 그룹의 성적이 가장 좋았다. 왜 그럴까?

연구진은 그 이유를 이렇게 설명했다. "창의력을 발휘해야 하는 문제를 해결할 때 우리 뇌는 막다른 길에 다다른다. 여기서 더 나아가지 못하고 해법을 떠올리는 데 전혀 도움이 안 되는 생각을 되풀이하다가 다른 문제로 넘어가야 할 적당한 시점을 놓치고 만다."[9] 연구진은 두 문제를 번갈아 풀었던 그룹이 사고 과정을 환기함으로써 시각을 바꾸고 새로운 선택지를 찾을 수 있었다는 결론을 내렸다. 이 실험은 통제된 실험실이 아닌 일상 공간에서 진행됐다. 실험을 설계한 스티븐 스미스Steven Smith, 데이비드 거킨스David Gerkens, 제나 안젤로Genna Angello는 실험에 참여한 사람들에게 '차가운 물건과 무거운 물건' 또는 '캠핑 용품과 고칼로리 음식' 같은 두 가지 핵심어를 던져주고 이에 해당하는 사물을 나열해달라고 했다. 그 결과, 하나의 목록을 다 작성한 후 다른 목록을 작성한 사람보다 양쪽을 번갈아가며 목록을 작성한 사람이 더 독창적이고 많은 사물을 생각해냈다.[10]

아이디어 생산법

미국 광고계의 전설적 인물인 제임스 웹 영James Webb Young은 《아이디어 생산법A Technique for Producing Ideas》이라는 책을 출간하며 창의력을 이끌어내는 과정을 공개했다. 이 책에서 웹 영은 "사실 아이디어는 낡은 요소의 새로운 조합에 불과"[11]하다며 두 가지 생각을 결합할 기회를 포착할 때 새로운 아이디어가 탄생한다고 이야기했다. "그리고 낡은 요소를 새롭게 조합하는 능력은 무엇보다 관계성을 보는 능력에 달려 있다." 제임스 웹 영은 세기의 천재 스티브 잡스보다 50년이나 먼저 이를 깨우쳤다. 스티브 잡스 역시 웹 영과 놀랄 만큼 유사한 견해를 밝혔다. "창조는 단순한 연결이다. 창의력이 뛰어난 사람에게 어떻게 그런 생각을 떠올렸냐고 물으면 약간 찜찜해하는데, 어떤 생각을 떠올렸다기보다 뭔가가 눈에 띄었을 뿐이기 때문이다. 그저 잠시 관찰하다 보면 무엇을 해야 할지 명백하게 보인다. 자신의 경험을 연결하고 새로운 요소를 합성하는 능력이 있기에 가능한 일이다."[12]

제임스 웹 영의 아이디어 생산법은 무엇일까? 아주 간단한 세 단계만 거치면 된다.

1. 자료를 수집하라 다양하고 흥미로운 원재료를 최대한 많이 모아라. 웹 영은 이 과정이 매우 힘들고 지루할 수 있다고 경고한다. 지루함을 이기지 못하고 이 과정을 건너뛰는 사람도 많다며 잘못된 태도를 지적했다. "체계적으로 자료를 수집하는 대신 가만히 책상 앞에 앉아 영감이 머리를 스쳐지나가기만 기다리면 안 된다."

2. 자료를 소화하라 웹 영은 간단한 인덱스카드를 작성하라고 조

언한다. "여러분은 아마 어렵게 수집한 자료를 아무렇게나 늘어놓고 여기서 조금, 저기서 조금씩 가져와 촉수마냥 한 번에 흡수하려고 할 것이다. 한 가지 자료를 골라 이리저리 적용해보고, 다른 관점을 취해보고, 어떤 의미를 내포하고 있는지 이해하기 위해 애써보기도 한다. 두 가지 자료를 조합해 어떤 결과가 나오는지 살펴볼 때도 있다. 하지만 얼마 안 가 좌절하고 만다. 퍼즐을 맞추는 과정에서 몹시 지쳐버리기 때문이다."

3. 무의식을 활용하라 "세 번째 단계에서는 직접적인 노력을 완전히 멈춰야 한다. 문제에서 손을 떼고 생각조차 하지 않아야 한다." 심지어 웹 영은 잠을 자는 동안 새로운 아이디어가 나오기도 한다고 주장했다. 문제를 완전히 치워버리고 "뭐가 됐든 상상력과 감성을 자극하는 활동을 하라." 산책을 해도 좋고, 음악을 들어도 좋고, 영화를 봐도 좋다.

웹 영은 힘든 준비 단계를 끝내면 "갑자기 어디선가 아이디어가 튀어나올 것"이라고 이야기했다. "면도를 하거나, 목욕을 할 때처럼 전혀 생각지도 못한 상황에서 아이디어가 떠오른다. 특히 아직 잠이 덜 깬 이른 아침에 아이디어가 가장 많이 나온다."

제임스 웹 영이 제시한 아이디어 창출 방법과 앞서 논의한 과학적 연구 사이에는 공통점이 있다. 창의적인 아이디어는 둘 이상의 아이디어가 어떤 식으로든 충돌하며 형성된다는 것이다. 그리고 아이디어의 충돌은 주로 문제해결을 방해하는 장애물을 마주할 때 나타난다. 적절한 이어폰 활용이 중요한 이유다. 이어폰을 끼고 업무에 집중하다가 이어폰을 빼는 간단한 행위만으로 창의력을 발휘하기 적합한 환경에 들어갈 수 있다.

이어폰의 효과를 실험해보고 싶다면 먼저 팀과 논의를 거쳐야 한다. 앞에 소개한 연구 결과를 증거로 제시하며 아이디어가 어떻게 나오는지 설명하고 팀만의 규칙을 만들자고 제안해보라. 아무래도 주의를 전환하는 장치가 필요할 것이다. 매일 오후 12시에 라디오를 틀어 시작을 알리고 점심시간 직후 90분 동안 자유롭게 대화하는 시간을 가지면 어떨까? 팀과 미리 협의해 업무시간을 분배하면 하루 종일 자유롭게 일을 처리할 때보다 좋은 결과가 나올 수도 있다.

인사관리 솔루션 개발업체인 휴머나이즈Humanyze의 대표 벤 웨이버Ben Waber는 이미 어렴풋하게나마 목적에 맞게 업무시간을 분배하고 있는 회사가 많다는 사실을 발견했다. "하루 중 점심시간 전후와 퇴근시간 직전을 제외하고는 업무에 집중하는 시간이 점점 늘어나는 추세다." 또한 주로 대화가 오가는 시간은 정해져 있었다. "개방형 사무실에서는 오후 12시부터 1시 사이, 그리고 4시 이후에 직원 간 소통이 평균보다 3배 높게 나타났지만 이 시간 이외에는 대화가 급격히 감소했다."[13] 사무실 내 소통을 주제로 한 또 다른 연구는 2시 30분과 4시에 회사가 가장 소란스러워진다는 결과를 내놨다.[14] 아마 오후가 하루 중 대화를 나누기 가장 적합한 시간인 듯하다. 그리고 이 시간을 잘 활용하면 업무 흐름을 조정하고 창의적인 아이디어를 떠올리는 데 큰 도움이 될 것이다.

이어폰은 여러분의 비밀 무기가 될 수 있다.

to-do list

- ☑ 창의력을 높이기 위해 이어폰 이용을 허용하기로 했다면 이어폰 사용에 거부감을 가장 덜 느끼는 시간이 언제인지 먼저 잘 알아보라.

- ☑ 회사에서 노트북을 사용한다면 휴대성을 살려 이어폰 사용 구역과 대화 구역을 나눠보라. 팀워크 향상을 위해 시간을 정해두고 그 시간 동안 팀 전체가 함께 일할 수 있도록 규칙을 만들어도 좋다.

- ☑ 여러분이 이어폰을 반대하는 입장이라면, 과거의 업무 방식을 그리워하며 향수에 젖어 있지는 않은지 스스로 돌아보라. 우리는 현대 근무 환경을 어떻게 개선할 수 있을지에 초점을 맞춰야 한다.

04

빨리빨리 증후군에서
벗어나라

아무것도 안 하면 비생산적인 걸까?

다음에 엘리베이터를 이용할 때는 가고자 하는 층의 버튼만 누르고 가만히 있어보라. '닫힘' 버튼을 누르지 말고, 휴대전화를 보지도 마라. 아무 행동도 하지 말고 그냥 문이 닫히길 기다려라. 엘리베이터 안에서 아무것도 안 하고 멍하니 서 있자니 어색할 것이다. 평소라면 거의 하지 않을 행동이기 때문이다. 많은 이들이 엘리베이터가 도착했는데 문이 바로 열리지 않으면 잠시도 못 기다리고 '열림' 버튼을 누르곤 한다. 문을 조금이라도 빨리 열겠다는 심산으로 플레이스테이션 게임을 하듯 열림 버튼을 마구 눌러대는 사람도 있다.

얼마 전, 한 친구가 어린 시절에 아버지가 참 이상했다며 이런 이야기를 들려줬다. 친구의 아버지는 퇴근하고 집에 오면 한동안 가만히 의자에 앉아 있었다. 텔레비전을 보지도, 라디오를 듣지도, 책을 읽지도 않았다. 가족과 대화를 하려는 것도 아니었다. 그냥 그 자리에 멍하니 앉아 있을 뿐이었다. 그때 무슨 생각을 하고 있냐고 물어봤다면 아마 덤덤한 목소리로 "아무 생각 안 하는데"라고 대답했을 것이다. 친구의 아버지는 특별히 어떤 생각을 하고 있었던 것이 아니라, 조용히 혼자만의 시간을 즐기고 있었을 것이다.

현대사회에서 이런 행동은 턱없이 비생산적으로 보인다. 우리는 항상 무언가를 하고 있어야 한다고 생각한다. 자극과 활동이 넘쳐나는 이 시대에 아무 일도 하지 않고 가만히 앉아 있다가는 허송세월 보낸다는 소리나 들을 것이다. 현대인은 빨리빨리 증후군에 시달리고 있다. 내일 당장 세상이 망할 것처럼 매 순간 안달한다는 의미가 아니라, 마음만 먹으면 할 일이 너무 많다는 뜻이다. 회사에서 흔히 '일을 끝내려면 빠릿빠릿한 사람에게 맡기라'고 하지 않는가. 우리는 움직인 만큼 생산성이 나온다고 믿는다.

다시 엘리베이터로 화제를 돌려보자. 어쩌면 여러분이 살고 있는 곳에서는 법적으로 닫힘 버튼 설치가 금지돼 있거나 기능이 해제돼 있을지 모른다. 어쨌든 조금만 기다리면 문은 닫힌다. 대부분의 국가에서 휠체어 탑승자를 비롯한 노약자 탑승 시간을 고려해 엘리베이터의 최소 개폐 시간을 지정해놓기 때문에 아무리 버튼을 눌러도 곧바로 문이 닫히지는 않는다.[1] 2004년《뉴욕타임스》는 수많은 차량이 바쁘게 오가는 도시 한복판에 설치된 보행자 작동 신호기가 사실 러시아워에는 작동하지 않는다는 기사를 실었다. 버튼을 누르고 얼마 후 파란불이 들어왔다고 느꼈겠지만 이는 플라시보 효과일 뿐이다. 교통신호 체계는 어마어마한 교통량이 가장 효율적으로 통제되도록 치밀하게 설계돼 있기에 출퇴근길 보행자가 아무리 안달해도 임의로 신호가 바뀌지는 않는다.[2] 보행자 작동 신호기는 '한시도 가만히 있을 수 없다'는 현대인의 강박을 달래기 위해 어쩔 수 없이 설치한 것이다. 이처럼 우리 주변에는 눈속임용으로 설치된 기계가 생각보다 많다.

이는 빨리빨리 증후군의 대표적 증상이다. 사회 전체에 전염병처럼 번진 과잉 자극은 현대인의 삶에서 휴식을 앗아갔다. 우리는 해야 할 일들을 모두 완수하지 못할 것 같은 불안에 끊임없이 시달린다. 게다가 직장과 연결되어 있는 시간이 길어진 탓에 요구되는 업무량도 대폭 늘었다. 캘리포니아에 본사를 둔 글로벌 시장조사기관 래디카티 그룹Radicati Group에 따르면 현대인이 하루 동안 주고받는 이메일은 약 130통에 이른다.[3] 이는 전 세계 인터넷 사용자 28억 명을 대상으로 나온 수치다. 서구사회 직장인이 하루에 주고받는 이메일은 못해도 200통쯤 될 것이다. 회의에 드는 시간도 만만찮다. 민망해서인지 회의시간을 정확히 기록하는 회사는 거의 없지만, 얼마 전 영국 직장인을 상대로 실시한 설문조사는 일주일에 평균 16시간이 회의에 할애된다는 결과를 내놨다. 또한 미국에서 진행한 한 연구에 따르면 경영진이 일주일에 회의실에서 보내는 시간은 무려 23시간에 달한다.[4]

이메일과 회의뿐만이 아니다. 현대인은 하루에 상상할 수 없을 만큼 어마어마한 양의 정보를 처리하느라 많은 시간을 소비한다. 신경과학자 대니얼 레비틴은 "1986년에서 2011년 사이 미국인이 하루 동안 소화하는 정보의 양은 5배로 늘었다. 무려 신문 175부에 해당하는 양이다. 업무시간 외 쉬는 시간에 처리하는 정보만 34기가바이트, 즉 10만 단어에 이른다"[5]고 말했다.

결국 우리는 끝없이 밀려드는 일거리에 치이며 하루 종일 불안감을 안고 살아가는 셈이다. 우리 부모 세대도 업무 부담은 있었겠지만 매일 손수 작성하는 체크리스트가 조금 길어지는 정도였을 것이다. 하지만 이제는 업무관리 프로그램 인박스 제로Inbox Zero가 끊임없이 울려대며 다음에 처리해야 할 업무를 상기시키는 탓에 잠시도 마음 편히 쉴 수 없다.

빨리빨리 증후군은 질병이다. 직장인 스트레스를 전문적으로 조사하는 연구기관은 회사와 오랜 시간 연결돼 있는 사람일수록 불안 수준이 높다는 결과를 발표했다. 실제로 영국 휴직자의 무려 절반 이상이 스트레스로 인한 건강 악화를 사유로 휴직을 택했다. 현대인은 회사의 무리한 요구와 직장 스트레스 때문에 병들어가고 있다.[6]

ASAP를 남발하면 안 되는 이유

항상 무언가에 쫓기는 듯한 조급증을 어떻게 하면 다스릴 수 있을까? 먼저, 쉴 틈 없이 바쁘게 움직인다고 해서 성과가 나아지지는 않는다는 사실을 깨달아야 한다. 런던의 한 건축팀은 "예전에는 일주일에 한 번 하는 회의에서 모든 논의를 끝냈다. 그리고 바로 작업에 착수했다. 이제는 회의를 안건으로 하는 회의가 열리는 지경"이라며 불만을 표했다. 회의시간 증가로 어떤 변화가 생겼는지 묻자 이들은 이렇게 대답했다. "회사에서 올리는 건물 개수는 똑같다. 단지 과정이 훨씬 고통스러워졌을 뿐이다."

빨리빨리가 전부가 아니라는 사실을 깨달았다면 이제 불안감을 해결할 차례다. 하루에 수도 없이 마주치는 '가능한 빨리ASAP, as soon as possible'라는 문구는 괜한 불안감을 조성하는 주범이다. 소프트웨어 회사 베이스캠프의 대표가 말했듯 "이제는 온갖 업무 요청에 죄다 '가능한 빨리'가 붙는다. (…) '가능한 빨리'라는 문구 없이는 아무 일도 안 될 지경이다."[7] 다음에 업무자료를 요청할 일이 생기면 습관적으로 '가능한 빨리'를 붙이기 전에 정말 급하게 넘겨받아야 할 자료인지 한 번 더 생각해보라. 진솔한 성찰을 거쳐 몇 안 되는 일이라도 우선순위를 미룰 수 있다면 모두가 조금 더 편안한 환경에서 근무할 수 있을 것이다.

현대인은 아무것도 하지 않는 시간을 가질 필요가 있다. 잠깐의 조용하고 평화로운 시간은 스트레스 완화에 매우 효과적일 뿐 아니라 창의력을 발휘하는 데도 큰 도움이 된다. 지루함이 우리에게 미치는 영향을 연구한 센트럴랭커셔 대학의 샌디 만Sandi Mann 박사는 이렇게 말한다. "멍하니 몽상에 잠기면 그제야 정신은 자유롭게 머릿속을 떠돈다. 생각이 의식을 벗어나 무의식에 진입하면서 아이디어의 접속이 이루어진다. 정말 멋진 현상이다."[8] 하지만 먼저 지루함을 견뎌내야 한다. 휴대전화를 만져서도 안 되고, 오디오북을 들어서도 안 된다. 모든 자극으로부터 벗어나야 한다.

반면 빨리빨리 증후군에 굴복한 사람은 악순환에 갇혀 고통받게 된다. 해당 분야를 깊이 연구한 글로리아 마크Gloria Mark 박사는 "스트레스를 받으면 주의 전환이 더 빨리 일어난다"고 이야기했다. 그리고 쉴 새 없이 주의를 전환하면 당연히 스트레스는 더 심해질 수밖에 없다. 오랜 시간 악순환이 반복되면 심각한 결과가 나타난다. 과학자들은 매일 저녁 몇 시간 동안 휴대전화를 다양한 용도로 번갈아가며 활용한 십대를 관찰한 결과, 짧은 시간 내에 빠르게 이루어지는 주의 전환이 생각을 서서히 마비시키는 효과가 있다는 사실을 발견했다. "2년 후 이들은 창의력과 상상력이 떨어져 자신의 미래를 고민하고 사회 문제를 해결하는 데 어려움을 겪고 있었다."[9]

그러니 다음에 엘리베이터를 탈 때는 버튼을 누르고 가만히 기다려보라. 문이 닫힐 때까지 짧은 시간 동안 놀라운 아이디어가 떠오를 수도 있다. 아무것도 하지 않고 의자에 앉아 있던 친구의 아버지는 사실 아무것도 하지 않은 게 아니었다. 생각이 자라날 수 있는 공간을 마련하는 중이었다.

to-do list

- ☑ 비어 있는 달력을 보고 성과가 없다고 생각하지 말자. 정말 좋은 아이디어는 가만히 앉아 멍하니 공상을 할 때 나온다.
- ☑ 음악 없이 운전해보라. 라디오 없이 샤워해보라. 스트리밍 없이 운동해보라. 음악이 있던 자리가 생각으로 채워질 것이다.
- ☑ 아무것도 하지 않는 시간을 가져라. 그리고 어떤 효과가 있었는지 생각해보라. 불안감과 스트레스가 낮아졌는가?
- ☑ 명상을 시도해보라. 걱정거리를 몰아내고 머리를 비우는 데 도움이 될 수 있다.

05

점심시간을
사수하라

점심시간을 포기한 대가는 처참했다

런던 박물관의 매니저 로라 아처_{Laura Archer}는 몸이 두 개여도 모자랄 지경이었다. 박물관에서 주최하는 모든 모금 행사를 통솔하고, 런던에 기점을 둔 미술관 및 사업체와 파트너십을 맺을 방법을 찾느라 내내 스트레스에 시달렸다. 이 모든 일을 관장하는 가운데 박물관 운영비를 조달하기 위해 관람객의 회원가입을 유도할 방법까지 생각해내야 했다.

마감날짜가 다가와 조급함을 느끼거나 일할 시간이 부족한 직장인들이 대개 그렇듯, 아처는 일하는 시간을 조금 늘리기로 했다. 프로젝트 기한을 맞추고 맡은 몫을 제대로 해내려면 다른 방법이 없다고 생각했다. 아처는 점심 휴식을 포기하고 그 시간에 일을 하기로 했다.

결과는 끔찍했다. 아처가 '점심 먹으러 갑니다 Gone for Lunch'라는 제목으로 블로그에 올린 글을 보면 점심시간을 포기한 대가가 얼마나 심각한지 알 수 있다. "원래 점심시간을 좋아하긴 했지만, 업무량이 너무 많아 어쩔 수 없이 점심시간을 포기하기 전까지는 그 잠깐 동안의 휴식이 나에게 얼마나 중요한지 전혀 몰랐다. 점심시간을 쪼개 일을 한 후로 생활이 완전히 무너졌다. 기분이 바닥을 쳤고, 힘이 나지 않았다. 일을 대하는 태도도 엉망이 됐다. 건강한 식단은 생각조차 할 수 없었다. 하루 종일 책상 앞에 앉아 일을 한 날이면 퇴근길에 음식을 포장해 가거나 외식을 했다. 건강에 좋을 리 없다는 걸 잘 알면서도 간편하게 한 끼 때우기 좋은 음식만 생각났다. 혼자 식사를 하든 친구와 만나 외식을 하든 매번 술을 곁들이곤 했다. 술을 마시지 않고는 도저히 버틸 수 없을 것 같았기 때문이다. 카페인도 그랬다. 평소에는 커피를 한 잔도 안 마시는데 점심을 거른 후에는 하루에 커피를 두 잔이나 마셨다. 그리고 커피를 마시면 달달한 간식이 먹고 싶어졌다."

악순환이 반복됐다. "말 그대로 엉망이었다. 몸이 너무 무거웠다. 이렇게 한 주를 되는 대로 먹고 되는 대로 살다가 토요일에는 하루 종일 침대에서 빈둥댔다. 그러다가 주말을 이렇게 낭비하긴 아깝다는 생각에 밤새 술을 퍼마시며 놀았다. 그러면 일요일은 또 꼼짝 없이 집에 붙어 있을 수밖에 없었다. 다음날 다시 출근해서 일해야 하는데, 일요일 밤에는 온몸에 힘이 하나도 없었다. 어차피 다음 주도, 그 다음 주도 이번 주와 똑같이 되풀이될 테니 말이다." [1]

이는 아처 혼자만의 문제가 아니다. 사무실 책상에 앉아 점심 식사를 해결하는 직장인이 점점 많아지고 있다. 영국 최대 건강보험사 BUPA에서 2015년 실시한 설문조사에 따르면 영국 직장인의 무려 3분의 2가 점심시간에 채 20분도 휴식을 취하지 못한다. 상사의 눈치가 보여 쉬기 힘들다는 의견이 대다수였다. [2]

점심시간에 충분히 휴식을 취하지 못하면 직장생활은 물론 삶 전반에 무리가 간다. 아처뿐 아니라 점심을 거르고 밀린 업무를 처리하는 수많은 직장인이 에너지 고갈, 만성피로, 건강하지 못한 식습관으로 고통받고 있다. 그리고 이는 과도한 업무로 인해 느끼는 일반적 피로와는 다른 차원에서 삶에 무리를 준다. 전문가들은 그 원인이 '자기 통제'에 있다고 설명한다. 주말에 집에 혼자 있다면 아무 옷이나 대충 입고 소파에서 뒹굴며 마음껏 편안한 휴식을 즐길 수 있다. 하지만 배우자의 부모님 댁에서 주말을 보내야 한다면 얘기가 달라진다. 옷차림을 단정히 하고 말과 행동을 조심하며 어떻게든 대화를 이어가려 애쓰다 결국 지쳐 나가떨어질 것이다. 이것이 바로 자기 통제다. 일 때문에 어쩔 수 없이 점심시간을 포기할 경우 자기 통제에 따른 스트레스로 인해 정신적, 신체적 피로가 쌓인다는 연구 결과가 있다. [3]

잠시라도 잘 쉬어야 에너지 탱크가 충전된다

　앞에서 아처가 이야기한 피로가 지속되는 현상은 조금 더 깊이 살펴볼 필요가 있다. 사람은 누구나 정신적 에너지 탱크를 가지고 있다. 운동이나 산책 등 한 시간만이라도 몸을 움직이면 비어가는 에너지 탱크를 채우는 데 도움이 된다. 그러나 에너지 보충 없이 계속 일을 하면 피로는 배로 쌓인다. 심리학자 에밀리 헌터Emily Hunter와 신디 우Cindy Wu는 점심시간을 포기하는 행동과 주말 피로도 사이의 상관관계를 살펴보았다. 아처와 마찬가지로, 점심시간에 사무실에 남아 일을 한 직장인은 주말을 바람직하게 보내지 못했다.[4] 테오 마이만Theo Meijman과 지스베르투스 멀더Gijsbertus Mulder는 점심을 거르는 습관이 불면증을 유발한다는 주장을 내놓기도 했다.[5] 사랑하는 가족, 친구와 함께하는 주말을 망치고 싶지 않다면 점심시간에 충분한 휴식을 취해야 한다.

　주말까지 갈 것도 없이 점심을 거른 영향은 오후 업무시간에 곧바로 나타난다. 사실 점심시간에 휴식을 취했는지 여부와 관계 없이 오후에는 전반적으로 업무 효율이 떨어지는 편이다. 또한 오전에 비해 편협해지고 판단력이 눈에 띄게 떨어진다. 다니엘 핑크Daniel Pink는 2018년에 출간한 저서 《언제 할 것인가When》에서 판사가 높은 형량을 선고하고 의사가 오진을 내릴 확률이 점심시간 이후에 확연히 증가한다고 적었다.[6] 실제로 노스캐롤라이나 주 듀크 의료원에서 일어난 의료사고를 조사해보니 오후 4시에 사고가 일어난 확률은 4.2퍼센트로 오전 9시보다 4배나 높았다. 점심 시간을 제대로 지켰는데도 이 정도라면, 점심을 걸렀을 때는 상황이 훨씬 더 심각할 것이다.

휴식이 중요한 이유가 여기 있다. 우리는 잠시 일을 멈추고 쉬어감으로써 밸런스를 맞추고 오후에 찾아올 피곤에 대처할 수 있다. 다니엘 핑크는 신체 리듬에 맞춰 '시간생물학'을 적절히 활용하면 많은 도움을 얻을 수 있다고 이야기한다.

덴마크 학생을 대상으로 휴식이 시험 성적에 미치는 영향을 알아보기 위해 실험을 실시한 결과, 일반적으로 오후에 시험을 치르면 평소보다 성적이 떨어지지만 시험 전 휴식을 취하자 성적이 오히려 올라갔다. 하버드 경영대학원의 프란체스카 지노 Francesca Gino 교수는 하루에 연달아 시험을 치를 경우 보통 뒤로 갈수록 점수가 떨어지지만(이런 현상은 하위권 학생에게서 더욱 두드러진다) 시험 중간에 휴식시간을 가지면 하락 폭을 줄일 수 있다고 했다. 지노 교수는 "매 시간 휴식을 취하면 시험 성적은 시간이 지날수록 향상된다"며 휴식의 중요성을 강조했다.[7]

우리는 이 사례들에서 직장생활에 큰 도움이 될 팁 두 가지를 얻을 수 있다. 첫째, 중요한 업무는 점심시간 전에 처리하는 게 좋다. 머리가 가장 맑을 때라 실수할 확률이 낮기 때문이다. 둘째, 휴식시간을 줄이면 더 많은 일을 처리할 수 있을 거라는 생각을 버려야 한다. 다들 이미 알면서도 나만은 예외라고 애써 외면하고 있을 것이다. 식사를 대충 때우면 점심시간 내에 남은 이메일 업무를 모두 처리할 수 있지만, 점심을 먹고 가볍게 산책까지 하면 그동안 또 이메일이 쌓여 할 일이 늘어난다. 이 두 가지 선택지를 두고 느긋한 점심시간을 선택하기는 쉽지 않다. 당장 눈앞에 닥친 일을 해결할 수 있는데 식사를 하러 갈 사람이 몇이나 될까? 오후에 능률이 떨어질 걸 알더라도 일단 이메일을 처리하는 사람이 대부분이다.

'글쎄, 나는 점심을 걸러도 괜찮던데'라고 반박하기 전에 아처의 경험담에 귀를 기울여보자. 아처의 이야기는 점심시간이 얼마나 큰 힘을 지니는지 잘 보여준다. "점심시간이 끝나면 새로운 하루가 시작된다. 몸과 마음을 충분히 회복하고 막 출근했을 때처럼 쌩쌩하게 사무실에 돌아올 수 있다. 주말에는 한 주를 돌아보며 '와, 이번 주에는 세 번이나 미술관에 가서 보고 싶었던 전시를 관람했네' 하는 뿌듯함을 느낀다. 무엇보다 한 해가 다채로운 경험으로 가득했다는 점이 가장 좋다. 실제로 점심시간을 모두 더해봤더니 거의 한 달치 휴가에 해당하는 시간이었다."

혼자 밥 먹는 사람은 불행할 확률이 높다

누구와 같이 점심을 먹는지에 따라 삶의 만족도가 달라진다는 흥미로운 연구 결과도 있다. 옥스퍼드 대학교 연구진은 여럿이 함께 밥을 먹는 사람에 비해 혼자 밥을 먹는 사람에게서 불행감이 꽤 높게 나타났다고 발표했다.[8] 연구를 주도한 로빈 던바Robin Dunbar 교수는 그 이유를 다음과 같이 설명했다. "식탁에 둘러앉아 다른 사람과 함께하는 행동은 통증완화 호르몬인 엔도르핀 분비를 촉진한다. 엔도르핀은 뇌에서 분비되는 일종의 천연 마약성 진통제로, 모르핀과 화학구조가 유사해 기분을 좋게 만드는 효과가 있다. 사교 활동이 우리에게 미치는 영향이 이렇게 대단하다."

함께 식사하는 사람이 몇 명인지도 중요하다. 소시오메트릭 배지를 이용해 사무실 내에서 일어나는 상호작용을 측정하는 업체 휴머나이즈의 대표 벤 웨이버는 사내식당에 배치된 식탁의 크기가 사무실 내 의사소통 수준에 직접적인 영향을 준다고 주장한다. "어떤 회사의 식사시간을 관찰해보니 적게는 아홉 명, 많게는 열한 명이 식탁에 둘러앉아 점심을 먹은 경우가 생산성이 가장 높았다. 그들의 업무 성과는 다른 직원과 몇십 퍼센트나 차이가 났다. 반면 4인 식탁에서 두세 명이 함께 식사를 한 경우가 생산성이 가장 낮았다."

식탁 크기와 업무생산성의 상관관계에 흥미를 느낀 웨이버는 사내식당의 식탁 배치를 유심히 살펴봤다. "한쪽에는 12인 테이블이 놓여 있었고, 다른 쪽에는 4인 테이블이 놓여 있었다. 한동안 지켜보니 열두 명이 한꺼번에 식사를 하러 오는 경우는 없었다. 먼저 직원 하나둘이 식탁에 자리를 잡고 앉아 식사를 하다 보면 금세 자리가 꽉 찼다. 이들은 함께 앉은 사람들과 이런저런 대화를 나누며 점심을 먹었다. 소통은 점심시간이 끝나고도 이어져 식탁을 같이 썼던 사람과 업무 관련 대화를 나누는 빈도가 확연히 높아졌다." 12인용 식탁에 앉은 직원들은 소프트웨어 개발자였다. 점심을 함께 먹으며 소통이 원활해지자 성과가 눈에 띄게 향상됐다.[9] 여럿이 같이하는 식사가 주는 긍정적인 효과는 꼭 소프트웨어 개발이 아니라도 다양한 직군에 폭넓게 적용할 수 있다.

그러나 한 가지 명심해야 할 것이 있다. 회사에서 억지로 식사 자리를 마련한 경우에는 아무런 효과가 없었다는 점이다. 토론토대학의 존 트러가코스John Trougakos 교수에 따르면 직장인이 점심시간을 사회활동의 연장이라고 느끼는 순간 스트레스를 받게 된다. 팀끼리 간단히 먹는 점심도 의무가 되면 부담이 된다. 밥을 먹으면서 한 시간 내내 상사에게서 새로 뽑은 차 이야기를 듣느니 사무실에 남아 일을 하겠다는 직장인이 대부분이다. 트러가코스 교수는 점심식사를 강제하면 "직원이 자기 행동을 통제해야 한다고 느끼기 때문에 피로가 쌓인다"고 이야기했다.[10]

로라 아처는 점심시간을 자유롭게 활용하려면 계획을 세우라고 조언했다. 여러분이 화요일 점심시간에 미리 요가 수업을 예약해뒀는데 굳이 그 시간에 회의를 잡으려는 사람은 없을 것이다. 입맛에 꼭 맞는 점심시간을 즐기고 기분 좋게 오후 업무를 시작하라. 눈에 띄는 변화가 찾아올 것이다.

소중한 점심시간을 사수하라!

to-do list

☑ 점심시간을 위한 계획을 세워라. 계획은 잠깐이면 세우지만 변화는 오래 지속된다. 로라 아처는 일주일에 하루나 이틀만 점심시간을 만끽해도 스트레스가 엄청나게 줄어든다고 이야기했다.

☑ 점심시간에 다양한 활동에 도전해보라. 마음 맞는 동료와 식사를 해도 좋고, 공원에 앉아 바람을 쐬거나 산책을 해도 좋다. 운동도 도움이 된다.

☑ 꿀 같은 점심 휴식을 회의에 낭비하지 마라. 정중하게 시간을 조정해달라고 부탁하자. 몇 번만 거절하면 아무리 고집이 센 사람이라도 여러분과 회의를 잡을 때만큼은 점심시간을 피하게 될 것이다.

06

오전시간은
수도승 모드로!

넷플릭스엔 대표실이 따로 없다

여러분이 근무하는 사무실은 어떤 형태인가? 대부분 널찍하게 개방된 모습일 것이다. 개방형 사무실이 대세인 요즘, 사무실 인테리어의 주요 고민거리는 공간을 어떻게 개방할지 그리고 대표실을 따로 분리할지 말지로 초점이 모아진다.

구글은 대표실을 따로 뒀다.[1] 페이스북은 회의실 바로 옆에 대표용 책상을 배치했다. 넷플릭스에는 대표실이 없다.[2] 갭은 대표실을 마련했으나 책상은 없다.

여기에서 우리는 두 가지 목표가 상충하고 있는 모습을 보게 된다. 한 회사의 대표로서 직원들과 허물없이 소통하고 싶은 동시에 아무런 방해를 받지 않고 업무에 최대한 집중하고 싶은 것이다.

업무 분위기가 자유로워지고, 엄격한 복장규정이 사라지고, 직원에게 이전보다 큰 자율성이 주어지면서 벽이 허물어지기 시작했다. 분리된 사무실은 구닥다리 직급 체계를 대변하는 듯했다. 각 잡힌 복도가 사라져 탁 트인 근무 공간은 회사가 수평적 기업 문화를 추구하며 복잡한 조직관리 절차에 연연하지 않는다는 느낌을 줬다.

개방형 사무실이 인기를 끄는 데는 경제적 이유도 큰 몫을 했다. 사무실 임차료가 만만치 않은 오늘날 비용을 절감할 수 있는 가장 확실한 방법이 바로 벽을 허무는 것이다. 《파이낸셜 타임스 Financial Times》의 한 칼럼니스트가 내놓은 자료에 따르면 런던의 개방형 사무실을 유지하는 데 든 비용이 2017년 한 해 평균 약 1만 5,000파운드(한화로 약 230억 원)에 달한다. 분리형 사무실이었다면 비용이 훨씬 높았을 것이다.[3] 그렇게 사무실 벽이 허물어졌다. 많은 회사들이 사무실을 시원스레 개방했다. 근무 공간이 세련되고 아름다워졌다. 예술품을 걸거나 소품을 장식할 공간이 많아졌다. 채광도 훨씬 좋아졌다.

개방형 사무실이 근무 환경을 개선한다는 의견도 있다. 무심결에 고개를 들고 건너 책상에 앉아 있던 동료와 시시콜콜한 대화를 나누는 중 세상을 바꿔놓을 혁신적인 아이디어가 탄생할지도 모른다. 애플의 최고디자인책임자 조너선 아이브Jonathan Ive는 1만 3,000명이 근무하는 캘리포니아의 애플 신사옥을 '개방성과 자유로운 이동의 상징'이라 묘사했다. 아이브는 IT 전문지《와이어드Wired》와의 인터뷰에서 "수많은 사람이 자유롭게 다니고 교류하고 소통하고 협력하는 건물을 만들어냈다"[4]며 자신감을 드러냈다.

개방형 사무실의 함정

문제는 개방형 사무실을 바라보는 한없이 이상적인 관점에 있다. 개방형 사무실의 효과를 주제로 연구가 수차례 행해졌으나 결론은 항상 같았다. 개방형 사무실에서는 생산성이 곤두박질친다.

한 정유 및 가스 회사를 대상으로 실시한 조사 결과를 살펴보자. 조사는 이렇게 이루어졌다. 개방형 사무실 도입 전, 도입 4주 후, 도입 6개월 후 총 세 차례에 걸쳐 근무 환경에 대한 직원 만족도, 스트레스 수준, 직무수행 능력, 대인관계를 측정했다. 결과는 부정적이었다. "모든 측정 항목에서 직원은 새로운 환경에 불만족을 나타냈다. 새로운 공간에서 이들은 불안과 스트레스 증세를 보였다. 사무실 변경 이후 동료와 거리가 오히려 멀어지고 관계가 악화된 것 같다는 답변도 있었다. 생산성도 낮아졌다."[5] 또 다른 회사를 대상으로 실시한 연구에서는 사무실을 개방형으로 바꾼 후 직원들 간 이메일 소통은 56퍼센트 증가한 반면 직접 얼굴을 마주하고 나누는 대화는 3분의 1가량 감소했다는 결과가 나왔다.[6] 뉴질랜드에서 진행한 한 조사에서는 개방형 사무실이 직원의 심적 부담을 높일 뿐 아니라 동료 관계를 서먹하게 만든다는 결과가 나왔다. 아마 업무를 제대로 수행하기 힘들어지면서 불만이 쌓이기 때문일 것이다.[7]

조너선 아이브는 미사여구를 동원해 신사옥이 애플의 꿈을 실현한 공간이라고 소개했다. 그러나 정작 직원의 의견은 달랐다. 실제로 《실리콘밸리 비즈니스 저널Silicon Valley Business Journal》은 애플에서 가장 직급이 높은 개발자 몇 명이 사옥과 분리된 건물에서 근무하고 있다고 보도했다.[8] 개방형 사무실에서 발생하는 소음과 어수선한 분위기가 세계적인 제품을 만들어낸 애플 팀이 일하는 방식과 맞지 않았던 탓이다.

개방형 사무실의 문제점을 지적하는 자료는 꽤 많다. 개방형 사무실에서 일하는 사람은 근무인원이 5명 이하인 사무실에서 일하는 사람보다 훨씬 자주 병가를 냈다.[9] 문제는 결근만이 아니다. 한 보고서에 따르면 개방형 사무실에서는 평균 3분마다 업무를 방해받는다고 한다. 동료가 말을 건다든가, 주변에서 나누는 대화 내용을 의도치 않게 듣게 되는 등 주의를 분산시키는 요소가 끊이지 않기 때문이다.[10] 한 번 흐트러진 집중력을 되찾는 데 최대 8분이 걸린다는 전문가의 의견을 고려하면 상당히 많은 시간이 낭비되는 셈이다. 심지어 집중력을 최고로 끌어올리기까지는 무려 20분이 걸린다는 주장도 있다.[11] 애초에 인간은 주의를 전환하는 데 능숙하지 않다. 한 연구진이 소프트웨어 개발자를 관찰한 결과, 프로젝트 5가지를 동시 진행할 경우 전체 시간의 75퍼센트가 프로젝트 간 주의를 전환하는 데 허비돼 각 프로젝트에 온전히 집중하는 시간은 5퍼센트밖에 되지 않았다.[12]

동시에 진행되는 프로젝트 수	주의 전환에 낭비되는 시간(퍼센트)	각 프로젝트에 투입되는 시간(퍼센트)
1	0	100
2	20	40
3	40	20
4	60	10
5	75	5

미네소타 주립대학 경영대학원 교수 소피 리로이Sophie Leroy는 이 현상을 이렇게 설명했다. "한 업무로 주의를 완전히 전환해 훌륭한 결과를 내기 위해서는 다른 일을 생각하지 말아야 한다. 그러나 사람들은 이전에 수행하던 업무를 끝내지 않으면 다음에 주어지는 업무로 주의를 전환하기 어려워하고 결국 업무 완성도는 떨어진다."[13] 리로이 교수는 이메일에 답장하다가 프레젠테이션 자료를 작성하는 식으로 업무를 전환할 때 '주의 잔류물'이 발생한다고 이야기했다. 방금 보낸 이메일이 잘못되지는 않았는지, 상대방에게 언제 답신이 올지 계속 생각하게 되기 때문이다. 결국 중요도가 떨어지는 업무에 더 많은 시간이 할애된다. 심지어

어떤 과학자는 한 번에 여러 가지 일을 처리하면 IQ가 평소보다 10점이나 떨어지며 심한 경우 취했을 때와 비슷하게 정신이 멍해질 수도 있다고 주장했다.[14]

또한 끊임없이 방해를 받고 주의가 산만해지다 보면 성취감이 떨어지는 느낌이 드는데 이는 자존감에 매우 큰 영향을 미친다. 해당 분야를 폭넓게 연구한 심리학자 테레사 애머빌Teresa Amabile은 '어떤 일에 진척을 이뤘다고 확신할 때' 만족을 느낀다는 사실을 알아냈다. 즉 편지함을 가득 채운 이메일 목록보다 집중해서 처리한 업무 하나가 스스로의 능력을 확인하는 데 더 큰 영향을 미친다.[15] 긍정심리학의 아버지라 불리는 심리학자 미하이 칙센트미하이Miháy Csíszentmiháyi는 이를 '몰입'이라 칭하며 다음과 같이 설명했다. "오직 한 가지 행위에 완전히 몰두한 상태를 일컫는다. 자아가 사라지고 시간이 쏜살같이 흘러간다. 재즈를 연주하듯 모든 움직임과 생각이 끊이지 않고 자연스럽게 이어진다. 이 상태에서 우리는 온몸과 마음을 다해 잠재력을 최고로 끌어올린다."[16]

애머빌은 연구를 통해 사실상 몰입의 순간이 오래 지속되지는 않음을 확인했다. 그러나 집중력을 발휘한 시간이 짧아도 효과는 꽤 좋았다. 애머빌은 9,000명이 넘는 연구 참여자에게 업무일지를 적어달라고 부탁하고 기록을 꼼꼼히 검토했다. 이들은 하나같이 그간 열심히 진행해온 업무에 그럴듯한 진전을 이루어낸 날 성취감을 얻었다고 글을 남겼다. 그리고 진전은 대부분 조용한 공간에서 혼자 생각을 정리하며 이루어졌다. 한 참여자는 경험을 떠올리며 이렇게 말했다. "그날은 아무런 방해 없이 온전히 일에 집중할 수 있었는데 (…) 성과가 나타났다. 이전에는 주변 소음에 집중력이 흐트러져 도저히 일을 할 수가 없었다. 결국 일을 마무리하기 위해 빈 방으로 자리를 옮겨야 했다."[17] 조용한 방에는 방해거리가 없고, 방해거리가 없으면 몰입이 이루어지고, 몰입이 이루어지면 일에 진전이 나타나고, 진전이 나타나면 성취감을 얻는다.

애머빌의 실험 결과는 현대사회가 추구하는 업무 방향과 상반된다. 오늘날 대부분의 회사는 집단적인 사고를 강조하며 팀 단위로 업무를 진행하길 요구한다. 물론 직장생활을 하는 데 공동체 의식은 매우 중요하며, 개방형 사무실은 자유로운 논의가 효과적으로 이루어진다는 장점을 가진다. 그럼에도 불구하고 일을 제대로 진행하기 위해서는 조용한 업무 환경이 갖춰져야 한다. '회사에서는 도무지 일을 할 수 없다'거나 '일부러 일찍 출근해 아무도 없을 때 업무를 본다'고 불평을 토로해본 적 있다면 여러분은 이미 개방형 사무실이 일에 방해가 된다는 사실을 잘 알고 있을 것이다.

작가이자 연구자인 칼 뉴포트Cal Newport는 일에 몰입한 상태를 '딥 워크Deep Work'라 칭하며 이를 '주의가 전혀 흐트러지지 않은 몰입 상태에서 인지 능력을 극한까지 발휘하는 전문적 활동'이라 정의했다. 뉴포트는 딥 워크의 구체적인 방법을 제시하며 이렇게 말했다. "요즘 들어 기업가, 그중에서도 특히 소규모 스타트업 경영자 중 수도승 모드로 오전을 보내는 사례가 많아졌다. 이들은

'무슨 일이 있어도 오전에는 혼자만의 시간을 사수한다. 11시나 12시 이전에는 이메일과 전화에 일절 답하지 않고 회의가 있어도 참석하지 않는다'고 한다. 수도승 모드로 효과를 본 한 경영자는 회사 전체에 아이디어를 적용해 매일 아침 전 직원이 각자 일에 몰두하는 시간을 가지기로 결정했다. 이 시간이 끝나면 다른 업무를 처리한다."

뉴포트와 마찬가지로 애머빌 역시 개인 업무와 공동 업무를 적절히 분배해야 한다고 주장했다. 애머빌은 업무에서 유의미한 진전을 이루기 위해서는 "주당 근로시간을 반드시 준수하고 직원이 집중력을 유지할 수 있도록 조직생활에서 일상처럼 반복되는 소음과 방해를 차단해야 한다"고 당부했다.

딥 워크를 위한 여건을 마련하라

이런 방법을 시도해보면 어떨까? 수요일과 금요일 오전에는 재택근무를 하다가 11시 이후에 출근하겠다고 회사에 말해보자. 트위터 유럽 지사 런던 사무실에 근무하는 데이비드 월딩David Wilding은 실제로 자신만의 수도승 모드를 개발해 실천에 옮겼다. 월딩은 매일 4시간을 출퇴근길에 허비했다. 출근시간 런던행 기차는 항상 만원이었고, 빽빽한 기차에서 사람에게 치이며 무의미하게 흘려보내는 시간이 너무 아깝게 느껴졌다. 월딩은 회사와 협의해 출근시간을 늦추기로 했다. 기차를 조금만 늦게 타도 편하게 앉아 노트북을 펼쳐놓고 진행 중인 프로젝트에 온전히 집중할 수 있었다. 기차에서는 느려 터진 와이파이 덕분에 메신저나 이메일에는 손도 댈 수 없었다. 이렇게 윌딩은 출근길에 딥 워크 시간을 한 시간 이상 확보할 수 있었다.

광고회사 오길비원OgilvyOne의 수석 크리에이터 로리 서덜랜드는 여기서 한 술 더 떠 특별한 일이 없는 한 아예 사무실에 출근하지 않았다. 웬만한 업무는 이메일로 처리하고 관계자를 직접 만나고 대화를 나눠야 할 때만 회사에 나왔다. 서덜랜드는 자기 생각을 확실히 밝혔다. "옛날에는 사진을 찍거나 서류를 작성하려면 회사에 가야 했다. 프레젠테이션 자료를 만들려고, 팩스를 보내려고, 국제전화를 걸려고 회사에 나갔다. 몇십 파운드짜리 국제전화 요금을 일일이 영수증 처리해서 받느니 차라리 회사 전화를 이용하는 게 편했기 때문이다. 그때는 사무실에서 거의 모든 작업을 했다. 회사 밖에서 일을 할 수 있는 여건이 아니었다. 종이와 펜만 가지고 할 수 있는 일이 얼마나 됐겠는가. 그런데 지금은 장비만 좀 갖추면 사무실에서 하는 일의 90퍼센트 이상을 집에서도 충분히 할 수 있다. 오히려 역으로 묻고 싶다. 왜 굳이 출근을 해야 하는가?"

온전히 집중해서 일을 처리할 때 직장생활이 더 행복하고 만족스럽게 느껴진다면 일주일에 이틀 정도는 수도승 모드로 오전시간을 보내자.

to-do list

☑ 마지막으로 만족스럽게 업무를 마무리했던 경험을 떠올려보라. 그때와 같은 환경을 만들 수 있는 방법이 있는가? 일주일에 두 번, 세 시간 동안 방해받지 않고 일할 수 있는 시간을 확보하려면 무엇을 포기해야 할까?

☑ 대부분은 오전에 수도승 모드가 가장 효과적이었다고 말한다. 그래도 오후에 집중이 더 잘 된다면 시간을 조정해보라.

☑ 수도승 모드일 때는 되도록 모든 방해거리를 없애라. 휴대전화는 무음 모드로 전환하고 이메일 계정은 잠시 로그아웃해두길 권한다.

☑ 수도승 모드로 얻은 성과를 기록해두라. 여러분의 제안에 회의적인 사람들을 설득하는 데 도움이 될 것이다.

☑ 수도승 모드가 효과가 없다면 요일과 시간을 변경해보라.

07

농장주 마인드는
버려라

순응하는 삶

우리 인생은 보통 이렇게 흘러간다. 먼저 온갖 규칙이 가득한 학교에 입학한다. 제시간에 등교한다. 수업을 듣는다. 숙제를 한다. 그리고 대학에 진학하면 기존 규칙에서 비교적 자유로워진다. 오전 11시에 수업이 있다면 시간 맞춰 강의실에 도착하면 좋겠지만, 지각을 하거나 결석을 해도 큰 문제는 없다. 그렇게 자유로운 생활에 익숙해질 때쯤 사회에 발을 들인다. 다시 예전 규칙에 얽매이게 된다. 9시까지 출근한다. 이메일에 회신한다. 시간 맞춰 회의에 참석한다.

문제는 너무 급속히 이에 순응한다는 점이다. 사무실을 둘러보며 '다들 어디에 간 거야?'라고 생각해본 적 있는가? 직원들이 어디선가 각자 맡은 일을 하고 있을 것이라는 사실을 알면서도 학교에 다닐 때처럼 얌전히 주어진 자리를 지키고 앉아 있길 바란다. 일하는 모습이 보여야 믿음이 간다.

세계적인 작가 댄 키란Dan Kieran은 이런 심리를 묘사하는 완벽한 표현을 찾아냈다. 키란은 크라우드 펀딩 출판 플랫폼 언바운드Unbound를 설립해 철저한 위기관리 능력과 대담한 아이디어 창출 능력을 두루 갖춘 멋지고 창의적인 기업문화를 정착시켰다. 그럼에도 불구하고 오래전부터 깊이 뿌리박힌 관념이 불쑥 고개를 내밀 때가 있다며 자책했다. "정말이지 나 자신이 싫어진다. 아무래도 내 안에는 사악한 18세기 농장주가 있는 것 같다." 키란은 직원이 자리를 비워 사무실이 조용하면 고개를 빼들고 자신도 모르게 '어디서 뭘 하는 거야?'라는 생각을 하게 된다고 털어놨다. 그리고 "누구나 일하고 싶을 만한 회사를 만들려면 먼저 농장주 기질을 버리고 직원의 성과에 집중해야 한다"고 당부했다.

농장주는 시도 때도 없이 관리 감독을 하고 싶어 좀이 쑤신다. 직원이 어젯밤에 본 드라마가 어땠느니 수다를 떠는 시간에 제자리에 붙어 앉아 업무에 집중하길 바란다. 키란의 말이 맞았다. 우리는 모두 마음속에 농장주를 키우고 있다. 게다가 이 성마른 침입자는 손톱 밑에 깊게 박힌 가시처럼 온종일 신경을 거스르지만 뽑아내기가 몹시 어렵다.

캘리 레슬러Cali Ressler와 조디 톰프슨Jody Tompson의 아이디어에서 탄생한 성과집중형 업무환경Results Only Work Environment, 즉 로우ROWE 시스템은 새로운 업무 방식을 제안한다. 갭, 베스트바이와 같은 세계적 규모를 자랑하는 대기업은 빠르게 로우 시스템을 채택해 팀별로 단기 목표를 설정하고 각자 원하는 방식대로 자유롭게 업무를 수행하도록 했다. 로우 시스템을 도입한 회사에는 정해진 근무시간이 없다. 아예 출근을 하지 않아도 괜찮다. 회의 참석도 자율에 맡긴다. 로우 시스템과 대학교육 체계는 여러 측면에서 공통점이 많다. 정해진 기한에 맞춰 일을 끝낼 수만 있다면 나머지는 그리 중요하지 않다. 이른바 '프리젠티즘Presentism'(회사에 출근은 했지만 육체적, 정신적 컨디션이 정상적이지 못해 업무 성과가 현저히 떨어지는 현상—옮긴이)의 종말이다. 이제 누가 언제 어디서 어떤 일을 하는지 더 이상 신경 쓸 필요가 없다.

찌꺼기를 깨끗이 치우는 작업

로우 시스템을 창시한 레슬러와 톰프슨은 출근일수보다 성과에 집중하는 깨어 있는 기업이 되기 위해서는 먼저 지저분하게 남은 '찌꺼기'를 깨끗이 치우는 작업을 통해 근무 환경을 개선해야 한다고 주장한다. 그들의 설명에 따르면 이 찌꺼기란 "누구나 직장생활을 하며 한 번쯤 들어봤을 만한 지적으로, 업무시간에 집착하는 낡은 사고방식에서 비롯한다." 그리고 우리 안의 사악한 농장주가 지닌 지독한 사고방식이 모두 여기에 포함된다.

로우 시스템이 모든 직종에 적합한 건 아니다. 매장 관리직같이 자리를 지켜야 하는 일에는 적용하기 어렵지만 개인의 업무 재량이 큰 회사가 로우 시스템을 도입하면 직원의 자율성이 확실히 보장된다는 장점이 있다. 특파원으로 유럽 지부에서 혼자 일하다 영국 사무실로 돌아온 한 기자는 파견 나갔던 시절이 좋았다고 말한다. 그때는 자유롭게 현장을 돌아다니고, 카페에 앉아 동네 주민이 하는 이야기를 주워듣다 넌지시 질문을 건네기도 하고, 유명 인사와 인터뷰도 하며 실속 있는 정보를 가득 담은 기사를 일주일에 몇 건씩 작성할 수 있었다. 특파원 생활이 끝나고 영국에 돌아오니 화장실 옆 구석진 자리에 책상이 마련돼 있었다. 지각이라도 하면 상사로부터 호출을 받아 지각 사유를 설명해야 했다. 대학교에서 고등학교로 돌아간 기분이었다. 업무 만족도가 떨어지니 예전만큼 좋은 기사가 나오지 않았다.

그러나 로우 시스템에도 맹점이 있다. 누구보다 빨리 로우 시스템을 채택한 베스트바이는 팀 역량이 제대로 발휘되지 않는다는 이유로 2013년 이를 폐지하기로 결정했다. 베스트바이 최고경영자는 한 인터뷰에서 "로우 시스템은 올바른 리더십이 권한 위임에서 나온다는 전제를 바탕으로 만들어졌다"고 문제점을 지적했다. 자유로운 업무 방식을 존중해 개인에게 권한을 부여하자 팀워크가 무너지기 시작했다.[1]

무엇이든 균형이 중요하다. 로우 시스템이 맞지 않는 사람도 분명 있을 테니, 각자 성향을 고려해 적절한 절충점을 찾아야 할 것이다. 그러나 여러분 안에 깊숙이 파고든 사악한 농장주에 대항하기 위해서는 로우 시스템의 기본 원칙을 명심할 필요가 있다. 9시 30분 넘어 느긋하게 출근하는 직원을 보고 '팔자 좋다'라고 생각한 적이 있다면 여러분은 이미 위험한 단계에 들어선 셈이다. 동료가 수요일 오후에 아이를 데리러 가야 한다는 사실을 알면서도 4시쯤 어렵사리 눈치를 보며 주춤주춤 사무실을 나서는 모습이 아니꼽게 보이고, '또 저렇게 핑계 좋게 빠져나간다' 싶어 곱지 않은 말이 나온다면 당장 뭔가 조치를 취해야 한다.

농장주가 저지르는 만행은 사사건건 간섭하고 업무 분위기를 망치는 데서 그치지 않는다. 이들은 아예 다른 문제로 대중의 시선을 돌려버리기도 한다. 나는 베스트셀러 작가 다니엘 핑크를 통해 뉴저지 주 주지사였던 크리스 크리스티Chris Christie의 사례를 접하게 됐다. 크리스 크리스티는 주변에 한 명쯤 있을 것 같은 지극히 평범한 인물로, 친근한 정치인을 선호하는 세계적 흐름에 편승해 운 좋게 당선됐다. 2016년, 뉴저지 주에서 11세 이하 초등학생과 유치원생에게 매일 20분 이상 놀이시간을 의무적으로 주어야 한다는 법안이 발의됐다. 적당히 휴식을 취한 어린이의 집중력과 학습 능력이 눈에 띄게 향상됐다는 공신력 있는 연구 결과를 근거로 제시한 덕분에 법안은 하원과 상원을 모두 무난히 통과했다. 그런데 마지막 순간 크리스티 전 주지사가 "별 쓸데없

는 법안을 다 추진한다"며 거부권을 행사해 결국 무산됐다. 사악한 농장주가 한껏 심술을 부린 탓이다.[2]

우리는 살면서 수많은 크리스 크리스티를 만난다. 그들 앞에서는 과학적 근거와 객관적 증거도 무용지물이다. 상식적인 의견을 제시해도 코웃음을 치며 면박을 준다. 그리고 요란한 웃음을 터뜨리며 무안함을 더해줄 동조자를 찾는다.

이상적인 기업문화를 정착하려면 마음속 깊이 자리한 사악한 농장주를 몰아내야 한다. 여러분도 나도 예외가 아니다.[3]

to-do list

☑ 과정이 아닌 성과에 초점을 맞춰라.

☑ 여러분 자신이나 동료의 업무 성과가 부진하다는 생각이 든다면 무작정 업무량을 늘리기보다 그 생각을 밝히고 직장 동료들과 충분히 대화를 나눠보라.

☑ 지각을 하거나 반차를 낸 직원에게 쓸데없이 핀잔을 주지 마라. 그것만으로도 직장 스트레스가 훨씬 줄어들 것이다.

☑ 동료가 한 말에 부담감을 느꼈던 경험을 툭 터놓고 공유하는 '찌꺼기 제거' 시간을 마련하라.

08

원래 그런
규칙이란 없다

인질범은 누구인가?

스웨덴 사람이 아니라면 브리지타 룬드블라드Birgitta Lundblad, 엘
리자베스 올드그렌Elisabeth Oldgren, 크리스틴 엔마크Kristin Ehnmark, 스
벤 새프스트롬Sven Säfström이라는 이름이 낯설 것이다. 이 네 사람
은 스톡홀름 크레디트반켄Kreditbanken 은행에서 일하던 은행원으
로, 1973년 은행에 강도가 들었을 때 6일간 인질로 잡혀 있었다.
인질의 이름은 오늘 처음 알았을지 몰라도 이 은행에서 6일간 무
슨 일이 있었는지에 대해서는 한 번쯤 들어봤을 것이다. 놀랍게
도 인질로 잡혀 있던 기간 동안 은행원들은 강도에게 호감을 갖

게 됐다. 상식적으로 공포나 분노를 느껴야 할 상황이었지만, 이들은 밧줄에 묶여 다이너마이트에 목숨을 위협받으면서도 화장실에 갈 수 있도록 해주거나 음식을 내주는 등 강도가 베푸는 아주 사소한 호의에 고마워했다. 심지어 인질극이 마무리될 때쯤엔 동정심이 생겨 법정에서 강도에게 불리한 증언을 거부했다. 이렇게 가해자에게 심리적으로 공감하는 현상을 '스톡홀름 증후군'이라 한다.[1]

많은 직장인이 자신을 인질로 삼은 범인이 누군지도 모르는 채 스톡홀름 증후군을 경험한다. 회사 안에서는 동료와 상사가 끊임없이 무언가를 요구하고, 회사 밖에서는 협력사와 고객사가 온갖 사소한 부탁거리를 가지고 온다. 아무튼 안팎으로 일이 끊이질 않는다. 하지만 현대 직장인은 화를 내거나 불만을 터트리는 대신 체념으로 기울곤 한다. 심리학자 마틴 셀리그만Martin Seligman은 여기에 '학습된 무기력'이라는 명칭을 붙였다.[2] 이것은 지나친 요구에 너무 익숙해져 무리한 요구마저 당연하게 받아들이는 현상을 말한다.

셀리그만은 1965년 우울증을 연구하던 중 우연히 학습된 무기력이 형성되는 조건을 발견했다. 셀리그만은 유명한 파블로프Pavlov의 개 실험을 참고해 종을 울린 뒤 개에게 전기충격을 가하는 '고전적 조건형성' 실험을 실시했다. 예상했겠지만 개는 종이 울리면 곧 전기충격이 따른다는 사실을 알아챘다. 셀리그만은 기존의 실험을 살짝 변형해, 전기충격이 가해지는 공간과 아무 장치가 설치되지 않은 공간으로 나뉜 상자에 개를 집어넣고 동일한 실험을 진행했다. 이제는 마음만 먹으면 담을 뛰어넘어 전기충격을 피할 수 있었고, 실제로 이전에 전기충격을 받지 않은 개는 전기가 흐르지 않는 공간으로 쉽게 몸을 피했다. 반면 이전 실험에서 무작위로 전기충격에 노출된 개는 종소리가 들려도 바닥에 누워 고통을 고스란히 견뎌냈다. 어떤 행동을 해도 상황이 나아지지 않을 것이라 생각했기 때문이다. 가엾은 개는 너무 쉽게 노력을 포기했다.

학습된 무기력은 현대 직장에도 만연해 있다. 끊임없이 주어지는 요구와 기대에 몹시 지쳐가면서도 회사란 원래 다 그렇다며 주어진 상황에 순응하며 살아간다. 그렇게 전기충격이 가해지는 바닥에서 벗어나지 못한 채 또 하루를 견딘다.

원래 그런 것은 없다

하버드 경영대학원의 레슬리 펄로Leslie Perlow 교수는 생산성을 향상시키는 방법을 알아보던 중 한 조직에서 학습된 무기력을 목격했다. 펄로 교수가 예상하기에, 저녁식사를 하면서 휴대전화로 업무 이메일을 확인하는 등 직장과 끊임없이 연결되어 있는 상태는 인간관계에 지장을 줄 뿐만 아니라 생산성 향상에도 도움이 되지 않을 듯했다. 그래서 연구에 참여하는 개발자와 경영 컨설턴트에게 이런 의견을 제시해봤지만, 실무를 잘 몰라서 그런 말을 한다거나 회사 일이 원래 다 그렇기 때문에 어쩔 수 없다는 대답만 돌아왔다. 펄로 교수는 이들의 심리 상태를 이렇게 설명했다. "그들은 회사가 경쟁력을 유지하기 위해서는 기존 방식을 고수해야 한다고 굳게 믿고 있었다."[3]

다른 선택지는 없다는 듯 회사와 계속 연결되어 있는 상태를 수동적으로 받아들이는 태도에 호기심을 느낀 펄로 교수는 '이곳을 변화시킬 수 있다면 어디든 변화가 가능하다'는 생각으로 그 조직에서 연구를 진행하기로 했다.[4] 그렇게 보스턴컨설팅그룹을 상대로 실험이 시작됐다. 회사 경영진은 직원이 고객의 요구에 언제든 응할 수 있도록 24시간 내내 대기 모드를 갖춰야 한다고 주장했다. 직원들도 밤늦은 야근을 당연시했으며 퇴근 후에도 틈틈이 이메일을 확인해야 한다고 이야기했다. 펄로 교수는 이들이 근무시간 이외에도 일주일에 25시간 넘게 이메일이나 전화로 업무를 처리하고 있으며, 이메일을 수신하고 1시간 내에 답장하지 않으면 큰일이 날 것처럼 행동하고 있음을 지적했다.

펄로 교수는 아주 작은 변화를 시도해보기로 했다. 실험에 참여한 직원에게 각자 일주일에 하루씩만 야근을 피해달라고 당부했다. 그리고 그날은 퇴근 후 이메일을 절대 확인해선 안 된다고 강조했다. 이 실험은 무엇보다 팀원의 협조가 중요했다. 쉬기로 한 날 밤에 한 사람이라도 이메일을 확인한다면 실험 전체가 수포로 돌아가기 때문이다. 늘 비상대기 모드를 취하고 있던 그들에게는 사실 일주일에 하루도 쉽지 않은 도전이었다.

물론 비상사태가 발생했다. 하지만 실험에 참여한 직원들은 약속을 충실히 이행했다. 그들은 "오늘은 쉬기로 한 날이잖아. 신경 쓰지 마. 알아서 할게!"라며 서로를 안심시켰다.

진짜로 놀라운 효과는 비상사태가 아닌 일상에서 나타났다. 실험이 시작된 이후부터 팀워크가 향상되고 소통이 원활해졌다. 저녁에 중요한 일이 있는 날이면 쉬어도 되겠냐고 서로 허락을 구했고, 사생활에 관해서도 이전보다 확연히 많은 대화를 나눴다. 게다가 일에 지칠 대로 지친 와중에 겨우 반나절도 안 되는 꿀같은 휴식은 에너지를 회복하는 데 매우 효과적이었다. 한 실험 참여자는 "정신없이 바쁜 시즌에도 프로젝트 매니저가 쉬기로 한 날을 지켜야 한다며 퇴근하라고 닦달했다. 그렇게 떠밀리다시피 퇴근을 하고는 다음 날 아주 상쾌하게 출근했다"고 자신의 경험을 공유했다.[5] 펄로 교수에 따르면 "번갈아가며 휴식을 취한 팀은 업무 만족도가 올라가고, 장기근속 의지가 높아졌다고 보고했다. 또한 일과 삶의 균형이 개선됐다고 응답했다." 아무리 좋아하는 일이라도 몸과 마음이 지치면 나쁜 면만 보게 되기 마련이다. 컨디션이 곤두박질치면 사람은 어쩔 수 없이 평소에 절대 하지 않을 부정적인 생각을 떠올린다.

긍정적인 반응에 펄로 교수는 한걸음 더 나아가기로 했다. 이번에는 한 명씩 번갈아가며 일주일에 하루씩 온전한 휴일을 갖도록 했다. 휴일에는 하루 종일 일에서 완전히 벗어난다는 규칙을 정하고 통화와 문자, 이메일, 메신저 등 직장과 관련된 모든 연락을 완벽히 차단할 것을 요청했다. 실험 내용을 전달받은 직원은 몹시 당황해했다. 이미 예상한 반응이었다. 펄로 교수는 당시 회사의 반응을 떠올리며 이렇게 말했다. "처음에는 실험을 거부했다. 그동안 줄곧 실험을 지지해주던 팀장마저 팀원이 돌아가며 일주일에 하루씩 쉴 거라는 소식을 고객에게 어떻게 전해야 좋을지 모르겠다며 난감해하는 눈치였다."[6]

하지만 결과는 놀라웠다. 신기하게도 휴일이 생기자 다들 처음 입사했을 때처럼 일에 열정을 보였다. 팀원 간 소통이 훨씬 긴밀해졌고, 예전보다 서로를 더 배려했다. 펄로 교수는 실험의 가장 큰 성과로, '고객에게 더 좋은 서비스를 제공'하려면 휴일이 필요하다는 사실을 회사가 인정하게 된 점을 꼽았다.

업무 형태는 정하기 나름

목적지향적 의사소통이란 무엇일까? 이에 대해 알아보기 위해 나는 소프트웨어 회사 버퍼Buffer의 인사담당자 데보라 리폴Deborah Rippol을 찾아갔다. 버퍼는 앞으로 추구해야 할 직장이 어떤 모습인지 잘 보여주는 미래지향적 조직이다. 이 회사는 무슨 일이든 항상 최선의 답을 찾기 위해 노력한다. 공동 창업자 중 한 명이 비자 문제로 더 이상 미국에 머물 수 없게 되자 버퍼는 샌프란시

스코 사무실을 포기하고 뿔뿔이 흩어져 일을 하기 시작했다. 이렇게 초창기에 이곳저곳 떠돌며 사업을 키운 경험은 버퍼에 깊이 뿌리를 내렸다. 고난을 이겨내고 캘리포니아에 본사를 다시 세운 뒤에도 떠돌이 정신은 여전히 남아 이어져 내려오고 있다.

데보라 리폴은 현재 직원 70명이 세계 곳곳에서 버퍼를 위해 일하고 있다고 말했다. "버퍼의 직원은 전 세계 16개국, 40개 도시, 11개 시간대에서 각자 역할을 다하고 있다." 다른 공간, 다른 시간대에 있는 직원들이 함께 일하는 방식은 조금 특이하다. "우리는 직원이 어디서든 행복하게 일할 수 있길 바란다. 즉 직원끼리 의견을 교환하고 결정을 내릴 때 시간과 장소로 인해 제약을 받으면 안 된다는 의미다. 그래서 버퍼는 동시 소통을 중요하게 생각하지 않는다. 같은 시간대에 속한 직원끼리는 메신저에 접속해 실시간으로 대화를 나눌 수 있다. 하지만 뉴욕에 있는 직원 여럿이 채팅방에 모여 그 자리에서 어떤 결정을 내려버리면, 프랑스와 싱가포르에 있던 직원은 아무것도 모른 채 아침에 일어나 자신의 의견이 전혀 반영되지 않은 결정을 그저 받아들일 수밖에 없다."

물론 즉답이 필요한 상황에는 동시 소통이 효과적이지만, 그 외의 경우에는 답변 기한을 확실히 정해놓고 충분히 고민할 시간을 갖는 시간차 소통이 더 좋은 결과를 낳을 수 있다. 각자 생활 리듬에 맞춰 답변을 제시할 수 있기에 급하게 의견을 정리하지 않아도 된다. 데보라 리폴은 '숙고할 시간'이 버퍼가 추구하는 중요한 가치 중 하나라고 이야기한다. "직원들이 워낙 다양한 시간대에 속해 일하다 보니 효과적이고 효율적으로 소통하기 위해서는 원칙이 필요하다. 예를 들어 버퍼에서는 이메일을 보낼 때 '어떻게 생각하세요?' 같은 모호한 질문은 피한다. 두 사람 사이에 8시간이나 12시간 시차가 있을 때 이런 질문을 던지면 별로 좋은 답변을 이끌어낼 수 없다. 상대방의 의견이 알고 싶다면 정확히 어떤 부분에 어떤 조언이 필요한지 구체적인 내용을 담아야 한다."

서로의 빈자리를 채워줄 든든한 동료가 있다는 사실만으로 팀원 간 신뢰가 돈독해지고 팀워크가 개선된다. 행복하고 활기찬 직장생활을 위해 나름의 규칙을 정립하라.

to-do list

- ☑ 여러분이 처한 환경을 그저 무기력하게 받아들이지 마라.
- ☑ 합의를 통해 휴가 날짜를 조정하고 동료의 휴일을 존중하라.

09

휴대전화
알림 기능을 꺼라

창의력과 스트레스를 한 우리에 두지 마라

코르티솔은 신체적, 정신적 스트레스를 받으면 분비된다는 특징 때문에 종종 오해를 산다. 하지만 사실 이 호르몬은 우리 몸에 에너지를 공급하는 연료 역할을 한다. 자동차로 치면 가속 페달인 셈이다.[1] 코르티솔이 적당히 분비되면 주의력과 집중력이 높아진다. 문제는 가속 페달을 있는 힘껏 밟았을 때 생긴다.

독일의 과학자 클레멘스 키르쉬바움Clemens Kirschbaum은 과다 분비된 코르티솔이 뇌세포를 손상시켜 기억력을 떨어뜨린다는 연구 결과를 발표했다.[2] 뇌손상이 일어나는 정확한 과정은 아직 밝혀지지 않았지만, 과학계에서는 코르티솔이 해마에 어떤 영향을 미칠 것이라 추정한다. 우리가 스트레스를 받으면 해마와 편도체는 스트레스를 유발한 경험에 관련된 기억을 저장하는데, 이는 상세한 기록보다 단순한 입력에 가깝다. 예를 들어 뱀을 보고 놀랐던 기억을 떠올릴 경우 뇌는 뱀을 보면 놀란다는 사실을 인지하되 그때 느낀 불안감까지 되살리지는 않는다.

극심한 스트레스가 가해지는 위기 상황에서 초인적인 능력을 발휘했다는 사례도 더러 있다. 심리학자 테레사 애머빌은 아폴로 13호에서 일어난 사고를 예로 들었다. 아폴로 13호가 우주에서 임무를 수행하는 도중 내부 산소탱크가 폭발했다. 예상치 못한 비상사태를 마주한 플로리다 우주비행관제센터는 우주비행사가 선내에 한정된 재료만 가지고 직접 공기정화 시스템을 정상화할 수 있는 방법을 생각해내기 위해 밤낮없이 머리를 싸매야 했다.[3] 주어진 자원을 총동원해 고군분투한 끝에 다행히 우주비행사는 모두 무사히 지구로 귀환했다.

그러나 애머빌은 우주비행사처럼 특수한 훈련을 받은 사람이 아니고서는 이런 경우는 매우 드물다고 이야기했다. 평범한 직장인이 남긴 업무일지를 분석해보니 스트레스는 대부분 창의력 저하로 이어졌다. 이렇듯 창의력과 스트레스는 공존하기 쉽지 않다. 애머빌의 말을 인용하자면, "창의력과 스트레스를 한 우리에 두면 보통은 스트레스가 창의력을 잡아먹는다."

스트레스 앞에서는 장사 없다

우리는 주변에서 이런 사례를 흔히 찾아볼 수 있다. 축구 경기를 생각해보자. 홈경기에서 주어진다는 '홈 어드밴티지'란 대체 무엇일까? 경기의 승패가 오롯이 선수의 역량에 달렸다면 경기 장소는 승률에 큰 영향을 미치지 않을 것이다. 그러나 대부분의 구단은 홈에서 경기를 치를 때 더 나은 모습을 보인다.[4] 팀을 응원하는 팬의 함성소리에 스트레스 수준이 낮아지면서 한층 창의적으로 경기를 운영할 수 있기 때문이다. 이는 어느 스포츠나 마찬가지다. 아이스하키 경기에서도 수많은 홈팬이 보내는 열정적인 응원은 엄청난 홈 어드밴티지가 된다.[5]

반면 홈팬의 야유는 경기력에 엄청난 타격을 준다. 지금은 선수생활을 은퇴하고 해설자를 거쳐 감독으로 활동 중인 조이 바튼Joey Barton이 뉴캐슬에 입단한 지 얼마 안 됐을 때 있었던 일이다. 뉴캐슬 팀이 홈구장인 세인트제임스파크에서 리버풀에 실점하자 야유가 터져 나왔고, 결국 3대 0으로 패배하고 말았다. 이에 거침없는 발언으로 유명한 바튼은 경기장 분위기가 엉망인데 선수들이 어떻게 제대로 경기를 뛰겠냐며 팬을 비난했다. "뉴캐슬의 팬심이 대단하다기에 뜨거운 응원과 환호를 기대했는데 아직까지 한 번도 그런 모습을 본 적이 없다. 정말 지독하다. 그렇게 지독한 야유는 처음이다. 뉴캐슬이 승리하길 바라는 마음은 잘 알고 있지만 팬이 태도를 바꿔 결과와 관계없이 팀을 지지해주지 않는 이상 상황은 나아지지 않을 것이다."[6]

이는 잉글랜드 축구 국가대표팀이 세계적인 선수를 몇 명이나 보유하고도 저조한 성적을 기록했던 원인도 일부 설명해준다. 잉글랜드 축구 국가대표팀 지휘를 맡은 가레스 사우스게이트Gareth Southgate 감독은 맨체스터 시티의 스타 플레이어 라힘 스털링Raheem Sterling이 뛰어난 선수로 성장할 수 있었던 이유를 기술이 아닌 태도에서 찾았다. "스털링은 자신감이 강한 선수다. 맡은 포지션에 항상 최선을 다하며 골대 앞에서 망설이지 않는다. 꼭 남들보다 기술이 뛰어나서가 아니다. 서두르지 않고 침착하게 경기 흐름을 골로 연결하는 능력을 지녔기 때문이다."

그러나 이런 스털링도 잉글랜드 국가대표팀을 향한 거센 비난에는 약한 모습을 보일 수밖에 없었다. 그는 2016년 소셜 네트워크에 스스로를 '증오의 대상'이라 칭하며 이렇게 호소했다. "가끔은 비난이 도가 지나치다는 생각이 든다. 나를 응원하는 사람이 있다는 사실을 기억할 수 있도록 따뜻한 말을 남겨주면 고맙겠다. 대표팀의 승리를 바란다면 긍정적인 에너지를 불어넣어 달라. 우리 선수들이 모두의 사랑과 지지를 등에 업고 맑은 정신으로 월드컵에 임할 수 있도록 도와주길 부탁한다."[7] 스털링과 애머빌이 하려는 말은 같다. "창의력과 스트레스를 한 우리에 두면 보통은 스트레스가 창의력을 잡아먹는다." 실제로 기대치가 낮아지자 부담감에서 벗어난 잉글랜드 대표팀은 2018년 월드컵에서 훌륭한 성적을 거뒀다.

대중예술 분야도 마찬가지다. 첫 번째 음반에서 호평을 받은 가수들은 두 번째 음반을 제작하며 슬럼프를 겪곤 한다. 안팎으로 가해지는 기대와 압박에 엄청난 스트레스를 받아서인지 샘 스미스Sam Smith, 더피Duffy, 엠지엠티MGMT 모두 2집 음반을 내고 식상하다는 혹평을 받았다.

희극인이라면 누구나 꿈꾸는 자리에 오른 코미디언 해리 힐 Harry Hill 역시 스트레스 누적으로 새로운 아이디어를 생각해내는 데 어려움을 겪었다. 힐은 자신의 이름을 걸고 직접 각본, 연출, 연기까지 도맡은 코미디쇼 〈해리 힐의 속 시원한 TVHarry Hill's TV Burp〉로 매주 600만 시청자에게 웃음을 주며 영국 최고의 코미디언이라는 타이틀을 거머쥐었다. 매주 시청자의 반응을 살피며 프로그램을 구성해야 하는 쇼의 특성상 개그 아이디어가 녹화 직전에야 겨우 완성되는 상황이 종종 벌어졌다. 10년 넘게 쇼를 진행하며 시청자의 기대를 한몸에 받던 힐은 점차 지쳐갔다. 1년에 26회 방영을 조건으로 계약 연장 제안을 받았다는 소문이 돌았으나, 힐은 연간 300만 파운드라는 어마어마한 돈을 마다할 만큼 지쳐 있었다.

힐은 《데일리 텔레그래프Daily Telegraph》와 인터뷰에서 "〈속 시원한 TV〉가 내 인생을 완전히 집어삼켰다"며 괴로움을 토로했다.[8] "지독한 권태와 스트레스의 연속이었다. 프로그램을 제작하는 과정이 너무 힘들었다."《데일리 미러Daily Mirror》와 인터뷰에서도 이렇게 말했다. "아내는 내가 〈속 시원한 TV〉를 제작하는 기간 동안 로봇과 사는 것 같았다고 이야기한다. 몸이 함께 있어도 마음은 항상 딴 데 가 있었다. 보통은 한 시리즈가 8회로 구성되는데, 어떤 해에는 21회까지 늘어진 적도 있다. 시리즈가 끝날 때쯤에는 거의 제정신이 아니었다. 〈에머데일Emmerdale〉(평일 저녁에 방영하는 영국 드라마. 해리 힐은 매일 아침부터 〈에머데일〉이 시작하기 전까지 프로그램 분석을 위해 텔레비전을 시청했다―옮긴이) 주제곡만 들어도 속이 메슥거릴 정도였다. 농담이 아니다. 어떨 때는 자살 충동을 느끼기도 했는데…… 아니, 자살 충동은 아니고, 설명하기는 어렵지만 기분이 아주 이상했다."[9]

스트레스가 높아지면 피로가 쌓이고 창의력이 떨어진다. 또한 판단력이 흐려져 잘못된 결정을 내리기도 한다. 애머빌은 "시간에 좇길 때 오히려 업무 효율이 오르고 창의력이 향상되는 것 같다는 의견도 있지만 스트레스는 대개 창의적인 사고에 방해가 된다"고 말했다.[10] 실제로 사무직 근로자를 대상으로 진행한 연구에서 근로자가 시간 압박을 느끼면 스스로 생각하는 업무수행 능력과 실제 업무수행 능력 사이에 괴리가 발생한다는 결과가 나왔다. "연구에 참여한 근로자 대부분이 자체 업무평가에서 압박 수준이 높을수록 창의력이 향상됐다고 응답했다. 그러나 업무일지는 상반된 결론을 가리키고 있었다. 시간 압박이 커질수록 창의력은 눈에 띄게 낮아졌다."[11]

워싱턴 주립대학의 신경과학자 자크 판크세프Jaak Panksepp 는 스트레스가 창의력에 미치는 장기적인 영향을 밝혀냈다. 판크세프는 인간을 비롯한 포유류와 마찬가지로 설치류에게도 다양한 생각과 감정이 있다는 사실을 증명하기 위해 거의 한평생 쥐의 뇌를 연구했고, 실제로 쥐가 간지럼을 탄다는 연구 결과를 발표하기도 했다.[12] 판크세프는 연구를 위해 포유류의 뇌를 탐색, 분노, 공포, 욕정, 염려, 슬픔, 놀이라는 일곱 가지 감정 체계로 분류하고 각각을 인간의 특정한 인지 능력과 연관지었다. 또한 복잡한 사고를 담당하는 대뇌피질이 감정을 유발한다는 기존 연구에 반대하며 편도체와 시상하부가 감정을 조절하는 기능을 담당한다고 강하게 주장했다. 이는 곧 앞서 나열한 일곱 가지 감정이 본능적 행위와 밀접하게 관련되어 있기 때문에 통제가 거의 불가능하다는 뜻이다.

판크세프는 성취에 따른 만족감보다 탐색하는 즐거움이 쥐의 행동에 더 큰 영향을 미친다는 사실을 발견했다. 쥐는 배가 부르면 음식 섭취를 그만뒀지만, 탐색 활동은 계속했다. 판크세프의 주장에 따르면 "쥐의 뇌는 탐구 활동을 추구한다. 쥐는 스스로 목표를 만들고 보상을 찾는다."[13] 이는 뇌를 '참신함을 찾는 기계'[14]라 표현한 영국의 신경과학자 소피 스콧Sophie Scott 교수의 견해와 일맥상통한다. 판크세프가 실험한 쥐는 새로운 장소를 탐색하고, 새로운 방법을 시도하고, 새로운 가능성을 찾으려는 욕구를 보였다.

그러나 공포가 개입하면 상황이 달라진다. 고양이털을 케이지에 넣자 태어난 지 18일밖에 안 된 아주 어린 쥐를 포함해 실험

쥐들은 고양이와 마주친 경험이 없음에도 불구하고 본능적으로 공포를 느꼈다. 겁에 질린 쥐들은 탐색 및 놀이 활동을 완전히 중단했다.[15] 게다가 고양이털을 치운 후에도 3~5일 동안 활동을 재개하지 않았다. 스트레스로 인해 트라우마가 남은 탓이었다. 테레사 애머빌은 인간에게 나타나는 유사한 현상을 '스트레스 후유증'이라 불렀다.

'마이크로바운더리'를 구축하라

이제 이번 장의 핵심 주제인 스마트폰 사용과 스트레스의 관계를 살펴보자. 영국 러프버러 대학의 톰 잭슨Tom Jackson 교수의 주장에 따르면 현대인은 하루 8시간 근무 중 이메일 알림에 방해받는 횟수가 무려 96번이나 된다. 그리고 이메일 알림은 스트레스 호르몬 분비를 촉진해 혈중 코르티솔 농도를 높인다.[16] 근무시간 외에 이메일을 확인하는 직장인의 절반 정도가 높은 스트레스 수준을 보인다는 연구 결과도 있다.[17]

그 결과 창의력이 떨어진다. 잭슨 교수는 《가디언》에 이렇게 적었다. "이메일을 수신할 때마다 해야 할 일은 늘어나고, 퇴근할 때쯤 되면 피로는 극에 달하고 창의력과 생산성은 바닥을 친다."[18]

물론 오늘날 직장에서 스트레스를 유발하는 요인은 스마트폰 외에도 수없이 많다. 그 요인들을 모조리 피하기란 불가능하다.

그렇다면 어떻게든 스트레스를 줄여볼 순 없을까? 스마트폰 알림 기능을 꺼두는 방법은 어떨까?

행복한 직장생활을 위해 스마트폰 홈 화면에 새로운 이메일 개수를 표시하는 알림 기능을 꺼두라니, 어쩌면 말도 안 된다고 생각할지도 모르겠다. 하지만 이는 우리가 당장 실행에 옮길 수 있는 가장 간단하고 쉬운 방법이다.[19] 홈 화면에 조그맣게 떠 있는 숫자가 뭐 그리 대수냐고 의문을 품는 사람도 있을 것이다. 하지만 일분일초가 무섭게 업데이트되는 이 숫자는 끊임없이 주의를 분산시킨다. 휴대전화 알림이 주의력결핍과다행동장애ADHD 증상을 유발한다는 연구 결과도 있다.[20] 게다가 알림이 뜨면 일을 하는 도중에 주의를 빼앗길 수밖에 없기 때문에 업무에 집중할 시간은 줄어든다. 앞에서 이야기했듯 '주의 전환'으로 손실되는 시간은 상당하다. 한 전문가는 "주요 작업 기억working memory(정보들을 일시적으로 보유하고, 각종 인지적 과정을 계획하고 순서 지으며 실제로 수행하는 작업장으로서 기능하는 단기적 기억—옮긴이)을 처리하기 위해서는 집중력을 발휘해야 하는데, 주의가 흐트러지는 순간 기억 흔적은 손상을 입는다"며 주의 전환의 문제점을 지적했다.[21]

여러 작업을 동시에 수행할 수 있다고 생각하는 사람이 많지만, 사실 작업 기억은 한 번에 하나밖에 처리하지 못한다. 멀티태스킹은 괴담이나 마찬가지다. 특히 스스로 멀티태스킹에 능하다고 믿는 사람은 근거 없는 자신감에 빠져 있을 가능성이 높다. 실제로 다중작업 능력을 측정하기 위해 대화를 나누면서 운전을 하도록 설계된 실험에서 높은 자신감을 보인 참여자일수록 스스로 예상한 점수와 실제 점수 사이에 차이가 컸다.[22] 더 많은 일을 해내고 싶다면 한 번에 한 가지 일에만 집중해야 한다.

얼마 전 스페인 통신회사 텔레포니카는 카네기멜론 대학교와 공동으로 연구를 진행하기로 했다. 일주일 동안 휴대전화의 모든 알림 기능을 꺼두고 어떤 변화가 있는지 살펴보기로 한 것이다.[23] 이 '방해금지 챌린지'는 시작부터 장애물을 만났다. 텔레포니카 소속 연구원 마르틴 피에로Martin Pielot는 당시 상황을 이렇게 설명했다. "실험에 참여하겠다는 사람이 한 명도 없었다. 다들 당황한 표정으로 눈치만 살폈다. 어쩔 수 없이 실험 기간을 24시간으로 단축해야 했다."[24]

결과는 놀라웠다. 어떤 행동을 습관화하려면 보통 60일이 걸린다고 한다. 그런데 방해금지 챌린지는 겨우 하루 동안 진행됐음에도 불구하고 실험이 끝나고 2년 후 추적조사한 결과 참여자의 절반 정도가 여전히 알림 기능을 끈 상태로 유지하고 있었다.[25] 이들은 알림 설정을 바꾼 후 생산성이 향상됐다고 이야기했다. 한 참여자는 "일에 집중하기가 쉬워졌다. 특히 컴퓨터를 사용할 때 집중력이 흐트러지는 빈도가 줄었다"며 만족을 표시했다.

유니버시티 칼리지 런던에서 인간과 컴퓨터의 상호작용을 연구하는 애나 콕스Anna Cox 교수는 이런 작은 변화를 통해 직장에서 '마이크로바운더리microboundary'(원치 않는 행동이나 나쁜 습관을 자제하기 위해 의도적으로 세워놓은 작은 장벽들—옮긴이)를 구축할 수 있다고 설명한다.[26] 마이크로바운더리는 상황에 맞게 기술을 효율적으로 활용하고, 통제권을 되찾는 데 도움이 된다. 콕스 교수는 《뉴 사이언티스트New Scientist》와 인터뷰에서 "사람들은 아무 생각 없이 휴대전화를 들고 하루에 수십 번 넘게 소셜 미디어를 확인한다"고 말하며 "소셜 미디어 접속을 조금만 불편하게 해도 나쁜 습관을 고치는 데 도움이 될 것"이라고 조언했다.[27] 휴가를 나서면서 이메일 애플리케이션을 삭제하거나 식사시간에 방해금지 모드를 설정하는 식으로도 마이크로바운더리를 구축할 수 있다.

컴퓨터건 휴대전화건 모든 장치에서 이메일 알림 기능을 완전히 꺼버려라. 이 방법을 실천에 옮긴 사람들은 생활이 훨씬 여유로워졌다고 이야기했다. 이들은 "출근길에 한 번도 이메일을 확인하지 않았다"거나 "출근하고 바로 문서작업을 시작해 한참 뒤에야 받은편지함을 확인했다"며 놀라운 변화를 공유했다. 급한 용건이 있을 때는 전화를 해달라고 주변에 부탁해놓자. 그리고 특별한 사유가 없을 때는 한 가지 일을 끝내고 다음 일을 시작하도록 하자.

휴대전화 알림 기능을 끄면 업무 효율이 올라가고 창의력을 발휘하기가 쉬워진다는 사실을 기억하자. 이메일을 수신하자마자 내용을 확인하고 해당 사항을 처리하면 일시적으로 성취감을 느낄 수는 있으나, 이메일을 확인하는 과정에서 스트레스를 받게 되면 업무 효율이 떨어지는 부작용이 발생할 수 있다.

알림 해제는 스트레스를 완화해 창의력을 증진하는 효과가 있다. 라힘 스털링의 말로 이 장을 마무리하겠다. "우리는 할 수 있다. 나는 우리가 가진 힘을 믿는다. 단지 응원과 지지가 필요할 뿐이다. 믿고 지켜봐주길 바란다."

to-do list

- ☑ 직장에서 벗어나 일 생각은 내려놓고 휴식을 취하면서 에너지를 회복하는 시간을 가져라. 스트레스 완화에 도움이 될 것이다. 축구선수나 음악가, 심지어는 고양이털 냄새를 맡은 쥐와 마찬가지로 스트레스를 받으면 창의력을 발휘할 수 없다.

- ☑ 휴대전화 알림 기능을 꺼라. 그리고 알림 해제 전과 후에 각각 기록을 남겨 어떤 변화가 있는지 관찰해보라.

10

주말에
이메일 보내지 말라

워커홀릭이라는 무서운 전염병

오늘날 참신하고 재미있는 아이디어라면 뭐든 인터넷을 통해 빠르게 공유된다. 워커홀릭을 참신하고 재미있는 아이디어라 할 수는 없겠지만, 이 역시 확실히 빠르게 번지고 있다.[1] 다만 전염병과 마찬가지로 번져서 좋을 건 하나도 없다. 마이크로소프트 소속 연구진은 상사의 시간외 근무가 부하 직원에게 어떤 영향을 미치는지 조사했다. 그 결과 직속 상사의 추가 근무가 한 시간씩 늘어날 때마다 부하 직원의 근무시간도 20분씩 연장되는 것으로 나타났다. 또한 상사가 굳이 일요일에 이메일을 정리하겠다고 나서자 부하 직원도 가만히 있으면 안 될 것 같다는 생각에 덩달아 일을 시작했다. 이렇게 해서 열심히 일해야 한다는 강박은 질병처럼 전염된다.[2]

하버드 경영대학원의 레슬리 펄로 교수는 직장과 항상 연락이 닿아 있는 환경에 익숙해진 직장인은 퇴근 후에도 업무 관련 메시지를 무시하지 못한다고 했다. 하지만 일과 완벽히 분리된 휴식시간은 어깨를 무겁게 짓누르던 부담감을 덜어줄 뿐 아니라 불안 수준을 낮추는 효과도 있다. 회사 밖에서 이메일을 확인하는 직장인의 절반 정도가 심각한 스트레스에 시달린다는 이야기를 한 바 있다. 스트레스 호르몬인 코르티솔은 혈관을 타고 흐르며 우리 몸에 에너지를 불어넣기도 하지만 분비량이 적정 수준을 넘어서면 야생동물이 포식자를 맞닥뜨렸을 때와 유사한 심리 상태를 유발한다. 우리는 스트레스를 피하려고 이메일을 확인하지만, 몸은 이를 알 길이 없다. 이메일을 확인할 때나 포식자를 마주쳤을 때나 똑같이 코르티솔이 분비되기 때문이다.

코르티솔 분비가 어느 정도 지속되면 우리 몸은 피로를 느낀다. 카페인을 섭취하면 잠깐 각성 상태가 되지만 이내 피곤이 몰려오는 이치와 같다. 이때 적당한 휴식은 에너지를 회복하고 집중력, 기억력, 창의력을 개선하는 데 도움을 준다.

주말이 중요한 이유다. 우리는 이미 존 펜카벨 교수의 연구를 통해 휴일 없이 56시간을 일하는 노동자보다 일요일에 쉬고 주간 48시간을 근무하는 노동자의 생산성이 더 높다는 사실을 살펴봤다. 이렇듯 휴식은 생산성을 높이는 데 큰 도움이 된다.

기술 발전을 제대로 활용하지 못하는 조직문화

잠시 생산성에 초점을 맞춰보자. 첨단기술의 혜택을 누리고 사는 현대인은 거의 강박에 가깝게 생산성 향상을 추구한다. 우리 사회는 지난 20년간 놀라운 기술 발전을 이뤘지만 그에 비해 경제는 이상하리만치 더디게 성장하고 있다. 경제사학자 폴 데이비드Paul David는 이에 의문을 품고 경제성장이 기술 발전을 따라가지 못하는 이유를 살펴보기 시작했다. 그는 현대 첨단기술을 전동기 발명에 비유했다. 전동기가 발명되자 증기기관은 엄청나게 진보했다. 작아지고, 효율이 높아진 데다, 혼자서도 조작이 가능했다. 하지만 이 증기기관이 상용화되기까지는 조금 더 기다려야 했다. 사용법을 숙지하고 실제로 적용하는 데 시간이 필요했기 때문이다.

첨단기술도 마찬가지다. 우리는 아직 혁신으로 이루어낸 기술 발전을 제대로 활용하지 못하고 있다. 현대 직장인은 일에 점점 더 많은 시간을 투자하면서 정작 그 시간을 생산적으로 사용하지 못한다. 내일의 걱정은 내려두고, 충분한 휴식을 취해 맑아진 정신으로 정말 중요한 일에 집중한다면 훨씬 더 많은 성과를 거둘 수 있다. 즉 일에 투입하는 시간을 늘리기보다 딥 워크를 위해 노력해야 한다는 의미다. 딥 워크의 개념을 창시한 칼 뉴포트는 자신의 생각을 이렇게 밝혔다. "현대 근무 환경은 사실 딥 워크에 그다지 적합하지 않다. 나는 지금 우리가 데이터를 기반으로 한 지식 작업이 진화하는 과도기에 있다고 생각한다. 아마 15년 후쯤에는 오늘날을 뒤돌아보며 지식 작업을 처리하는 방식이 말도 못할 정도로 비생산적이었다고 이야기하게 될 것이다."[3]

20년 전 경제학자 에릭 브린욜프슨Erik Brynjolfsson과 로린 히트Lorin Hitt는 단순히 기존에 사용하던 기계에 컴퓨터를 결합해서는 기술 발전이 주는 혜택을 온전히 누릴 수 없다고 이야기하며 컴퓨터화의 가장 큰 수혜자는 분해와 조립을 거쳐 조직을 재창조하는 기업이 될 것이라 주장했다.[4] 그리고 이 과정에서 조직 체계는 수평적으로 변화한다. 피터 드러커Peter Drucker 역시 이와 비슷한 의견을 제시했다. 1988년 드러커는 '새로운 조직의 탄생'을 예견하며 '고도로 숙련된 노동자가 의사결정권자로서 권한을 가지는 수평적인 조직'을 추구하고 풍부한 기술을 보유한 기업이 미래의 승리자가 될 것이라 이야기했다.[5] 보다시피 주말 근무나 이메일 답장에 관한 내용은 전혀 없다.

현대사회의 리더는 이들의 조언을 새겨들을 필요가 있다. 하루에 수십 통씩 이메일을 보내도 생산성 향상에는 별 도움이 안 된다. 그러니 당장 눈앞의 업무를 처리하느라 열을 올리는 직원을 칭찬하기보다는 딥 워크가 가능한 기업문화를 정착시키기 위해 노력하는 게 낫다. 주말 동안 에너지와 창의력을 회복할 수 있도록 '이메일 금지' 규칙을 도입하는 방법도 효과적이다. 일요일 아침에 보내는 업무 메일은 여파가 크다. 이메일을 주고받는 당사자의 휴식을 방해할 뿐 아니라, 주말에도 왠지 일을 해야 할 것 같은 은근한 압박을 가한다. 회사가 추구하는 가치를 벽에 새기고, 긍정적인 조직문화를 추구한다고 말하기는 쉽다. 하지만 직원이 주말 동안 주고받는 이메일을 못 본 척한다면 기업이 가진 이상을 실현할 수 없다.

물론 근무시간 외에 이메일을 보내는 사람의 사정도 이해는 간다. 이메일을 받고 회신을 하지 않자니 찜찜하기도 하고 남들이 일할 때 혼자 뒤처지고 싶지도 않을 것이다. 근무시간 외에는 아예 받은편지함을 확인할 수 없도록 규제하는 곳도 있다고 하는데, 이런 강제적인 방식을 옹호하고 싶지는 않다. 각자 일하는 방식과 자율성을 존중하는 게 우선이라고 생각하기 때문이다. 다만 주말에 이메일을 보내기 전에 내가 다른 사람의 쉴 권리를 침해하고 있지는 않은지 다시 한 번 생각해보길 바란다.

될 수 있으면 주말에 업무 관련 이메일 발신을 지양하되 급한 일이 생겨 불가피하게 연락을 해야 할 상황이라면 너그럽게 이해해주는 문화가 가장 이상적이다. 이메일뿐 아니라 왓츠앱 메신저, 단체문자, 전화통화도 모두 마찬가지다. 회사를 다니다 보면 분명 언젠가 한 번쯤은 동료의 달콤한 휴식시간을 방해해야 할 만큼 긴급한 상황이 발생할 것이다. 하지만 바람직한 근무 환경을 위해서는 가능한 한 '주말 이메일 금지' 규칙을 지켜야 한다. 만약 누군가 이 간단한 규칙을 어기고 여러분의 주말을 망치려 들거든

'주말에는 이메일을 보내지 말아달라'고 정중히 부탁하거나 회의에서 가볍게 이야기를 꺼내보자. 평소 공감 능력이 부족한 사람이라도 그 말을 계기로 자신의 업무 방식을 되돌아볼 것이다. 그리고 보통은 '미처 생각하지 못했다'며 미안해할 것이다.

예전에 어떤 상사가 부임하자마자 나를 비롯해 부하 직원 모두에게 자필로 작성한 '업무 지침'을 나눠줬다. '주말에 쉬고 싶으면 쉬어라. 어쨌든 나는 일을 할 것이다'라고 적혀 있었다. 실제로 그 상사는 주말 아침 반나절을 제외하고는 쉴 새 없이 이메일을 보내댔다. 그리고 얼마 뒤 해고됐다. 이후로 두 번 다시 그런 '업무 지침'은 본 적이 없다.

to-do list

- ☑ 주말에 이메일을 보내지 마라. 얼마나 간단한가. 금요일 오후 6시부터는 자유시간이다. 음식을 포장해 가도 좋고, 치즈를 곁들여 와인 한 잔을 즐겨도 좋다. 긴장을 풀고 여유를 만끽하라.
- ☑ 당장 보내야 할 이메일이 아니면 초안을 작성해두고 월요일 아침에 전송하거나 예약 발송하라.

11

숙면을
취하라

잠은 에너지를 회복하는 수단

숙면만큼 좋은 휴식은 없다. 기력을 북돋는 데 좋다는 어떤 보약도 잠만 못하다. 숙면은 수명을 늘리고, 창의력을 높이고, 기억력을 향상시킨다. 가벼운 감기부터 심혈관 질환, 암, 치매까지 질병을 예방하는 효과도 있다. 잠을 잘 자는 사람일수록 매력적이고 행복하다는 연구 결과도 있다. 게다가 이 모든 효과는 공짜로 누릴 수 있다.

나는 행복한 직장생활을 되찾는 방법을 조사하기 시작한 지얼마 안 돼 난관에 부딪쳤다. 일과 직접적인 관계가 없어 보이는 두 가지 주제, 수면과 대인관계에 봉착했기 때문이다. 결론적으로 직장에서든 직장 밖에서든 행복해지기 위해서는 잠을 푹 자야 한다. 그리고 긍정적인 친구들과 더 많은 시간을 보내야 한다. 건강한 대인관계가 직장생활에 어떤 영향을 미치는지는 뒤에서 좀 더 자세히 다루도록 하겠다.

잠은 에너지를 회복하는 데 매우 효과적이다. 숙면을 취하면 삶의 만족도가 올라갈 뿐 아니라, 업무처리 능력도 개선된다. 하루 8시간 숙면은 카페인과 설탕 의존도를 낮춰 건강에도 도움이 된다. 무엇보다 충분히 자고 일어나면 기분이 매우 좋다.[1] 또한 일찍 잠자리에 들고 규칙적인 수면시간을 지키는 사람은 부정적인 생각을 적게 한다는 연구 결과도 있다. 숙면이 가지는 힘은 대단하다.

굳이 매일 7시간 반씩이나 잘 필요가 없다는 사람도 있다. 이들은 건강한 수면습관을 가진 사람을 게으르다고 탓하며 자신이 정상이라고 주장한다. 아니다. 과학자들이 관찰한 바에 따르면 잠이 없다는 사람 중 실제로 잠이 없는 사람은 거의 없었다. 그렇게 주장하는 사람 대부분이 R-fMRI 장치로 뇌를 관찰하는 길지 않은 시간 동안 기계 안에서 잠들었다고 한다.[2] 잠이 없다고 주장하는 사람 중 실제로 잠이 없는 사람은 5퍼센트뿐이었고, 나머지 95퍼센트는 거짓이나 과장이었다.

복잡한 문제는 일단 푹 자고 일어나서

그렇다면 수면은 우리 몸에 어떤 작용을 할까? 잠은 아직까지 미지의 영역이지만, 과학이 발전하면서 수수께끼가 조금씩 풀리고 있다. 먼저, 잠은 뇌의 발달과 회복에 지대한 영향을 미친다. 1990년대에 새끼 쥐를 이용한 동물실험에서 렘수면(급속안구운동이라는 뜻으로 눈동자가 빠르게 움직이며 꿈을 꾸는 상태를 말한다 —옮긴이)이 차단되면 대뇌피질이 발달하지 않는다는 사실이 밝혀졌다. 또한 어렸을 때 수면을 방해받은 강아지는 실험이 끝나고 정상적인 수면 리듬을 되찾았지만 여전히 발달이 뒤처져 완전히 성장한 후에도 무리에서 겉도는 등 사회성이 부족한 모습을 보였다.[3]

숙면은 깨어 있는 동안 겪은 일을 정리하는 데도 도움이 된다. 2001년 MIT 피코우어 학습기억연구소 소속 연구원 매슈 A. 윌슨Matthew A. Wilson은 꿈에서 기억이 재생된다는 사실을 입증했다. 윌슨과 연구팀은 미로에 쥐를 넣고 장애물을 마주할 때 뇌세포가 활성화되는 패턴을 관찰했는데, 놀랍게도 미로 실험이 끝나고 수면 중인 쥐의 뇌에서 실험 당시와 똑같은 패턴이 나타났다. 윌슨은 실험 결과를 이렇게 설명했다. "쥐가 미로를 탈출할 때와 동일한 뇌 활동이 짧은 시간 동안 되풀이됐다. 실제 미로 실험에서 4초 동안 나타난 뇌 활동이 렘수면에서는 0.1초에서 0.2초 정도로 단축돼 매우 빠르게 반복됐다." 마치 그날 일어난 주요 사건을 끊임없이 되돌려보며 기억에 각인하려는 듯했다. 흥미롭게도 쥐가 일상적인 활동을 할 때나 휴식을 취할 때의 뇌 활동은 반복되지 않았다. 잠을 자는 동안 기억해둘 만한 부분은 다시 한 번 되새기고, 필요 없는 부분은 버리며 하루를 정리하는 것 같았다.[4] 이렇게 수면은 하루 일과 중 중요한 경험을 정리하는 데도 도움이 된다.

복잡한 문제가 있다면 일단 푹 자고 일어나라는 이야기를 들어본 적이 있을 것이다. 일리가 있는 말이다. 수면 연구자인 로버트 스틱골드Robert Stickgold와 매슈 워커Matthew Walker는 수면과 수학문제 해결 능력의 상관관계를 알아보는 실험을 통해 충분한 휴식이 사고력을 증진시킨다는 사실을 증명했다.[5] 스틱골드와 워커는 실험에 참여한 학생들에게 수리추론 문제 두 개를 제시했다. 첫 번째 문제와 두 번째 문제 사이에 잠을 잔 학생은 연달아 두 문제를 푼 학생보다 두 번째 문제를 16.5퍼센트 빠르게 해결했다. 신선한 해법을 찾는 능력도 더 뛰어났다. 수리추론 문제 속에는 문제해결 시간을 대폭 단축할 수 있는 '팁'이 숨겨져 있었다. 잠을 자지 않은 실험집단에서 팁을 발견한 학생은 25퍼센트에 불과했지만, 8시간 동안 숙면을 취한 실험집단에서는 무려 55퍼센트가 팁을 찾아냈다.

전 세계 성인의 3분의 2가 권장 수면시간을 채우지 못한다고 한다.[6] 수면 부족은 건강을 해칠 뿐 아니라, 일에도 지장을 준다. 의사, 운전사, 군인 모두 잠이 부족할 때 실수를 저지를 확률이 높아졌다. 간호사를 대상으로 한 다국적 연구는 충분한 수면을 취하지 못하면 의사결정 능력이 떨어지고 스트레스 수준이 올라간다는 결과를 보여줬다.[7] 쥐가 밤새 꿈속에서 미로를 헤매고 다녔듯, 사람도 하루를 되돌아보고 생각을 정리하는 시간이 필요하다. 우리 뇌가 일과를 잘 마무리하기 위해서는 잠을 푹 자야 한다.

밀린 업무가 아무리 많아도 밤을 꼬박 새우겠다는 생각은 접어라. 8시간을 푹 자고 일어나면 일이 훨씬 잘 될 것이다.

to-do list

☑ 수면 패턴을 지켜라.

☑ 음주는 수면의 질을 떨어뜨린다. 숙면을 원한다면 음주를 삼가라.

12

한 가지 일에
집중하라

다른 일을 하면 더 행복할까?

혹시 지금 하고 있는 일이 적성에 맞지 않는다는 생각이 드는가? 다른 일을 했다면 더 행복했을 것 같진 않은가? 많은 이들이 가지 못한 길에 대한 아쉬움을 마음 한구석에 담고 산다. 직장과 우리의 관계는 결코 간단치 않다. 사람은 일이 없으면 불행해진다. 실업자는 단순히 소득뿐 아니라 사회적 지위, 무료한 일상, 인생의 목표 등 수많은 문제를 걱정하느라 경제활동을 하는 사람보다 부정적인 감정을 더 많이 느낀다고 한다.[1] 하지만 막상 출근길도 끔찍하기 짝이 없다. 수많은 스트레스 요인과 지겨운 일과가 기다리고 있기 때문이다. 많은 이들이 한적한 시골에서 브로콜리를 키우는 삶을 동경하는 이유이기도 하다.

설문조사 결과만 살펴봐도 직장인이 회사생활을 얼마나 지긋지긋해하는지 알 수 있다. 스스로의 인생을 10점 만점으로 평가해달라는 조사에서 사무직 근로자는 평균 6점을 매겼다. 영국의 한 연구진은 스마트폰 애플리케이션으로 수만 명의 데이터를 수집해 다양한 활동에 따른 행복감을 측정했다. 순위를 매겨보니 직장생활은 뒤에서 두 번째를 기록했다. 직장생활보다 더 큰 불행감을 주는 활동은 '아파서 침대에 누워 있기'뿐이었다. 통근도 순위가 낮은 편에 속했다. 앞서 사무직 근로자는 자신의 인생이 6점짜리라고 평가했지만, 농부는 그만도 못한 삶을 살고 있다고 이야기했다. 농부의 인생은 4.5점짜리였다. 밤마다 널찍한 테라스에 앉아 충성스러운 개를 쓰다듬으며 쏟아질 듯 반짝이는 별을 바라보는 여유가 주어진다고 해도 5.5점이 될까 말까 하다니, 아무래도 귀농으로는 여러분이 바라는 행복을 찾을 수 없을 것 같다.[2] 그렇다면 우리는 도대체 어떻게 해야 행복해질 수 있을까?

돈으로는 행복을 살 수 없다. 안정적인 삶을 위해 돈은 꼭 필요하지만 부자라고 해서 꼭 행복한 건 아니다. 돈과 행복의 상관관계에서 돈이 행복에 어떤 영향을 미치는지 궁금해하는 사람은 많지만, 반대로 행복이 소득에 어떤 영향을 미치는지 묻는 사람은 별로 없다. 앤드류 오스왈드Andrew Oswald와 얀 에마뉴엘 드 네브Jan-Emmanuel De Neve 교수는 청소년기를 행복하게 보낸 사람일수록 소득수준이 높다는 연구 결과를 발표했다. 같은 환경에서 성장한 형제자매라도 마찬가지였다. 어린 시절 삶의 만족도가 높았던 사람과 그렇지 않은 사람의 수입에는 상당한 차이가 나타났다. 과연 그 차이는 얼마나 될까? 행복을 수치화해 삶의 만족도에 점수를 매겼을 때, 22세에 만족도가 1점 올라가면 29세에 소득은 약 2,000달러 증가했다.[3] 물론 증권 브로커처럼 극심한 스트레스에 시달리며 어마어마한 수입을 올리는 극소수 직종은 통계에서 제외됐다.

어떻게 보면 참 안타까운 결과다. 가난한 집안에서 태어난 아이는 최소한의 행복을 보장받기도 힘들기 때문이다. 가난이 주는 스트레스와 궁핍이 주는 괴로움은 사람을 부정적이게 만든다. 여기서 그치지 않고, 가난의 그림자는 다음 세대까지 어둠으로 물들인다. 캔자스 대학의 베티 하트Betty Hart와 토드 리슬리Todd Risley 교수는 저소득층 가정의 아동이 4세까지 칭찬보다 질책을 12만 5,000번 더 많이 듣는 반면, 고소득층 가정의 아동은 질책보다 칭찬을 56만 번이나 더 많이 듣는다는 통계를 내놓았다. 매우 심각한 문제가 아닐 수 없다. 말은 사고방식과 삶의 태도까지 바꿀 정도로 큰 힘을 지니기 때문이다.[4]

하지만 여러분이 행복한 직장생활을 되찾는다면 머리가 하얗게 셀 때까지 회사에 남아 큰돈을 벌 수 있을 것이다. 이를 '역인과성'이라고 한다. 회사와 직원의 관계는 양방향이다. 회사가 잘되면 직원도 좋고 직원이 잘 되면 회사도 좋다. 반대도 마찬가지다. 워릭 대학 연구진은 직원이 행복하면 생산성이 12퍼센트 증가하지만 불행하면 10퍼센트 감소한다는 연구 결과를 내놓았다. 이렇듯 직원의 업무 만족도에 따라 생산성은 22퍼센트까지 차이가 날 수 있다.[5]

집중력을 발휘해야 직장에서 행복해진다

그렇다면 어떻게 직장에서 행복을 찾을 수 있을까? 이메일 계정 로그아웃부터 숙면까지, 앞서 소개한 모든 방법을 시도해보길 추천한다. 이유는 이미 충분히 설명했다. 하나만 덧붙이자면, 집중이 곧 행복으로 이어지기 때문이다. 과학자들은 집중을 방해하는 요소가 많으면 업무 만족도가 떨어질 수밖에 없다고 재차 강조한다. 하버드 대학교 심리학과 연구진은 스마트폰을 사용해 직장인이 근무시간에 어떤 행동과 생각을 하는지 알아보던 중, 하루의 46.9퍼센트를 별다른 생각 없이 보낸다는 사실을 발견했다. 이들은 멍하니 생각을 흘려보내는 데 상당한 시간을 낭비하고 있었다. 연구 내용에 정확한 언급은 없었지만, 앞에서 이야기했듯 여러 업무를 동시에 진행하며 주의를 전환하느라 버려진 시간도 아마 한몫했을 것이다. 딴생각은 잠시 기분을 전환시킬 수 있으나 산만함이 지속되면 업무 만족도가 떨어진다. 실제로 주의력이 약한 직원의 만족도는 집중력이 높은 직원보다 17.7퍼센트

낮게 나타났다.[6] 연구진이 말했듯, '방황하는 생각은 불행한 생각이다.'

행복한 직장생활을 원한다면 한 가지 일에 집중하라. 생산성과 만족도가 모두 올라갈 것이다. 지금까지 다양한 상황에서 적용 가능한 여러 가지 직장생활 개선 방안을 살펴봤다. 신선한 아이디어를 떠올리려면 스트레스를 털어내고 사고를 자유롭게 펼쳐야 한다. 하지만 아무리 좋은 아이디어를 떠올려도 집중력을 발휘해 생명을 불어넣지 못한다면 그 가치는 결국 사라지고 만다. 우리는 인터넷 창을 수십 개씩 띄워놓고 이 창 저 창 번갈아 확인하며 바쁜 만큼 많은 일을 해냈다고 착각하는 경우가 많다. 사실은 정반대다. 창의력을 최대한으로 발휘하고 싶다면 먼저 주어진 업무부터 제대로 완수해내야 한다. 그리고 주어진 업무를 제대로 해내기 위해서는 집중력을 발휘해야 한다.

to-do list

☑ 휴대전화 알림 기능을 꺼두거나, 조용한 공간에서 혼자 일하거나, 이어폰을 활용하는 등 집중력을 끌어올릴 방법을 찾아라. 집중력이 높아지면 업무 성과가 개선될 뿐 아니라 삶이 행복해진다.

☑ 직장을 행복한 공간으로 만들어라. 직장이 좋아지는 만큼 여러분의 커리어도 발전할 것이다.

2부

유쾌한 소속감을 끌어올리는 8가지 공감의 기술

#Sync

The Joy of Work

Introduction

외로움은
폭식보다 위험하다

로마 황제를 통해 깨닫는 직장생활의 진리

13세기 신성로마제국 황제에게서 직장생활의 지혜를 얼마나 많이 얻을 수 있는지 알면 깜짝 놀랄 것이다. 프리드리히 2세Frederick Ⅱ는 이탈리아, 독일, 체코에 걸친 넓은 영토를 복속하는 위대한 업적을 남겼지만, 성미가 까다로워 상사로 삼기에 좋을 만한 인물은 아니었다. 프리드리히 2세 치하에서는 전쟁과 정치 싸움이 끊이질 않았다. 그런 인물이 사장을 맡는다면 주간 업무회의에서 숨쉬기조차 조심스러울 것이다. 프리드리히 2세는 교황 호노리오 3세Pope Honorius Ⅲ로부터 황제 칭호를 받았으나, 이후 교황 자리에 오른 그레고리 9세Gregory Ⅸ에 의해 파문당하는 우여곡절을 겪었다. 그레고리 9세는 프리드리히 2세를 적그리스도라 비난하며 오늘날 트위터 전쟁에 못지않은 언론 플레이를 펼쳤다.

하지만 우리는 프리드리히 2세의 비뚤어진 과학적 호기심에서 현대 직장생활을 개선할 방안을 찾을 수 있다. 로마제국에서 자신을 둘러싼 세상의 이치를 진정으로 이해하고자 한 황제는 아마 프리드리히 2세가 유일했을 것이다. 프리드리히 2세는 특히 인간에 대해 깊은 관심을 가졌다. 문제는 아무 죄책감 없이 벌레 다리를 뜯는 어린아이처럼 호기심을 충족하기 위해 눈 하나 깜짝하지 않고 엽기적인 실험을 단행했다는 점이다.

이 잔인한 황제는 작은 구멍을 낸 나무통에 한 가족의 가장을 가두고 굶어 죽길 기다렸는데, 사람이 죽는 순간 영혼이 빠져나오는 모습을 보겠다며 벌인 일이었다. 영혼은 관찰되지 않았다. 극악무도한 비교실험도 빼놓을 수 없다. 프리드리히 2세는 두 사람에게 똑같이 저녁을 먹여서 한 명은 밤새 사냥을 보내고 다른 한 명은 침대에 누워 푹 자도록 했다. 그리고 사냥을 나갔던 사람이 돌아오자 두 명 모두 죽여 내장을 꺼냈다. 운동과 휴식이 음식물을 소화하는 데 어떤 영향을 미치는지 알아보기 위해서였다.[1] 로마제국의 시민들은 새로운 희생양을 찾는 프리드리히 2세의 눈을 피하기 위해 몸을 바짝 엎드리고 숨을 죽였다.

프리드리히 2세는 갓난아기를 대상으로 잔혹한 실험을 벌이기도 했다. 아무런 교육을 받지 않았을 때 인간이 어떤 언어를 사용할지에 호기심을 느낀 프리드리히 2세는 갓난아기를 데려와 잘

돌봐주되 모든 접촉과 교류를 차단하도록 했다. 아기는 어떤 애정과 관심도 받지 못한 채 방치됐다. 사회로부터 단절된 아기는 인간의 자연스러운 언어를 습득하기는커녕 인간관계와 애정에 굶주린 채 이른 나이에 사망했다. 타인에게 중요한 존재가 되지 못해 더 이상 살아갈 이유를 찾지 못했기 때문이다. 프리드리히 2세의 실험으로 우리 인생의 참된 진리 한 가지가 밝혀졌다. 인간은 사랑과 소속감 없이 살아갈 수 없다.

매슬로의 이론은 완전히 틀렸다!

하지만 우리는 너무나 당연한 이 진리를 종종 잊고 살아간다. 미국의 심리학자 매슬로Maslow의 유명한 '욕구단계이론'만 해도 그렇다. 20세기 중반 매슬로는 인간의 욕구가 위계적으로 이루어져 있어 상위 단계 욕구가 발현하려면 먼저 하위 단계 욕구를 채워야 한다는 이론을 발표했다.

매슬로는 인간이 살아가기 위해서는 먼저 공기, 물, 음식, 잠, 집 등 생명 유지에 필요한 환경이 갖추어져야 한다고 주장했다. 생리적 욕구가 충족된 후 안전의 욕구, 애정과 소속의 욕구, 자기 존중의 욕구가 차례로 나타난다. 그리고 모든 욕구단계를 만족하면 마침내 가장 고차원적인 자아실현의 욕구가 발현한다.

탄탄한 근거를 바탕으로 한 욕구단계이론은 오늘날 보편적 사실처럼 받아들여져 전 세계 곳곳에서 대표적인 동기유발이론으로 활용되고 있다. 하지만 매슬로의 이론은 완전히 틀렸다. 프리

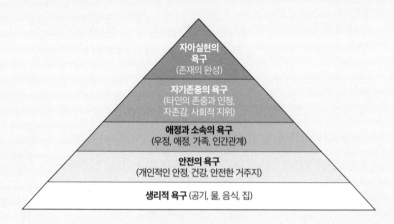

자아실현의
욕구
(존재의 완성)

자기존중의 욕구
(타인의 존중과 인정,
자존감, 사회적 지위)

애정과 소속의 욕구
(우정, 애정, 가족, 인간관계)

안전의 욕구
(개인적인 안정, 건강, 안전한 거주지)

생리적 욕구 (공기, 물, 음식, 집)

드리히 2세에게 희생당한 아기를 생각해보라. 매슬로의 욕구단계이론은 생존에 필요한 요소가 모두 갖춰졌음에도 불구하고 아기가 목숨을 잃은 이유를 설명하지 못한다.

매슬로의 욕구단계이론이 탄생하고 30년 후, 심리학자 로이 바우마이스터Roy Baumeister와 마크 리어리Mark Leary가 욕구단계이론을 반박하고 나섰다.[2] 매슬로에게 소속감은 생존에 전혀 문제가 되지 않는, 그저 '있으면 좋은' 요소일 뿐이었다. 하지만 바우마이스터와 리어리는 소속감이 생리적 욕구만큼이나 중요하다고 주장했다. 인간은 항상 자신의 성취를 인정받길 원하며, 타인의 관심을 필요로 한다. 인간은 애초에 홀로 살아갈 수 없다. 이들은 "사회학 연구 자료를 조금만 살펴봐도 인간의 사회행동이 대부분 소속감에서 비롯된다는 사실을 확인할 수 있다. 인간은 소속으로부터 가치를 찾는다. 소속감은 인간이 살아가는 데 음식만큼이나 중요한 역할을 하며, 우리가 속한 문화의 상당 부분은 소속감을 형성하는 데 초점을 맞추고 있다"고 이야기하며 인간이 사회적 존재라는 사실을 강조했다.

우리는 타인으로부터 인정받길 원한다. 누군가 나에게 온기를 나눠주고, 내가 한 선행을 알아주길 바란다. 아무도 없는 깊은 숲속에서 혼자 자선 활동을 한다면 과연 이 자선 활동에 어떤 의미가 있을까?

브리검영 대학교 줄리안 홀트 룬스타드Julianne Holt-Lunstad 교수의 연구 결과는 바우마이스터와 리어리의 주장을 뒷받침한다. 룬스타드 교수는 성인 340만 명 이상의 의료 기록을 추적해 사회적 고립이 조기 사망 확률을 50퍼센트나 높인다는 증거를 찾았다. 이는 비만인 사람이 기대수명보다 일찍 사망할 확률인 30퍼센트보다 높은 수치다. 룬스타드 교수는 "사회적 상호작용은 인간의 기본적인 욕구로, 건강과 행복에 큰 영향을 미친다"고 단정했다.[3] 즉 외로움은 폭식보다 위험하다.

어디에도 속하지 못한다는 고립감은 우리 생의 모든 순간에 큰 장애물로 작용한다. 프리드리히 2세의 실험으로 알 수 있듯, 갓난아기에게 애정은 목숨과 직결된다. 오늘날 안정적인 인간관계를 맺지 못한 수많은 청소년과 성인이 정신적, 육체적 문제를 겪고 있다. 소속감이 부족한 사람은 범죄를 저지르거나 교통사고를 일으키는 등 문제 행동을 보일 가능성이 크다. 또한 외로운 사람일수록 자살을 시도할 확률도 높다.

직장은 인생에서 큰 비중을 차지한다. 그렇기에 가정에서 느끼는 소속감만큼이나 직장에서 느끼는 소속감도 삶에 매우 큰 영향을 미친다. 우리는 일주일에 꼬박 닷새를 함께하는 사람들과 소속감을 공유할 수 있도록 노력해야 한다.

소속감이 유쾌한 직장을 만들고 수익도 높인다

직장에서의 소속감은 어떤 형태일까? 직장 동료를 '가족'같이 느낀다거나 '사랑'한다는 표현은 왠지 너무 과한 것 같다. 하지만 팀원들과 우정을 나누거나, 한층 더 깊게는 가족 간의 사랑을 느끼는 사람도 많다. 일례로 런던 소방서에서 근무하는 한 소방관은 동료와 기쁜 소식을 나누고 서로의 감정을 공유할 때 가장 동기부여가 된다고 이야기했다.[4] 다른 소방관의 의견 역시 비슷했다. 그린펠 타워를 집어삼킨 화마에 목숨 걸고 용감히 맞서 싸운 소방관은 익명으로 진행된《인디펜던트Independent》잡지와 인터뷰에서 평소 직장 분위기를 이렇게 묘사했다. "다들 매우 유쾌하다. 우리는 실없는 농담을 던지며 함께 웃고 떠든다."[5]

펜실베이니아 대학 와튼스쿨의 시걸 바르세이드Sigal Barsade 교수는 직장 동료끼리 우정, 소속감, 애정을 나누도록 장려하는 기업이 많지 않다며, 이를 주제로 한 논의가 좀 더 활발히 이루어져야 한다고 주장했다. 물론 동료에게 느끼는 우정과 애정이 애인이나 가족에게 느끼는 감정과 같을 수는 없다. 하지만 바르세이드 교수가 말하는 '동료애'는 우리가 직장 밖에서 소중한 사람들과 공유하는 감정만큼이나 큰 힘을 가진다. 바르세이드 교수는 "직장인이 출근을 하면서 인류애를 집에 놔두고 오지는 않는다. 이들은 회사에서도 똑같이 감정을 느낀다. (⋯) 직장에 동료애는 분명히 존재하며, 기업의 수익 증진에 도움이 된다"고 말했다.[6]

바르세이드 교수는 7가지 산업군에 종사하는 직장인 3,200명을 대상으로 연구를 진행해 '동료애'가 업무 만족도와 직장 충성도를 향상시킬 뿐 아니라 책임감을 높여준다는 결론을 이끌어냈다. 동료애가 책임감에 영향을 준다니, 의외라고 느껴질 수도 있다. 체계가 엄격하고 상명하복이 분명한 기업문화일수록 바짝 긴장한 자세로 업무에 최선을 다할 것이라 생각하는 사람이 많다. 하지만 바르세이드 교수는 소속된 조직에 애정을 느낄수록 역량이 최고로 발휘된다며 전혀 상반된 의견을 제시했다.

또한 바르세이드 교수에 따르면 동료애에는 전염성이 있다. 한 회사의 수장이 본보기를 보여야 하는 이유다. 애정이 넘치는 회사를 만들고 싶다면 가장 높은 자리에 앉은 사람부터 직원에게 애정과 공감을 나타내야 한다. 애정이 전염된다는 이론에 의심을 품는 사람도 있겠지만, 이는 이미 과학적으로 증명돼 다양한 분야에 활용되고 있다. 우리는 아주 어린 시절부터 어머니의 품에 안겨 주변 어른의 얼굴을 살피며 표정을 따라 했다. 어른이 된 후에도 마찬가지다. 기분 좋은 사람 곁에서 덩달아 기분이 좋아진 경험을 생각해보면 쉽게 이해가 될 것이다. 미국 연방수사국에서 근무하던 인질협상전문가 크리스 보스Chris Voss는 성공을 거둘 수 있었던 비결이 긍정적인 태도에 있다고 이야기했다. 보스는 인질이 삶과 죽음의 경계에 선 상황에서도 밝은 에너지를 잃지 않았다. 일촉즉발의 위기 앞에서 심야 라디오 진행자처럼 차분한 목소리로 협상 상대의 감정을 유도해 원하는 결과를 이끌어냈다. "핵심은 협상을 하는 동안 시종일관 편안한 미소를 짓는 데 있다. 미소가 가지는 힘은 대단하다. 웃음 띤 목소리는 수화기 너머에 있는 사람의 마음까지 흔들어놓는다."[7]

공유하는 감정이 많아질수록 관계는 돈독해진다. 공적인 관계나 사적인 관계나 마찬가지다. 미혼 커플 약 4만 쌍을 대상으로 진행한 연구에서 스스로를 환상의 커플이라 믿는 '긍정적 착각'이 관계를 유지하는 데 가장 중요한 역할을 한다는 결과가 나왔다.[8] 연인관계와 같이 직장에서도 스스로가 특별한 사람이라는 생각이 들 때 소속감을 느낀다. 상대방의 예쁜 모습을 찾는 연인처럼, 팀장은 팀원의 멋진 모습을 찾는 '칭찬맨'이 되어야 한다. 하지만 진심에서 우러난 칭찬이 아니라면 아무 소용이 없다. 상사의 지시에 따라 마음에도 없는 빈말을 건네느니 무능함을 지적하는 편이 차라리 낫다.

기업문화와 업무 몰입도와의 관계

여러분의 회사 동료는 열정을 가지고 업무에 임하는가? 최근 몇 년 사이 업무 몰입도가 중요한 화두로 떠올랐다. 전 세계 인사부서가 업무 몰입도를 높이기 위해 온갖 방법을 동원하고, 매주 업무 몰입을 주제로 국제 컨퍼런스가 열린다. 사장은 직원들의 몰입도가 떨어질까 집착에 가까운 우려를 표현한다.

업무 몰입도가 이렇게 뜨거운 이슈로 떠오르게 된 배경에는 '재량적 노력'이라는 개념이 있다. 일자리를 지키기 위해 꼭 해내야 하는 업무 외에 재량에 따라 추가적으로 처리 가능한 업무가 있다. 말 그대로 이는 순전히 재량에 달려 있기 때문에 굳이 하지 않아도 상관은 없다. 그러나 직원의 재량적 노력을 이끌어내는 기업은 경쟁사보다 생산성을 현저히 높일 수 있다.

1990년대, 자료조사 전문 기업이 직장인의 업무 연관성을 측정하기 시작한 이래로 업무 몰입도는 항상 바닥을 기는 수치를 유지해왔다. 국제적인 여론조사 기관인 갤럽이 조사한 바에 따르면 영국 직장인의 92퍼센트가 직장에서 최선을 다하지 않는다고 한다. 심지어 이 중 19퍼센트는 "적극적으로 회사와 거리를 둔다"고 응답했다.[9] 갤럽은 이렇게 설명했다. "응답자는 자신의 직업이나 직장에 특별한 애착을 느끼지 못했다. 직장에서 돋보이는 방법을 알지 못했고, 최선을 다해 업무를 수행하는 데 제약을 받는다고 느꼈다. 그 결과 생산성이 떨어졌다." 자신이 맡은 일에 애정을 가지고 회사에 기여하려는 직장인은 8퍼센트뿐이었다. 10명중 1명도 채 안 되는 수치다. 미국의 경우는 훨씬 나았다. 일에 열정을 가지고 있다는 응답자가 무려 33퍼센트나 됐다. 프랑스는 그야말로 최악이었다. 직장생활이 즐겁다는 응답자는 겨우 3퍼센트에 불과했다.

갤럽은 "업무 몰입도를 높이기는 어렵지 않다. 임원진을 교체하거나 교육을 실시하면 문제를 간단히 해결할 수 있다"고 이야기했다. 기업이 성장하기 위해서는 꺼져가는 열정의 불씨를 되살려야 한다. 직장생활 전문 분석가 제이콥 모건Jacob Morgan은 몰입도를 높이려면 직원들의 긍정적인 '경험'이 뒷받침돼야 한다는 결론을 내렸다. 실제로 직원들의 경험에 많이 투자하는 회사는 그렇지 않은 회사와 비교해 미국 경영지 《패스트컴퍼니Fast Company》에 혁신적 기업으로 선정될 확률이 28배, 직장평가 사이트 글래스도어가 선정한 일하기 좋은 직장 목록에 이름을 올릴 확률이 11배, 구인구직 플랫폼 링크트인에 근무하고 싶은 회사로 꼽힐 확률이 4배나 높았다.[10] 이뿐 아니라 직원 1명당 평균 이익은 4배, 평균 수익은 2배나 차이가 났다. 흥미롭게도 규모가 작은 기업에서 오히려 생산성이 높게 나타났다.[11]

그러면 업무 몰입도를 높이는 방법은 무엇이 있을까? 직장 내 소통을 개선하고 직원의 사기를 북돋는 근무 환경을 조성하는 방법은 무엇일까? 업무 몰입도를 높이기 위해서는 먼저 긍정적인 기업문화를 정착시킬 필요가 있다. 인터넷에서 '기업문화 분석 자료'를 검색하면 각 기업별 근무 환경을 일목요연하게 정리해놓은 자료가 끝도 없이 나온다.[12]

서구 사회가 '기업문화'에 이토록 열을 올리게 된 데는 일본의 영향이 컸다. 미국과 영국을 비롯한 전 세계 기업인은 1980년대에 믿을 수 없을 만큼 빠르게 성장하는 일본 대기업을 보고 충격에 휩싸였다. 이내 '무엇이 일본을 특별하게 만들었는가?'라는 질문이 이어졌고, 그 주요 요인으로 직원의 역량을 최대로 이끌어내는 역동적이고 일관된 기업문화가 꼽혔다. 뉴스에서는 일본 근로자들이 단체로 아침 체조를 하며 사가社歌를 부르는 장면을 내보내며 서구의 개인주의와 비교해 일본의 집단주의가 가지는 장점이 무엇인지 분석했다. 두 세계의 차이점을 연구한 언어학자 리처드 루이스Richard Lewis는 "일본에는 유교사상을 기반으로 한 계급문화가 자리 잡고 있어 집단이 신성시된다"고 이야기했다.[13]

이때부터 직장을 바라보는 새로운 철학이 생겨났다. 수많은 기업들이 기업문화 쇄신에 사활을 건 듯 달려들었고 1990년대 말에 이르자 얼마나 대대적인 변화를 이뤘는지를 두고 기업들 사이에 치열한 경쟁이 벌어졌다. 기업문화를 개선하려는 움직임은 날이 갈수록 활발해져 기존 문화를 타파하는 활동은 뇌에 아드레날린을 주입하는 행위만큼이나 극적인 효과가 있다는 주장도 등장했다. 물론 급변하는 물살에 휩쓸려 도태되는 기업도 있었다. 살아남기 위해서는 남들보다 한 발 앞서 기업문화를 세계적인 수준으로 끌어올려야만 했다.

이 시기에 형성된 사고방식은 오늘날까지 이어진다. 기업문화 개선을 주제로 한 자기계발서가 대표적이다. 《펄떡이는 물고기처럼Fish!》은 시애틀 파이크 플레이스 마켓의 생동감을 회사에 적용하라고 제안한다. 이 어시장에서는 기운이 넘치는 상인들이 공중에 연어를 던지거나, 젖은 넙치를 가지고 마이클 잭슨 흉내를 내며 손님의 시선을 사로잡는다.[14] 이 책에는 중요한 교훈이 담겨 있다. 바로 스스로 일의 태도를 선택하고, 일터에서는 즐거운 마음으로 상대방을 위하라는 것이다. 하지만 관광객의 발길이 끊이지 않는 관광명소 풍경을 평범한 사무실로 가져오기는 쉽지 않다. 억지스러운 '파이팅!'을 강요하는 책이나, 고객을 사로잡아 '열성팬'으로 만들라는 책도 실용성이 떨어지기는 마찬가지다. 아무래도 일상적인 공간에 적용하기에는 너무 과하게 느껴진다.[15]

기업문화, 원하는 대로 바꿀 수 있을까?

기업문화 개선을 향한 노력은 현재진행형이다. 하지만 과거 생산성 향상을 추구하던 기업문화는 어느새 조직 이미지 쇄신을 위한 마케팅 수단으로 변질됐다. 펜실베이니아 대학 와튼스쿨의 조직심리학자 애덤 그랜트Adam Grant는 조직문화 개선에 앞장선다는 기업의 실체를 밝혀내려 노력했다. 다른 조직에는 없는 특별한 문화를 확립했다고 주장하는 기업 중 실제로 변화를 이룬 사례는 매우 드물었다.[16] 최근 몇 년 사이 기업문화 개선 프로젝트에 내재된 두 가지 문제점이 크게 부각되고 있다. 첫째, 기업문화가 개선됐음을 증명하는 자료를 임의로 선택하는 경우가 많아 주장에 신뢰성이 떨어진다. 둘째, 바람직한 기업문화 정착에 성공했다는 주장을 뒷받침하는 온갖 화려한 사례는 일부에 한정될뿐더러, 새로운 문화가 가져온 긍정적인 변화는 객관적인 수치로 표현이 불가능하다. 스포츠팀, 영화 제작사, 심지어는 식당까지 특별한 문화를 구축하는 데 성공했다고 주장하지만 이는 극히 일부 구성원에게만 해당되는 사실이다. 겨우 몇 명이 이루어낸 어정쩡한 성과를 가지고 직원 수가 수백, 수천에 이르는 기업 전체를 바꿀 수 있다고 호언장담하기에는 아무래도 너무 과한 측면이 있다.

과연 회사 전체를 하나의 의미 있는 문화로 통합할 수 있을까? 영국 인류학자 로빈 던바의 집단역학 연구에서 이 질문의 대답을 유추할 수 있다. 던바는 집단이 화합을 이루어내려면 구성원 수가 150명이 넘어서는 안 된다고 주장했다. 구성원이 150명을 초과하면 대뇌 신피질의 기능이 떨어져 신뢰를 유지하고 협동을 이루기 힘들다는 것이다. 사실 150명도 집단을 지속하기에는 너무나 큰 규모다. 또한 던바는 조직에 관계하는 사람 수가 많아지면 활동 시간의 42퍼센트가 인간관계에 무게를 두는 '사회적 그루밍 social grooming'에 사용된다고 이야기했다.[17] 게다가 이 수치는 컨설팅 업체 맥킨지의 조사 결과와 매우 근접해 이목을 끈다. 맥킨지는 직장인이 전체 근무시간의 40퍼센트를 이메일 답장에 소비한다는 결과를 내놨다. 대기업 구성원이 되려면 어쩔 수 없이 생산성은 포기하고 꽉 찬 받은편지함을 정리하는 데 하루의 절반을 투자하는 수밖에 없는 걸까?

상황이 이렇다 보니 구성원 전체가 '기업문화'를 받아들이도록 만들기는 더욱 힘들다. '우리 회사에서는 이런 방법을 도입했다'는 조언이 도움이 될 때도 있지만, 가치관과 관련된 조언이 대부분 그렇듯 이런 조언은 지나치게 애매모호해 조금이라도 성격이 다른 회사에는 적용이 불가능하다는 문제점이 있다. 일을 대하는 태도나 업무 방식을 강요해서는 아무런 효과를 얻을 수 없다. 기업문화를 억지로 주입하면 직원은 오히려 반감을 느껴 의욕을 잃거나 회사의 요구를 받아들이는 척 '업무용 가면'을 쓰게 된다.

　독특한 문화와 철학을 추구하는 과정에서 실수를 저지르는 기업들이 많다. 이런 현상을 두고 경영사상가 리처드 클레이던 Richard Claydon 박사는 거대 조직 전체에 지속되는 문화는 오직 역설적 분리밖에 없다며 "회사에서 살아남으려면 그 조직문화를 기만하는 수밖에 없다"고 이야기했다.[18] 즉 앞에서는 시키는 대로 고분고분 지시에 따르고 뒤에서는 비슷한 처지에 놓인 직장 동료와 이런저런 뒷담화를 나눈다는 뜻이다. 클레이던 박사는 이를 철학자 쇠렌 키르케고르의 '숙련된 역설'에 비유했다.

　거대 조직에 단일 기업문화를 적용하기는 거의 불가능하다. 사장이 나서서 아무리 애써봤자 절대로 업무 몰입도를 높일 수 없다. 생산성 향상을 위해서는 먼저 공동체 의식을 고취해야 한다. 회사 차원에서 직원 한 명 한 명을 관리하기보다 팀원이 서로 신뢰감을 쌓을 수 있도록 격려한다면 훨씬 큰 효과를 볼 수 있을 것이다. 각자 맡은 업무에 책임감을 가지도록 충분한 자율성을 부여하고, 팀 안팎으로 협력이 이루어질 수 있도록 명확한 지침을 제공해야 한다. 팀이 조직 내에서 맡은 역할을 제대로 이해하고 수행하기만 한다면 팀원의 다양성을 살려 팀만의 특별한 문화를 형성하더라도 회사 분위기를 해친다거나 악영향을 주는 일은 없다.

앞으로 이어질 공감 부분은 팀문화 개선에 초점을 맞춘다. 직원의 열정은 대표가 보내는 격려 이메일이 아니라 훌륭한 팀워크에서 비롯된다.

금전 보상보다 중요한 내적 동기

"왜 일을 하는가"라는 질문에 망설임 없이 "돈을 벌기 위해서"라고 답하는 사람이 많다. 이렇게 행위 자체가 주는 즐거움이 아니라 행위에 부수적으로 따라오는 결과를 목적으로 하는 요인을 '외재적' 동기라고 한다. 우버 운전자가 손님을 태우러 가는 이유도 외재적 동기 때문이다. 운전이 몹시 즐거워서 우버 기사로 일하는 사람은 몇 안 된다. 이들은 단돈 얼마라도 생활비에 보태려고 시간을 쪼개 손님을 실어 나른다.

반면 '내재적' 동기는 행위 자체에 목적을 둔다. 내재적 동기는 강력한 힘으로 작용할 수 있다. 돈을 더 많이 벌 수 있는 직업도 많은데, 간호사나 교사가 굳이 그 직업을 선택한 이유는 무엇일까? 그 일의 가치를 높이 평가하기 때문이다. 금전적인 보상이 전혀 주어지지 않는데도 수많은 사람이 기분 좋게 재능기부에 나서는 이유도 마찬가지다. 내재적 동기가 없다면 아무리 의미 있는 일이라 해도 굳이 험하고 어려운 직업을 선택하는 사람은 많지 않을 것이다.

외재적 동기와 내재적 동기의 관계는 매우 복잡 미묘하다. 흔히 보너스나 성과수당 같은 외재적 동기가 근로 의욕을 자극한다고 생각한다. 그러나 반대로 의욕을 가지고 일한 대가로 외적 보상이 주어지기도 한다. 어떤 일이냐에 따라 인과관계가 달라진다. 다니엘 핑크는 정해진 일련의 지시에 따라 한 가지 결과로 향하는 '규칙적' 업무를 수행할 때는 보너스가 일의 속도와 효율을 높일 수 있다고 말한다. '세차를 많이 할수록 급여가 올라간다'거나 '케이크를 한 판씩 더 구울 때마다 보너스가 주어진다'는 조건이 이에 해당한다. 하지만 다양한 가능성을 탐구해 기발한 해결책을 찾아내는 '경험적' 업무에서 외적 보상은 오히려 역효과를 낳을 수 있다.[19] 테레사 애머빌이 언급했듯, 우리는 경험적 업무를 수행할 때 일하는 즐거움을 가장 크게 느낀다. 사고력과 창의력을 발휘해 기존의 방법을 재구상하고 새로운 방법을 떠올리며 일 자체를 즐기게 되기 때문이다. 업무를 독려하겠다고 괜한 보상을 제시하면 안 하느니만 못한 결과가 나타날 수도 있다.

애머빌은 외적 보상이 창의력에 어떤 영향을 미치는지 알아보기 위해 어린이들을 대상으로 미술활동 실험을 실시했다.[20] 프리드리히 2세처럼 끔찍한 실험을 벌이지는 않았으니 걱정할 필요는 없다. 아이들은 자발적으로 실험에 참여해 선물까지 받아갔다. 애머빌은 어린이를 두 그룹으로 나눠 한 그룹에는 그림을 가장 잘 그린 사람에게 상을 주겠다고 했고, 다른 그룹에는 재미있게 그림을 그린 뒤 끝나면 추첨을 통해 한 사람에게 선물을 주겠다고 했다. 그리고 미술 전문가에게 아이들이 그린 그림을 평가해달라고 부탁했다. 그들은 하나같이 입을 모아 보상을 바라지 않은 아이들이 그린 그림이 훨씬 더 창의적이라는 의견을 내놨다. 보상의 형태로 주어진 외재적 동기는 창의력을 발휘하는 데 전혀 도움이 되지 않았다.

심리학자 마크 래퍼Mark Lepper와 데이비드 그린David Greene도 이와 비슷한 실험을 했다. 래퍼와 그린은 평소 그림 그리기를 좋아하던 유치원생을 모집해 세 그룹으로 나눈 후 6분 동안 놀이시간을 줬다. 먼저 첫 번째 그룹에는 놀이시간에 그림을 그리면 상품을 주겠다고 약속했다. 두 번째 그룹에는 아무 말도 하지 않고 원하는 활동을 하도록 내버려두고는 놀이시간이 끝나고 그림을 그린 아이에게 선물을 줬다. 마지막 그룹은 통제집단으로, 아무런 약속이나 보상 없이 자유롭게 시간을 보내도록 했다.

아이들의 활동을 관찰해보니, 깜짝 선물을 받은 두 번째 그룹과 보상이 주어지지 않은 세 번째 그룹은 엇비슷하게 놀이시간의 20퍼센트를 그림 그리는 데 사용했다. 반면 활동에 따른 보상을 약속받은 첫 번째 그룹의 경우 그림을 그린 시간이 다른 두 그룹의 절반에 불과했다. 앞서 언급했듯 모두 평소에 그림 그리기를 좋아하는 아이들이었다. 2주 후, 다시 아이들을 관찰해봤다. 이전 실험에서 상품을 받으려고 그림을 그린 아이들은 여전히 그림에 흥미를 회복하지 못한 채 다른 활동을 하는 데 더 많은 시간을 보냈다.

왜 이런 현상이 나타났을까? 외재적 동기가 개입한 탓에 즐거웠던 활동이 노동으로 변질됐기 때문이다. 문제는 이뿐만이 아니다. 상품을 약속받은 그룹이 그린 그림은 오롯이 재미를 추구한 그룹이 그린 그림보다 창의력이 떨어졌다.[21] 마치 제일 좋아하던 놀이터가 콘크리트 바닥으로 변한 듯한 반응이었다. 좋아하는 일을 직업으로 삼기 전에 다시 한 번 신중하게 생각해봐야 하는 이유다. 애머빌은 "내재적 동기는 창의력을 자극하고, 외재적 동기는 창의력을 파괴한다"고 이야기했다. 전문가의 말이니 꼭 마음에 새겨두도록 하자.

외적 보상을 바라고 일을 하면 창의력이 떨어질 뿐 아니라 우울감과 불행감이 높아진다는 연구 결과도 있다. 런던경영대학원의 대니얼 케이블Daniel Cable 교수는 "외적 보상이 아무리 많이 주어져도 그것만을 위해 지루하고 의미 없는 일을 하는 사람은 스스로를 병들게 만든다"고 주장했다.[22] 그렇다. 돈이 됐든 다른 무언가가 됐든, 외적 보상만으로 싫은 일을 좋게 만들 수는 없다. 천금이 주어져도 무의미한 일에 의미가 생기지는 않는다.

직장에서 최대한 많은 성과를 거두고 싶다면 내재적 동기를 자극해야 한다. 동기부여에 도움이 되지는 못할망정 방해만 되는 보상은 치워두고 신경세포를 깨울 방법을 찾아야 할 것이다. 그러나 안타깝게도 현대사회 직장에는 있던 의욕까지 사라지게 만드는 방해 요소가 사방에 널려 있다. 성취감에 목마른 현대인은 직장에서 성과를 이루길 바란다. 하지만 개방형 사무실에서 들려오는 소음, 시도 때도 없이 울려대는 이메일 알림, 끊이질 않는 메신저 등 온갖 방해 요소가 업무 흐름을 끊어놓는다. 일 자체를 즐기고 싶지만, 도저히 그럴 만한 환경이 조성되지 않는다. 게다가 앞서 말했다시피 의욕을 잃은 사람에게 외적 보상을 제시해봤자 열정에 불을 지피기는커녕 생산성을 저하할 뿐이다.

반면 내재적 동기는 의욕을 불러일으키고, 활력을 더하고, 자존감을 올려준다. 다니엘 핑크는 내재적 동기를 유발하려면 '자율, 숙련, 목적' 세 가지 요소가 갖춰져야 한다고 이야기했다. 첫 번째 요소인 자율은 자신이 맡은 일을 통제하려는 욕구를 의미한다. 두 번째 요소 숙련은 일에 능숙해지며 얻는 성취감을 뜻한다. 마지막 요소인 목적은 일을 통해 가족이나 사회에 기여한다는 느낌을 가리킨다.

다니엘 핑크는 이렇게 말했다. "목적에는 큰 목적과 작은 목적, 두 가지 종류가 있다. 큰 목적은 업적을 남긴다. 이는 즉 '내가 하는 일이 이 세상에 위대한 영향력을 미치고 있는가?'라는 질문에 관한 문제다. 오늘은 기후변화 문제를 해결하는 데 일조하겠어, 굶주린 이들에게 음식을 나눠주겠어, 맨발로 땅을 밟는 아이에게 신발을 신겨주겠어 등 숭고한 다짐은 모두 큰 목적에 해당한다. 그리고 큰 목적은 개인과 기업 모두에게 큰 성과로 이어진다. 문제는 평범한 직장인 중 매일 이런 위대한 업적을 남길 수 있는 사람이 몇이나 되냐는 것이다. 집 뒤편 차고 한구석에 겨우 마련한 간이 사무실에 출근하면서 '오늘은 화석연료를 대체할 친환경 에너지를 개발하겠어!'라고 다짐할 수는 없는 노릇이다. 나는 평범한 글쟁이일 뿐이다. 반면 작은 목적은 매우 일상적으로 이루어진다. 간단히 말하자면, '내가 회사에 도움이 되는가?'라는 물음이다. 내가 출근하지 않았을 때 신경 써주는 사람이 있을까? 내가 없다는 사실을 알아챌까? 나 아니면 못하는 일이 있을까? 내가 도와준 덕분에 위기를 모면한 사람이 있을까? 여기에 그렇다고 대답할 수 있다면 회사에 기여를 한 것이다. 국제 기아를 해결하진 못했다. 그러나 누군가에게는 분명히 도움이 됐다."[23]

누군가에게 도움을 주겠다는 작은 목적은 직장인이 자신의 일에 열정을 갖고 몰입하는 원동력이 된다. 국제 기아를 해결하겠다는 생각을 가지고 요리하는 요리사는 거의 없을 것이다. 다니엘 핑크가 말하는 '큰 목적'을 가지기에는 제약이 많은 직업이기 때문이다. 하지만 이들은 작은 목적 하에 요리를 하며, 목적을 달성하면 굉장한 보람을 느낀다. 하버드 경영대학원과 유니버시티 칼리지 런던 연구진은 매주 레스토랑을 방문해 관찰연구를 진행했다. 이들은 손님이 식사하는 모습을 직접 지켜본 요리사의 음식 질이 대략 10퍼센트 정도 높아졌다는 사실을 발견했다. 손님과 요리사가 서로의 모습을 볼 수 있는 환경에서는 음식의 질이 17퍼센트나 좋아졌다. 자신이 요리한 음식을 맛있게 먹는 손님을 보면서 더 좋은 음식을 대접하고 싶은 마음이 들었기 때문이다. 하버드 경영대학원의 라이언 뷰엘Ryan Buell 교수는 "수고에 감사하는 마음은 일을 의미 있게 만든다"고 이야기했다.[24]

애덤 그랜트 교수는 업무 몰입도를 높이는 필수 요소로 '자부심'을 꼽았다. 자부심을 느끼려면 목적과 소속감이 모두 충족돼야 한다. 우리는 타인으로부터 일의 가치를 인정받고 존경받을 때 자부심을 느끼며 힘을 얻는다. 간호사와 소방관은 우리 사회에서 자신이 맡은 역할이 얼마나 큰 가치를 지니는지 잘 알고 있을 것이다.[25] 자부심이 스트레스나 피로를 덜어주지는 않지만, 자부심이 있기에 오늘도 그토록 험하고 고된 일을 버텨낼 수 있다.

다니엘 핑크가 제시한 첫 번째 요소인 '자율'이 일에 중요한 영향을 끼친다는 사실에는 반박의 여지가 없다. 우리는 직장생활이 다른 사람에 의해 좌지우지되지 않도록 스스로가 맡은 일에 통제권을 가져야 한다. 그러나 프리드리히 2세가 실시한 실험을 통해 알 수 있듯, 타인과의 관계와 자율 사이 어딘가에 자리한 미묘한 균형이 무엇보다 중요하다. 매슬로는 욕구단계이론에서 생리적 욕구를 생존의 기본 요건으로 제시하며 애정과 소속감을 빼놓는 실수를 저질렀지만 사람은 관계를 맺지 않고 살아갈 수 없다. 즉 자율, 숙련, 목적만으로는 행복한 직장생활을 누릴 수 없다. 우리에게는 '공감'이 필요하다.

그렇다! 우리에게는 공감이 필요하다

공감이란 무엇인가? 가장 쉽게 정의하자면 공감이란 신뢰를 바탕으로 서로를 이해함으로써 팀의 화합을 이끌어내는 사람 사이의 교감이다.

인간은 주변과 동시성을 가질 때 기쁨을 느낀다. 안무를 맞춰 다른 사람과 함께 춤을 추거나, 합창단의 일원으로 노래를 부르거나, 군중 속에서 스포츠팀을 응원하는 등 동시성은 다분히 의도된 형태로 나타나곤 한다. 우리는 조화 속에서 순간순간 희열을 느낀다.

이렇게 연출된 상황 외에도 일상에서 경험하는 사소한 동시성을 통해 안락, 행복, 소속감을 느낄 수 있다. 1920년 사회심리학자 플로이드 올포트Floyd Allport는 전혀 관계없는 일을 하는 사람이라도 같은 공간에 있다는 사실만으로 생산성이 향상되며, 일처리가 느린 사람의 업무속도가 빠른 사람에 맞춰 높아진다는 사실을 발견했다.[26] 누군가와 함께 운동을 해본 사람이라면 상대방과 호흡을 맞추는 과정에서 스스로의 한계를 뛰어넘어 평소보다 훨씬 강도 높은 훈련을 견뎌낸 경험이 있을 것이다.

인류학 전문가 로빈 던바 교수는 이런 현상이 나타나는 이유를 "동시성은 엔도르핀 분비를 촉진해 다수가 함께하는 활동의 효과를 높여주기 때문"이라고 설명했다. 우리는 주변 사람과 공감할 때 더 큰 성과를 거둘 수 있다.[27]

2015년 BBC 강연에서 전설적인 가수이자 프로듀서인 브라이언 이노Brian Eno는 서로 공감할 때 더 큰 신뢰를 쌓을 수 있다고 이야기했다.[28] 공감은 대부분 간접적으로 이루어진다. 처음 만난 사람한테 어떤 공통점이 있는지 확인하고 싶다며 신상정보 및 사고방식을 정리해 서면으로 제출해달라고 할 수는 없는 노릇이다. 우리는 인간관계, 문화, 뉴스 등 다양한 주제로 대화하며 공감을 쌓아나간다. 이노는 버스에서 두 여자가 이야기를 나누던 사례를 예시로 들었다. 두 여자는 드라마 〈코로네이션 스트리트Coronation Street〉에서 우연히 주인공의 성 정체성이 밝혀지는 장면에 대해 다양한 견해를 주고받았다. 텔레비전 프로그램이 생동감 넘치는 토론의 출발을 끊어준 셈이다. 이노는 "드라마였기에 가능한 대화"였다며 "실제로 자신과 직접 관련된 일이었다면 자기 견해를 그렇게까지 자유롭게 표현하지는 못했을 것"이라고 했다. 그리고 사학자 윌리엄 맥닐William McNeil의 저서를 언급하며 "인간은 춤을 추거나, 행진을 하거나, 축제에 참여하는 등 다수가 자발적으로 움직임을 맞춰 신체적 협동을 이루어낼 때 강력한 기쁨을 느낀다"는 주장을 펼쳤다.

이노는 강연을 마무리하며 인간은 지능이 고도로 발달한 동물로 신체적, 언어적 공감에서 신뢰를 느끼고 안정감을 찾는다는 결론을 내렸다. "버스에서 두 여자가 나누는 대화를 들으며 떠올린 생각이다. 두 여자는 완벽한 공감을 이뤘다. 오늘날 우리는 믿을 수 없을 만큼 빠르게 변화하는 문화 속에 살고 있다. 14세기 전체에 걸쳐 일어난 변화가 현대사회에서는 거의 한 달 만에 일어난다. 우리는 정신없이 돌아가는 세상 속에서 엄청난 변화를 소화해내야만 한다. 지금 이 자리에 똑같은 경험을 가진 사람은 단 한 명도 없을 것이다. 누군가는 자동차 산업에 일어나는 변화를 줄줄이 꿰고 있을 것이고, 누군가는 의학에, 누군가는 수학에, 누군가는 패션에 정통하고 있을 것이다. 모든 분야를 섭렵한 사람은 없다. 우리가 서로 의견을 나누고 공감해야 하는 이유다."

조직에서 이루어지는 공감은 구성원에게 긍정적인 영향을 미친다. 실제로 합창단 활동이 금연이나 운동과 유사한 효과를 가진다는 연구 결과도 있다. 런던 대학에서 사회심리학을 연구하는 다니엘 와인스타인Daniel Weinstein은 "합창 연습은 소속감과 유대를 강화하고, 긍정적인 사고를 배양하며, 엔도르핀 분비를 촉진한다"며 공감이 가지는 힘을 설명했다.[29] 또한 노래를 매개로 공감을 이루어낸 그룹은 통증 역치 검사에서 더 높은 수치를 기록했다. 공감이 실제로 신체를 강화한 것이다. 단원이 지나치게 많아 협동이 어려울 것 같은 합창단도 노래를 부르며 화합을 이루어냈다. 공감대는 놀라울 만큼 빠르게 형성됐다. "단 한 번의 연습만으로도 서로 어색해하던 수많은 신입 단원들이 오랜 기간 입을 맞춰온 기존 단원만큼이나 돈독해진 모습을 보였다."

합창단은 다소 극단적인 공감 사례로 보일 수 있다. 그러나 공감의 기본 원칙은 모든 조직에 똑같이 적용된다. 지지해주는 사람이 있으면 스트레스가 줄어든다. 주변 사람의 신뢰는 고난을 견디도록 받쳐주는 버팀목이 돼준다. 미국에서 실시된 한 연구는 장거리 부부가 관계를 유지하는 데 시시콜콜한 일상을 공유하는 연락이 매우 중요한 역할을 한다는 사실을 발견했다. 두 사람 사이의 물리적 거리는 큰 문제가 되지 않았다. 행복한 결혼생활을 유지하고 싶다면 별것 아닌 부분에서부터 공감을 이루어야 한다.[30] 심지어 감정적 지지가 주 목적이 아닌 사회조직도 스트레스 수준을 낮추는 데 도움이 됐다.[31]

사람은 소속이 필요하다. 우리는 공감을 통해 성장하고, 힘을 얻고, 협동심을 키운다. 직장에서 공감을 이루어내는 8가지 비법을 탐구해보자.

13

커피머신 위치를
옮겨라

빅데이터가 밝혀낸 사소한 교류의 힘

마당에서 개미의 움직임을 관찰하듯 회사에서 직장인 수백 명이 일하는 모습을 관찰할 수 있다고 상상해보라. 전지전능한 신처럼 아래를 굽어내려보며 아주 사소한 행동까지 모두 파악할 수 있다. 동료끼리 떠드는 모습, 회의 장면, 막 연애를 시작한 사내 커플의 애정행각까지 이 세상 모든 직장에서 어떤 일이 벌어지고 있는지가 훤히 보인다.

이런 상상은 MIT의 경제학자 알렉스 펜틀랜드 교수의 노고 덕분에 현실이 됐다. 펜틀랜드 교수는 '빅데이터'와 심리학을 결합해 사회물리학이라는 새로운 분야를 만들었다. 그리고 다양한 분야에 폭넓게 활용되는 두 가지 기술을 결합해 사회물리학 분야에 엄청난 반향을 일으킬 강력한 연구 도구를 발명해냈다. 교수와 제자들은 연구를 위해 건물 출입에 사용하는 사원증을 활용하기로 했다. 그리고 여기에 스마트폰에서 사용하는 기술을 결합한 소시오메트릭 배지를 개발했다. 이 배지에는 말하는 사람의 음성을 녹음하는 마이크로 폰이 부착돼 있으며, 실시간으로 위치를 감지할 수 있을 뿐 아니라, 누구와 대화를 나누는지도 알수 있다. 다만 정확한 말소리가 녹음되지는 않는다. 소시오메트릭 배지는 0.016초마다 업데이트돼 방대한 데이터 뱅크를 형성했다. 연구진은 이렇게 수집된 자료를 다양한 산업과 직군에 종사하는 직장인의 일일 업무기록과 대조해 직장 내에서 어떤 일이 벌어지고 있는지 완벽히 분석했다. 팀원이 교류하는 방식, 생산성이 가장 높은 시간과 장소, 한 사람에서 다른 사람으로 아이디어가 흘러가는 경로가 모두 밝혀졌다.[1]

펜틀랜드 교수는 이메일이 의사소통 수단으로서 높은 가치가 있긴 하지만 그 이상의 역할을 하지는 않는다는 사실을 발견했다. 이미 1부에서 자세히 언급한 내용이라 별로 놀랍지는 않을 것이다. 교수는 "이메일은 생산성과 창의력 향상에 거의 아무런 영향을 미치지 못한다"고 실험 결과를 발표했다.[2] 기업의 성쇠를 결정하는 핵심 요소는 '아이디어의 흐름', 즉 새로운 아이디어의 확산이었다. 그리고 회의에서 아이디어 교환이 가장 많이 이루어질 것이라는 예상과 달리 '아이디어의 흐름'은 주로 동료와 가벼운 대화를 나눌 때 일어났다.

은행과 콜센터에서는 부서별 생산성 차이가 최대 40퍼센트까지 벌어졌는데, 펜틀랜드 교수는 그 원인이 일상적인 대화를 나눌 때 의견 교환이 자연스럽게 이루어지는가의 여부에 있다고 했다.[3] 교수는 "기업 생산성은 사회적 학습의 기회가 얼마나 많이 주어지는지에 좌지우지되며, 사회적 학습은 대개 직접적 교류를 통해 이루어진다"는 결론을 내렸다.[4] 직원끼리 공감대를 형성하면 기업의 생산성이 적게는 30퍼센트에서 많게는 50퍼센트까지 향상됐다. 반면 이메일이 성과에 미치는 영향은 수치화하기 민망할 정도로 미미했다.

공감은 생산성 향상 외에 또 다른 긍정적인 결과를 가져왔다. 펜틀랜드 교수는 신박한 아이디어를 떠올리고 싶다면 혼자 컴퓨터 앞에 앉아 머리를 부여잡고 애쓰기보다 직장 동료와 대화를 나눠보라고 제안했다. "수집된 데이터를 분석해본 결과 혁신은 대부분 여러 사람이 함께 있을 때 이루어졌다." 펜틀랜드 교수는 "가장 창의적인 사람은 수많은 사람과 소통하며 다양한 아이디어를 모으고 거기에 살을 덧붙여 다시 전달하는 사람"이라고 말했다.

원하는 목적에 따라 자리 배치를 바꿔라

직장 내에서 일어나는 사소한 상호작용은 투박한 생각을 훌륭한 아이디어로 발전시킨다. 새롭게 구상한 아이디어에 대해 이야기하는데 상대방이 고개를 살짝 갸웃하면 이는 아이디어가 신통치 않다는 뜻이다. 반면 환한 표정으로 눈을 반짝이며 고개를 끄덕인다면 아이디어가 훌륭하다는 신호다. 우리는 상대방의 미묘한 표정과 행동 변화를 관찰하며 아이디어를 구상하고, 수정하고, 개선한다. 펜틀랜드 교수는 소시오메트릭 배지로 직장인의 교류 활동을 관찰하며 이들이 아이디어를 나누고 발전하는 모습이 함께 즉흥곡을 완성해나가는 음악가 같다고 말했다. "마치 재즈를 연주하는 것 같았다. 서로의 반응을 살피며 의견을 주거니 받거니 더 나은 결과를 만들어내기 위해 분투했다."

이렇듯 직장 내 교류는 새로운 아이디어를 탄생시키는 원동력으로, 펜틀랜드 교수는 직원 간 대화가 활발히 이루어질 수 있는 근무 환경을 조성해야 한다고 주장했다. 그리고 대부분의 경우 공간 배치에 살짝 변화를 주는 것만으로도 의사소통을 촉진할 수 있다. 우리는 이미 5장에서 함께하는 점심식사가 어떤 효과를 발휘하는지 살펴봤다. 같은 맥락으로 펜틀랜드 교수는 간단한 해결책을 제시했다. "직원의 업무 생산성을 높이기는 매우 쉽다. 구내식당 식탁을 길게 이어 붙여 안면이 없는 사람이 함께 식사하도록 만들면 된다."[5] 한 은행은 고객서비스팀이 다른 팀과 마주치기 힘든 구석 자리에 배치된 탓에 회사 프로젝트 성과가 떨어진다는 사실을 깨닫고 팀 위치를 옮겼다. "좌석 배치를 바꾸자 한쪽에 동떨어져 있던 고객서비스팀을 비롯해 전 직원이 프로젝트에 이전보다 적극적으로 참여했다."

펜틀랜드 교수의 업적은 제자에게로 이어져 다양한 분야에 폭넓게 적용되고 있다. 펜틀랜드 교수 연구팀에서 박사과정을 밟은 벤 웨이버는 인사관리 솔루션 개발업체 휴머나이즈를 설립해 사무실에서 벌어지는 일을 객관적으로 파악하고, 그에 맞는 개선 방안을 찾기 위해 사무실 내 동선을 체크하는 데 소시오메트릭 배지를 활용했다. 이 배지는 팀끼리 효율적으로 협력하는지, 소통 문제가 어디에서 생기는지 보여준다.

펜틀랜드 교수와 마찬가지로 웨이버 역시 직장 내 소통을 촉진하기는 어렵지 않다고 말했다. 많은 사람들이 업무 효율을 높일 방법을 궁리하면서 사무실 내에서 가장 교류가 활발하게 이루어지는 탕비실을 옮겨야겠다는 생각은 떠올리지 못한다. 웨이버가 보기에 이들은 아주 큰 실수를 저지르고 있었다. 웨이버는 "커피머신 앞은 사내 대화가 가장 활발한 곳이므로 커피머신 위치는 조직 개편만큼이나 영향력이 크다"고 말했다.[6]

그렇다면 어디에 커피머신을 둬야 할까? 커피머신 위치는 무엇을 추구하느냐에 따라 달라져야 한다. "예를 들어 커피머신이 부서 내에 있다면 부서원의 유대가 끈끈해져 단합이 훨씬 잘 될 것이다. 두 부서 사이에 커피머신을 배치하면 타 부서원과 대화를 나눌 기회가 더 많아질 것이다. 원하는 목적에 따라 위치를 조정하면 된다."

정수기와 커피머신의 위치를 바꾸기가 여의치 않을 수도 있다. 탕비실을 옮길 수 없다면, 교류가 필요한 부서끼리 커피머신을 공유할 수 있도록 조직 배치를 바꿔도 좋다. 휴게실에 텔레비전을 설치해 뉴스나 스포츠 경기를 틀어놓는 식으로 자연스럽게 대화를 유도하는 회사도 있다. 어떤 방법을 선택하든, 커피 한 잔을 내리면서 나누는 편안한 대화가 위대한 아이디어의 씨앗이 될 수 있다는 사실을 잊지 않길 바란다.

to-do list

☑ 대화를 유도하라. 대화는 공감대를 형성하는 가장 쉬운 방법이다.

☑ 거리감을 좁혀주는 아주 사소한 변화가 팀워크를 다져주고, 신뢰를 높이고, 창의력을 증진시킨다는 사실을 기억하라.

☑ 협력이 필요한 사람끼리 더 많은 대화를 나눌 수 있게 정수기와 커피머신 위치를 옮겨라. 탕비실 위치를 바꾸기 힘들다면 부서 위치 변경도 고민해보라.

14

동료와 함께
차 한 잔의 여유를 즐겨라

은행 콜센터에서의 생산성 실험

콜센터는 자본주의의 축소판으로, 모든 관심이 생산성을 높이는 데 쏠려 있다. 어떻게 하면 다닥다닥 붙어 앉은 상담원 수천 명이 문의를 더 많이 처리하게 만들 수 있을까? 콜센터는 매일 이런 질문에 맞닥뜨린다.

콜센터는 업무가 완전히 개별화돼 있으니, 굳이 팀워크를 다지거나 공감대를 형성할 필요가 없다고 생각할지도 모르겠다. 심지어 아이디어의 흐름을 자극하는 교류가 아예 없어도 상관없을 것이라 여기는 사람도 있을 것이다. 실제 콜센터 대부분이 그렇게 운영되고 있기도 하다. 휴머나이즈 대표 벤 웨이버가 실험 대상으로 선정한 뱅크오브아메리카 콜센터 역시 개인주의적인 분위기가 팽배했다. 각자 알아서 업무를 처리하고 하루 두 번 오전과 오후에 한 번씩 순서를 정해 휴식시간을 가졌다. 상담원은 조용한 휴게실에서 혼자 차 한 잔 마시며 숨을 돌리고 다시 밀려오는 전화를 처리하기 위해 사무실로 향했다.

웨이버는 콜센터에 약간의 변화를 주기로 했다. 한 명씩 차례로 휴식을 취하는 대신, 팀별 휴식시간을 부여해 15분 동안 지긋지긋한 불평불만 세례로부터 벗어나 동료와 소통할 시간을 갖도록 방침을 바꿨다. 어떤 결과가 나타났을까? 하나는 여러분도 이미 예상했을 것이다. 웨이버는 "팀원 사이의 유대감이 18퍼센트 증가했다. 팀별 휴식시간이 주어진 덕분에 서로 대화할 기회가 늘었으니 이는 당연한 결과"라고 했다. 은행장을 놀라게 한 통계는 따로 있었다. 첫째, 소시오메트릭 배지에 부착된 센서를 확인해보니 스트레스 수준이 기존에 비해 19퍼센트나 낮게 나타났다. 유난히 응대하기 힘들었던 상담 내용을 팀원과 공유하는 것만으로도 스트레스가 낮아졌기 때문이다. 둘째, 비용 투자 없이 단순히 개인 휴식시간을 팀 휴식시간으로 바꿨을 뿐인데 팀 전체 생산성이 23퍼센트 증가했다.[1] 콜센터 상담원들이 서로 공감대를 형성하자 생산성이 약 4분의 1이나 올라간 것이다.

조금만 생각해보면 이는 당연한 결과다. 콜센터 상담원은 근무시간 내내 수화기를 붙들고 감정노동을 한다. 상대방에게 자신의 신분이 노출되지 않는다는 특수한 상황 때문인지 콜센터에 전화를 건 고객 대부분이 날을 세우고 있어 전화를 끊을 때쯤엔 온몸에 진이 다 빠진다고 한다. 상담을 요청한 고객은 보통 화가 잔뜩 나 있다. 아마 친구나 가족, 직장 동료에게는 그렇게 화를 내지 않을 것이다. 이들은 환불을 요청하거나, 공짜로 뭔가를 해달라고 고집을 부린다. 마치 격투기 게임을 처음 해보는 아이와 같다. 버튼을 어떻게 조작해야 기술이 나가는지도 모르면서 하나라도 걸려라 하는 마음으로 아무렇게나 내지르고 보는 것이다.

팀별 휴식을 도입하기 전, 휴식시간이 돌아오면 상담원은 비척비척 휴게실로 향해 낯선 사람들 틈에 끼어 앉아 커피를 마시며 괜히 휴대전화나 쳐다보고 있었다. 그렇게 15분이 지나고 쉴 새 없이 문의전화가 걸려오는 콜센터로 돌아가 자리에 엉덩이를 붙일 때까지 귓가에는 고객이 내지른 고함소리가 맴돌았다. 반면 팀 단위로 휴식시간이 주어지자 상담원은 고충을 공유하며 서로에게 위로를 얻었다. 퇴근하고 가족에게 털어놓기에는 너무 우중충한 내용이었고, 친구에게 하소연하기에는 분위기를 망칠 게 뻔해 아무에게도 하지 못하던 이야기를 동료와 나눌 수 있게 되자 마음이 한결 가벼워졌다.

팀원과의 공감은 스트레스를 덜어줬을 뿐 아니라, 업무에 유용한 정보를 교환할 수 있는 기회를 만들어줬다. 유난히 힘들었던 상담사례를 이야기하면 "저번에 비슷한 문의를 한 고객이 있었는데, 이렇게 대답했어"라거나 "예전에 나도 그런 적이 있는데, 한번 이렇게 해보는 건 어때?"라며 조언을 건넸다. 이런 대화를 통해 이들은 언젠가 한 번쯤 마주칠 문제를 한결 수월하게 해결할 수 있도록 서로에게 가르침을 주고 있었다. 웨이버는 기존 근무 환경에서 상담원이 생산성을 23퍼센트 높이려면 10년 동안 경력을 쌓아야 한다고 이야기했다.[2]

여기서 우리는 상담원끼리 교류가 자발적으로 이루어졌다는 사실을 짚고 넘어갈 필요가 있다. 일부러 회의를 잡아 의견을 나눠도 비슷한 수준의 공감 또는 화합을 이끌어낼 수는 없다. 콜센터 상담원 사이의 대화가 그토록 큰 성과를 거둘 수 있었던 비결은 자연스러움에 있다.

콜센터 사례는 대부분의 직장에서 창의력이 어떤 역할을 하는지 잘 보여준다. 콜센터 상담원은 고객에게 더 나은 해결책을 제시함으로써 창의력을 충분히 발휘했다. 우리는 창의력을 발휘하면 뭔가 대단한 업적을 이룰 수 있을 것이라 생각한다. 하지만 여러분이 콜센터에 근무하든, 공공기관이나 슈퍼마켓, 로펌에 근무하든 창의력의 핵심은 업무 효율을 개선할 방법을 찾는 데 있다.

가장 뛰어난 아이디어는 '피카'에서 나온다!

스웨덴 사람은 이미 오래 전부터 동료와 함께하는 휴식시간이 얼마나 큰 힘을 갖는지 잘 알고 있었다. 이들은 '커피와 케이크'

를 의미하는 피카fika를 아주 중요하게 생각한다. 겉으로 보기에는 카페인과 탄수화물을 곁들인 짧은 휴식일 뿐이지만, 스웨덴에서 피카는 마음을 다스리는 시간에 가깝다. 스웨덴을 대표하는 자동차회사 볼보는 에너지를 충전하는 시간을 갖기 위해 잠시 생산을 멈추고 피카를 즐긴다. 가구 제조업체 이케아는 홈페이지에 "피카는 단순한 커피 한 잔의 여유를 넘어 동료와 경험을 나누고 감정을 공유하고 휴식을 취하는 시간이다. 이케아의 가장 뛰어난 아이디어는 피카를 즐기는 동안 나왔다"는 설명을 남겼다.

동료와 함께하든 혼자 느긋하게 시간을 보내든, 스웨덴 사람에게 피카란 삶의 속도를 늦추고 뒤를 돌아보는 시간을 의미한다. 수많은 스웨덴 기업이 잠깐 사무실을 벗어나 근처 커피숍에서 동료와 자유롭게 수다를 떠는 시간을 갖도록 피카를 장려한다. 여러분 중에는 근무시간 중 자리를 벗어나 티타임을 갖기에는 왠지 마음이 불편하다고 느끼는 사람도 있을 것이다. 탕비실에서 커피를 내려 책상으로 가져가는 건 괜찮지만, 15분 동안 가만히 앉아 커피를 홀짝이기엔 눈치가 보이기 때문이다. 그러나 스웨덴의 여유로운 피카 문화에서 알 수 있듯, 에너지를 회복하고 좋은 아이디어를 떠올리려면 휴식이 꼭 필요하다.

콜센터 사례처럼, 아주 작은 변화로도 엄청난 효과를 누릴 수 있다. 오후에 잠깐 하던 일을 멈추고 가까운 커피숍에서 담소를 나누며 차를 마시는 시간을 갖자고 제안해보자. 피카가 팀원들 사이에 공감대를 쌓는 데 답이 되어줄 것이다.

to-do list

☑ 행동에 나서라. 옆자리 동료에게 같이 쉬러 나가자고 이야기해보자. 근처 커피숍으로 가도 좋고, 휴게실에서 커피를 내려 마셔도 좋다. 일주일에 두세 번쯤 티타임을 가져보라. 그리고 금요일에는 휴식이 어떤 영향을 미쳤는지 되돌아보라.

☑ 일이 잘 풀리지 않을 때는 동료와 함께 잠시 쉬는 시간을 가져라. 적당한 휴식이 스트레스를 풀고 피로를 회복하는 데 매우 효과적이었다고 말하는 사람이 많다.

15

회의시간을
절반으로 줄여라

페이팔에 회의 단속반이 떴다!

그곳에서는 미국 금주령 시대를 연상시키는 장면이 펼쳐졌다. 정장을 말끔하게 차려입은 직장인 세 명이 굳게 닫힌 문을 소리 없이 열고 들어왔다. 좀 더 조심스럽게 움직였으면 좋았으련만 아무래도 약간 티가 났던 것도 같다. 각자 조용히 자리를 잡고 앉은 뒤에도 여전히 시선은 유리 벽 너머를 기웃대고 있다. 이렇게 눈치를 보면 곤란한데, 겁을 집어먹은 기색이 역력하다. 한 명이 몰래 숨겨 들어온 장치를 천천히 품에서 꺼냈다. 마침내 요점을 일목요연하게 정돈해놓은 파워포인트 슬라이드가 화면에 떠올랐

164

다. '드디어 해냈다. 다시 정상적으로 일을 할 수 있어.' 셋은 안도의 한숨을 내쉬었다. 그리고 한결 편안해진 마음으로 중간에 놓인 노트북 화면을 들여다보기 위해 몸을 기울였다.

파워포인트에 시선이 쏠린 순간, 쾅! 소리와 함께 문이 벌컥 열렸다. 결국 걸렸다. 이번에도 실패다.

요즘 회사에서는 이런 광경이 종종 벌어지냐고? 글쎄, 그럴 것 같지는 않다. 하지만 데이비드 삭스David Sacks가 최고운영책임자로 일하는 페이팔에서는 흔히 일어나는 일이다. 약간 각색을 거치긴 했지만, 실제로 데이비드 삭스는 불필요한 회의를 없애기 위해 주류 밀매점을 단속하는 경찰처럼 700명이 근무하는 사무실을 돌아다니며 회의실 문을 마구 열어젖힌다. 페이팔에서 일했던 한 직원은 이렇게 말했다. "삭스는 회의를 지양하는 문화를 정착시켰다. 서너 명 이상이 모여 있으면 일단 무조건 의심했고, 비효율적이라고 판단되는 회의는 진행 중에도 즉각 중단시켰다."[1] 삭스는 페이팔이 인수합병을 거치며 임원진 수가 두 배로 늘어나면서 불필요한 회의가 지나치게 많아졌다고 이야기했다. 회의 신봉자들이 업무를 가장해 직원을 모으는 이면에는 새로운 권력 구조를 각인시키려는 목적이 있었다.[2]

삭스는 오늘날 수많은 직장이 겪고 있는 문제를 제대로 꼬집었다. 기업은 언제나 직원이 가진 능력을 정확히 평가할 방법을 찾기 위해 고민한다. 직원의 업무 역량을 어떻게 판단할 것인가? 여러분은 아마 업무량이나 아이디어, 혹은 팀 기여도를 바탕으로 평가한다고 생각할 것이다. 하지만 직원이 회의에서 어떤 모습을 보이는지에 초점을 두는 회사가 의외로 많다. 안타깝게도 회의를 능숙하게 이끌어가는 능력과 생산성 사이에는 큰 상관이 없다. 가끔씩 모여 프로젝트 진행 사항을 공유하면 사기가 진작되고 생산성이 높아진다. 그러나 지나치게 잦은 회의는 기운을 뺄 뿐이다.

광고업계의 전설 로리 서덜랜드는 여럿이 책상에 둘러앉아 대화를 나누는 시간이 길어질수록 효율적인 시간관리가 어려워진다고 주장하며 오늘날 사무실의 풍경을 과거와 비교했다. "1980년대에 광고를 제작할 때는 일을 하고 싶어도 할 수 없는 시간이 굉장히 많았다. 스튜디오에 소품을 가져다놓고 나면 더 이상 할 수 있는 일이 없거나, 사진 촬영이 끝나면 수정작업이 완료될 때까지 그저 멍하니 기다려야 했다. 손이 비는 시간이 남아돌았다. 대부분 그렇듯, 대기시간은 거의 낭비됐다. 하지만 그냥 낭비되는 시간과 달리 여기에는 조금 특별한 부분이 있었다. 80퍼센트는 '완전' 낭비였지만 나머지 20퍼센트는 꽤 귀중한 시간이었다. 바쁠 때는 절대 나누지 않을 만한 대화가 오고갔기 때문이다. (…) 나는 이렇게 남는 시간이 일하는 데 꼭 필요하다고 생각한다." 서덜랜드는 "기술 발전과 이메일 보급이 지나치게 빨리 이루어진 탓에 그에 맞는 행동규범이나 에티켓을 정립할 시간이 충분히 주어지지 않았다"는 결론을 내렸다.[3]

마시멜로 챌린지

최근 진행된 한 인간역학 연구는 흥미로운 실험을 통해 회의가 생산성을 향상시키지 않는다는 사실을 보여줬다. 마시멜로 테스트에 관해서는 여러 번 들어봤을 것이다. 어린이에게 마시멜로를 하나 주면서 지금 당장 먹지 않고 5분 동안 기다리면 마시멜로를 하나 더 주겠다고 이야기하고 방을 나간다. 이 실험에서 미래에 주어질 더 큰 보상을 위해 자제력을 발휘한 아이는 향후 성공할 확률이 높다는 사실이 밝혀졌다. 하지만 우리가 살펴볼 실험은 마시멜로 테스트가 아닌 마시멜로 챌린지다.

전자수첩 팜파일럿을 디자인한 피터 스킬먼Peter Skillman은 사람들이 팀을 이뤄 문제를 해결하는 방식을 살펴보기 위해 마시멜로 챌린지 실험을 설계했다. 마시멜로 챌린지는 아주 간단하다.[4] 스파게티 면 20가닥, 테이프 1미터, 끈 1미터로 18분 내에 구조물을 만들어 마시멜로를 가장 높이 올리는 팀이 승리하는 게임이다.

말했듯이 단순한 게임이다. 하지만 스킬먼은 그룹에 따라 챌린지에 임하는 방식이 모두 다르며 결과도 크게 차이가 난다는 사실을 알아냈다. 놀랍게도 유치원생으로 구성된 팀이 항상 챌린지에서 가장 좋은 성적을 기록했다. 반면 경영대학원생으로 구성된 팀이 꼴찌였다. 마시멜로 챌린지의 팀장으로 활동했던 심리학자 톰 우젝Tom Wujec은 그 이유가 과제를 대하는 자세에 있다고 말한다. "마시멜로 챌린지가 시작되면 대부분 과제를 분석하기 시작한다. 그리고 구조물을 어떤 모양으로 쌓아야 가장 좋은 결과를 거둘 수 있을지 각자 의견을 내세우며 팀원끼리 얼마간 주도권 다툼을 벌인다. 그렇게 방향이 잡히면 스파게티 구조물 모양을 잡는 데 어느 정도 시간을 보낸다. 그리고 남은 대부분의 시간 동안 구상한 모양대로 구조물을 쌓아 올린다." 아주 익숙한 광경이다. 직장인이라면 이런 회의에 수도 없이 참여해봤을 것이다. "챌린지 종료 시간이 다가오면 마침내 마시멜로를 꺼내 구조물 꼭대기에 조심스럽게 올려놓는다. 짜잔! 결과물에 만족스러워하는 그 순간, 감탄은 탄식으로 바뀐다. 스파게티 구조물이 마시멜로의 무게를 이기지 못하고 무너지는 경우가 굉장히 많기 때문이다."

그렇다면 챌린지에서 우승을 거머쥔 유치원생 팀이 더 높고 기발한 구조물을 만들 수 있었던 이유는 무엇일까? 피터 스킬먼은 이렇게 이야기했다. "유치원생 팀에는 스파게티 주식회사의 대표이사가 되겠다고 나서는 아이가 단 한 명도 없었다. 덕분에 대장놀이를 하느라 귀중한 시간을 낭비하는 불상사가 일어나지 않았다."[5] 어린이들은 대화를 나누는 대신 재료를 주워들고 곧장 행동에 나섰다. 뭘 만들려는지 설명하겠다는 생각조차 않은 채 다양한 방법을 시도했다. 스킬먼은 이를 '프로토타이핑 아이디어'라고 불렀다. 아이들은 챌린지를 시작하고 얼마 안 돼 구름처럼 폭신한 마시멜로가 보기보다 무겁다는 사실을 알아챘다. 이 달콤한 설탕덩어리는 견고하게 쌓아 올린 스파게티 구조물을 아주 쉽게 무너뜨렸다.

반면 경영대학원생으로 구성된 팀은 최선의 결과를 얻을 수 있는 단 하나의 해법을 찾는 데 상당한 시간을 투자했다. 게다가 팀원은 너무도 당연하게 챌린지 우승을 예상하고 팀 내에서 입지를 다지기 위해 에너지를 낭비했다. 팀원 모두가 비상한 머리를 뽐내며 자신이 구상한 방법으로 스파게티 구조물을 만들자고 주장하거나 팀에서 리더를 맡으려고 나섰다. 그렇게 마시멜로 챌린지가 어느새 기 싸움으로 변질됐다. 누가 더 똑똑한지, 누가 어떤 역할을 맡을지가 더 중요해졌다. 회의에서도 이와 비슷한 사태가 벌어진다. 회의 참여자 중에는 진심으로 좋은 해답을 찾고 싶은 사람도 있고, 상대방을 견제하며 자신의 힘을 과시하려는 사람도 있다. 물론 두 마리 토끼를 다 잡으려는 사람도 있다.

예전에 나와 함께 트위터에서 일하던 뛰어난 직원 한 명은 사직서를 내밀고 꿈을 좇아 찾아간 요리 학교에서 현실판 마시멜로 챌린지를 목격했다고 한다. 조지나Georgina는 일류 레스토랑 요리사라는 꿈을 이루기 위해 세계적으로 명성이 자자한 리스 쿠킹 코스Leith's Cooking Course에 등록했다. 요리 학교 학생은 연령대에 따라 크게 세 그룹으로 나뉘었다. 첫 번째 그룹은 막 고등학교를 졸업한 10대 후반, 20대 초반 어린 학생들로 구성되어 있었다. 두 번째는 30대 그룹이었고, 세 번째는 40대와 50대가 주를 이뤘다. 조지나는 나이가 많은 그룹일수록 학습에 시간이 오래 걸린다는 사실을 깨달았다. 배우려는 의지가 부족하거나 학습 능력이 뒤떨어져서가 아니었다. 중장년층 그룹이 요리에 가진 열의와 흥미는 다른 그룹에 전혀 뒤처지지 않았다. 문제는 나이가 들수록 말이 많아지는 데 있었다. 이들은 뭐든지 하나하나 다 따지고 들며 토론을 하려고 했다. 알게 모르게 자신의 사회적 위치를 확립하려는 태도는 배우는 속도를 늦출 수밖에 없었다.

좋은 회의 vs. 나쁜 회의

앞서 로빈 던바의 주장을 빌려 집단을 구성하는 인원이 150명을 넘어가면 조직이 화합을 이루기 힘들다고 말했다. 구성원의 수가 한계치, 즉 '던바의 수'를 초과하면 주변 사람들과 신뢰할 수 있는 관계를 유지하기 위해 전체 활동시간의 42퍼센트를 '사회적 그루밍'에 소비하게 된다. 앞에서 이야기한 이메일과 마찬가지로, 회의 역시 사회적 그루밍에 해당한다. 우리는 직장생활을 하며 복잡하게 얽히고설킨 관계를 관리하기 위해 이메일을 주고받고, 회의에 참석한다. 카스 경영대학원의 안드레 스파이서André Spicer 교수는 직원들이 우호적인 관계를 유지하기 위해서는 이런 사회적 그루밍이 꼭 필요하다고 말했다. "회의는 직장 동료 관계를 온화하게 해주는 효과가 있다. 원숭이가 털 고르기를 하며 서로 등에 있는 이를 잡아주듯 회의는 직장인들이 친분을 쌓기 위해 치르는 의식인 셈이다."[6] 문제는 회의가 사회적 관계를 유지하는 데는 효과적일 수 있으나 굉장히 비생산적이라는 데 있다.

나쁜 회의만큼이나 좋은 회의도 많은데 모든 회의를 시간 낭비로 매도해서는 안 된다고 반박하는 사람도 많다. 회의 옹호론자는 안건을 구체적으로 제시하고 목표 설정을 분명히 함으로써 효율을 높일 수 있다고 주장한다. 그런데 이렇게 주장하는 사람일수록 참석자의 기를 몽땅 빨아먹는 지루한 회의를 주관하는 당사자일 가능성이 매우 높다. 길어지는 회의에 직원의 집중력이 흐트러진다 싶으면 회의 중 전자기기 사용을 금지하는 등 치졸한 제재를 가하기도 한다. 경영대학원 과정에서 배운 이론에 취해 자신이 주관하는 회의는 절대 그렇지 않다고 주장하는 전직 경영컨설턴트를 많이 만나봤지만, 직접 회의에 참석해보니 결국 매한가지였다. 이들이 이끄는 회의 분위기는 하나같이 지나치게 무거웠다.

주관자가 누가 됐든 회의는 업무 진행에 도움이 되지 않는다. 휴머나이즈 대표 벤 웨이버는 회의가 팀워크를 강화하지 않는다는 사실을 강조했다. "의심할 여지가 없었다. 회의실에서 열리는 정식 회의든, 자리에 둘러앉아 간단하게 의견을 나누는 약식 회의든 팀워크를 다지는 데는 아무런 효과가 없다." 또한 8장에 잠깐 등장해 업무 생산성을 향상시키는 방법에 관해 귀중한 조언을 남긴 레슬리 펄로 교수는 직장인 대부분이 회의를 생산적인 업무 환경을 누리기 위해 어쩔 수 없이 납부해야 하는 '문화적 세금'으로 생각한다고 이야기했다. 펄로 교수는 "직원이 자신에게 주어진 소중한 시간을 희생해 회의에 참석한다"며 "경영 방침에 가장 좋다고 생각하는 방향을 따를 뿐"이라고 주장했다.[7] 필로 교수가 제시한 의견은 오늘날 직장에서 회의가 어떤 역할을 하는지 완벽하게 설명한다. 문제는 시간이 갈수록 기업이 직원에게 더 높은 창의력을 요구한다는 데 있다. 그리고 창의적 사고에 '의무'를 부여해서는 원하는 결과를 얻기 힘들다.

회의가 대부분 오전에 진행된다는 점 역시 큰 문제다. 생산성과 창의력은 오전에 가장 높게 나타난다. 그런데도 일하기 가장 좋은 시간을 회의에 양보하고 하는 수 없이 점심시간에 업무를 처리하거나 그래도 안 되면 남은 일을 집으로 가져가는 경우가 많다. 여러분도 일과 중 계속되는 회의로 인해 퇴근길에 중요한 업무통화를 처리하거나 식탁 위에 노트북을 펼쳐놓고 구부정하게 앉아 전략보고서를 작성해본 적이 있을 것이다. 또한 일에 제대로 집중할 수 있는 시간이 이른 아침뿐이라 출근시간을 앞당긴 적이 있다면 상황이 얼마나 심각한지는 이미 잘 알고 있을 것이다. 어쩌면 여러분이 이런 업무 환경을 조성하는 데 동조했을 수도 있다.

우리는 회의실에 억지로 엉덩이를 붙이고 앉아 몇십 분씩 업무와 전혀 관련 없는 발표를 듣는 데 익숙해져 있다. 한 번쯤은 상대방에 대한 호의로 관심 없는 내용을 들어줄 수도 있겠지만, 매주 반복해야 한다면 고역이 아닐 수 없다. 배려심이 넘치는 사람도 지루함을 참지 못하고 슬쩍 휴대전화를 꺼내 메시지를 확인하곤 한다. 행동에는 전염성이 있다. 높은 사람일수록 더 큰 영향을 미치기에, 상사가 회의 중에 휴대전화나 노트북으로 다른 업무를 본다면 부하직원이 같은 행동을 할 확률은 2.2배 높아진다.[8] 하지만 앞에서 이야기했듯 멀티태스킹에 능한 사람은 거의 없는 데다, 긍정적인 여론과 달리 멀티태스킹은 생산성을 오히려 저하시킨다. 그러니 이렇게 묻고 싶다. 다들 휴대전화만 보고 앉아 있을 거라면 회의가 무슨 소용인가?

회의는 참석자 수가 적을수록, 진행시간이 짧을수록 좋다. 훌륭한 회의의 목표는 최소 인원으로 최대한 신속히 결정을 내리고, 회의에서 오고간 내용을 다른 직원과 공유하는 데 있다. '철저한 투명성'을 추구하는 헤지펀드 운용사 브리지워터 어소시에이츠는 회의에 참여하지 않은 사람이라도 원한다면 언제든 회의 내용을 열람할 수 있도록 모든 내용을 기록한다. 또한 회의는 밀도 높게 이루어진다. 한 논문은 이런 결론을 내렸다. "문제해결 및 활동 계획 등 분명한 목적을 가지고 소통하는 팀은 상당히 높은 회의 만족도를 보였다."[9] 이렇듯 진행 방향을 명확히 설정하면 회의의 질을 높일 수 있다.

우리가 당장 실행에 옮길 수 있는 가장 좋은 방법은 회의시간을 절반으로 줄이는 것이다. 이를 위해 우리는 전체 회의시간 중 양질의 토론이 오가는 시간이 길지 않으며 상당 부분이 보여주기 식으로 진행된다는 사실을 끊임없이 상기해야 한다. 회의는 비생산적인 사회적 그루밍 활동이다. 30분에서 1시간까지 지겹게 늘어지던 회의시간을 줄이면 짧은 시간 안에 안건을 모두 논의해야 한다는 긴박감을 느껴 집중력이 향상된다.

　정기 회의나 팀 회식 날짜를 미리 잡아놓고, 논의할 사항이 없으면 취소하는 것도 한 방법이다. 날짜를 확정하는 이유는 팀원 전체가 참석할 수 있도록 시간을 비워두라는 의미다. 유독 바쁘고 힘든 주에 회의가 취소되면 그것만으로 기분이 조금 나아질 것이다.

　영국의 한 공기업은 회의에 민주적 절차를 도입하겠다고 이야기했다. 즉 주간회의를 열 만큼 안건이 많은지 고려하고 직원이 직접 투표를 통해 회의 개최 여부를 정하겠다는 아이디어였다. 이 회사는 직원이 회의에 붙잡혀 있는 시간을 주당 5시간 이내로 줄이겠다는 목표를 설정했다.

　물론 상사가 회의시간을 줄이자는 제안에 탐탁지 않은 반응을 보이면 우리가 실질적으로 할 수 있는 일은 거의 없다. 게다가 상사와 업무 생산성을 높일 방법을 주제로 진지하게 대화를 나눌 기회도 많지 않다. 하지만 한번 말을 꺼내볼 만한 이유는 충분하다. 주장을 뒷받침하는 근거를 제시하며 회의시간 단축이 어떤 긍정적인 결과를 가져올 수 있는지 이야기해보자. 개인적인 경험으로는 논의가 진행되기 시작하면 그럴듯한 진전이 이루어지는 경우가 많았다. 뒤에서 자세히 다루겠지만, 회의에 파워포인트 사용을 금지하면 회의시간 단축과 비슷한 결과를 얻을 수도 있다. 안건을 보기 좋게 정리해둔 자료가 없으면 더 빨리 요점을 꺼내는 경향이 있기 때문이다.

도전하지 않으면 회의만이 남을 뿐이다. 대담해져라. 여러분의 근무 환경을 바꾸는 데 앞장서라.

16

마음을 움직이는
사교 활동을 만들어라

포털 회사들이 재택근무를 금지한 까닭

방금 회의에 들이는 시간을 절반으로 줄이라고 해놓고선 사교 활동에 시간을 투자하라니, 앞뒤가 안 맞는다고 생각할 수도 있겠다. 하지만 일상 속에 이루어지는 사교 활동은 팀원끼리 친목을 다지고 공감을 쌓는 데 꼭 필요하다.

많은 직장인이 보고서 작성이나 이메일 발신, 프레젠테이션 준비는 아주 중요하게 생각하면서 동료와 함께하는 티타임은 시간 낭비라고 여긴다. 업무를 보느라 바쁘게 사무실을 돌아다니다가 한가롭게 수다를 떠는 직원을 보면 '회사에 놀러왔나' 싶어 못마땅한 마음이 든다. 하지만 벤 웨이버는 이런 생각이 잘못됐다고 꼬집었다. 소시오메트릭 배지에 수집된 데이터를 분석해본 결과, 직장 동료와 나누는 가벼운 대화는 업무 생산성 향상에 상당히 직접적인 영향을 미쳤다. 웨이버는 이렇게 말했다. "우리가 조직에 속해 있는 이유는 혼자서는 하지 못할 일을 함께 해결하기 위해서다. 그리고 이를 위해서는 조직 구성원 간 화합이 매우 중요하다. 화합이 잘 되면 일을 여러 번 다시 할 필요가 없어진다." 직원끼리 일상적인 대화를 나누지 못한다면 애초에 여러 사람이 한 장소에 모여 함께 일할 이유가 없다.

웨이버는 서로 얼굴을 마주보고 나누는 대화가 업무 효율을 높이는 데 매우 큰 도움이 된다고 주장하며 소프트웨어 개발자 사례를 근거로 제시했다. 다른 직원과 마주칠 기회 없이 분리된 공간에서 혼자 일하는 개발자는 동료와 주기적으로 교류하는 개발자보다 업무처리 속도가 느리고 결과물의 질도 떨어졌다. 웨이버는 "코드 작성은 유기적으로 이루어져야 한다"며 "개발자끼리 소통이 되지 않으면 버그가 생기기 마련"이라고 이야기했다. 더 나아가 그는 거의 수십 년에 달하는 방대한 연구 자료를 분석해 개발자 간 의사소통 부재가 성과에 미치는 부정적인 영향을 수치로 제시하기도 했다. 웨이버는 이렇게 결론 내렸다. "두 사람이 서로 연관 있는 코드를 개발하면서 전혀 대화를 나누지 않으면 코드를 완성하는 데 걸리는 시간이 32퍼센트 늘어난다."[1]

몇 년 전, 포털업체 야후는 재택근무를 금지했다. 다른 포털사이트 회사가 모두 재택근무를 금지하고 있었기에 대세를 따르기로 한 것이다. 웨이버는 야후가 올바른 결정을 내리기는 했으나, 이유가 잘못됐다고 지적했다. 재택근무가 바람직하지 않은 진짜 이유는 직원이 뿔뿔이 흩어져서 일할 경우 팀원끼리 소통이 줄어들기 때문이다. 사무실에서 함께 일할 때 한 주 평균 38회에 이르던 대화 횟수가 각자 집에서 업무를 처리하자 7.8회로 현저히 감소했다. 그리고 교류가 뜸해질수록 상황은 악화됐다. 일처리가 느려지고, 업무의 질은 떨어졌으며, 비용은 증가했다.

미리 계획한 회의가 아닌 일상 속에서 자연스럽게 이루어지는 소통은 기업이 원활하게 돌아갈 수 있도록 윤활유를 뿌려주는 역할을 한다. 그리고 공감은 이런 부드러운 분위기 속에서 일어난다. 그렇다면 일상적 대화가 이어지도록 만드는 가장 좋은 방법은 무엇일까?

편안한 분위기의 친목 활동을 기획하라

마거릿 헤퍼넌Margaret Heffernan이 이 질문에 해답을 제시했다. 조직문화 전문 강연자로 진로를 바꾸기 전, 헤퍼넌은 5개 기업에서 최고경영자로 일하며 리더십을 입증했다. 한번은 영국에서 미국 보스턴으로 직장을 옮기게 됐는데, 이직한 회사의 직원들이 동료와 교류하는 방식이 대서양 건너편과 완전히 달라 적응하기가 쉽지 않았다. 헤퍼넌은 이렇게 말했다. "처음에는 다들 예상할 만한 일을 했다. 똑똑하고 능력 있는 사람들을 고용해 이런저런 복잡한 업무를 맡겼다. 다들 꼬박꼬박 제시간에 출근해 근무시간 내내 성실하게 일하고 일이 끝나면 퇴근했다. 그런데 '왠지' 뭔가 잘못된 것 같았다. 유쾌한 웅성거림이 없었다고 할까, 아무튼 영국에 있을 때와는 확실히 분위기가 달랐다. 나는 한참 동안 어느 부분이 잘못됐는지 찾아내려고 애썼다. '도대체 뭐가 문제지?'라는 생각을 떨쳐버릴 수 없었다. 다들 지나치게 딱딱하고 의무적으로 서로를 대했다." 머리를 싸매고 고민하던 중, 헤퍼넌은 한 가지 가능성을 발견했다. "매번 그런 건 아니지만, 런던에서는 끔찍한 러시아워가 끝나길 기다리며 직원들끼리 퇴근 후에 저녁을 먹거나 술을 한잔하며 하루를 마무리하곤 했다. 특히 금요일 저녁에는 그냥 집에 가는 일이 없었다."

마침내 차이점을 발견한 헤퍼넌은 아주 간단한 해결책으로 매주 친목을 도모하는 시간을 마련했다. 매주 금요일 4시 30분이면 다들 하던 일을 멈추고 한 자리에 모였다. 그리고 서너 명씩 순서를 정해 자신이 어떤 사람이고, 어떤 일을 하는지 소개하도록 했다. 처음에는 말 그대로 '어색함의 극치'였다. 하지만 '즐거운 한 주의 마무리'는 계속됐다. 별다른 방법이 생각나지 않았기 때문이다. 다행히 어색함과 당혹스러움은 곧 사그라졌다. 직원들은 편안히 앉아 자연스럽게 대화를 나누며 유대감을 형성했다. 다들 사교 활동이 '엄청난 변화를 가지고 왔다'며 긍정적인 반응을 보였다. 헤퍼넌은 말했다. "어떤 조직이 됐든, 우리는 단체생활을 통해 혼자서는 해내기 힘든 수많은 일을 성취할 수 있다. 하지만 여기에는 구성원이 서로에게 충실해야 한다는 전제조건이 있다. 즉 서로에게 호감과 신뢰를 가져야 한다."[2] 공감은 앞서 말했던 '소속감'의 발전된 형태라는 사실을 다시 한 번 일깨워주는 말이다.

흥미롭게도, 이런 사교모임이 자연스럽게 생겨나는 회사가 많다. 내가 근무하는 트위터 유럽 지사 런던 사무실에서는 매주 금요일 오후마다 '티타임'을 갖는다. 티타임으로 어떤 효과를 얻었는지 묻는다면, 글쎄, 딱 꼬집어 설명하기는 어렵다. 하지만 한 가지만은 분명하다. 티타임은 사무실에 활기를 불어넣는다. 200명이 한데 모여 앉아 있으면, 어느새 누군가 쭈뼛대며 앞으로 나와 자신이 하는 일을 설명한다. 자리에서 일어나 새롭게 진행하고 있는 프로젝트 내용을 간단하게 알리는 직원도 있다. 보통은 말주변 좋기로 소문난 이야기꾼이 지난 한 주 동안 트위터에서 일어난 일을 공유하며 자리가 마무리된다. 가끔은 웃음이 터져 나오기도 하고, 눈물을 흘리기도 하고, 교훈을 얻기도 한다. 한마디로 티타임은 음식을 곁들여 소소한 대화를 나누는 간단한 친목 도모 활동이다.

트위터 창업자 비즈 스톤Biz Stone은 티타임이 시작된 계기를 이렇게 설명했다. "구글이 그렇게 한다기에 따라 했다. 매주 금요일 오후에 모여 이번 주에 어떤 일이 있었는지, 뭐가 잘못됐는지 함께 고민하는 시간을 갖는다는 소식을 들었다. 그 자리에서는 회사에 관련된 내용이든, 아니면 어디서 전해 들었든 감동적이거나 흥미롭거나 뭐든지 공유하고 싶은 이야기가 있으면 아무나 자유롭게 말을 꺼낼 수 있다고 했다. 그래서 우리도 하기로 했다. 공동 창업자인 잭 도시Jack Dorsey도 좋은 생각이라며 이렇게 응수했다. '재밌겠네. 영국 티타임인 4시 5분에 맞추면 되겠다. 내가 차를 내올게.' 도시는 냉장고를 맥주로 가득 채웠다. 다들 맥주를 마시느라 차는 쳐다보지도 않더라."

티타임 도입은 일사천리로 진행됐다. 스톤은 그저 트위터 직원이 모두 한 팀에 속해 있다는 느낌을 주고 싶었다고 이야기했다. "먼저 한 주를 되돌아보는 시간을 가졌다. 그리고 평소라면 서로 부딪칠 일이 전혀 없던 영업팀 직원과 대화를 나눴다. 무엇보다 다들 즐길 수 있는 분위기가 중요하다. 직원이 임원진을 놀리면서 웃기도 한다. '세상에, 잭 도시잖아. 눈 마주치지 마. 송구해서 도저히 옆에 못 앉아 있겠네.' 이런 식으로 농담을 한다. 나도 내내 잭을 괴롭히는데, 잭이 아주 좋아 죽는다."

그렇다면 마거릿 헤퍼넌이 이야기한 퇴근 후 술 한잔은 어떨까? 이 역시 티타임과 마찬가지로 아주 훌륭한 사교 활동이다. 긴장을 완전히 풀고 술을 마시면 기분이 몹시 좋아진다. 게다가 고단한 한 주 끝에 직장 동료와 수다를 떨며 스트레스를 확 날려버릴 수도 있다.

하지만 퇴근 후 회식은 문제가 되기도 한다. 2016년 영국 노동당 당수 제레미 코빈Jeremy Corbyn은 한 인터뷰에서 회식은 일하는 엄마에게 불공평한 처사라는 의견을 밝혔다. "회식은 퇴근 후 바로 집에 가지 않아도 되는 남성들에게 유리한 활동으로, 돌봐야 할 아이가 있는 여성 근로자는 회식으로 차별을 받는다."[3] 육아와 집안일을 공평하게 해야 한다는 인식이 확산되긴 했지만, 여전히 완벽한 평등은 이루어지지 않고 있다. 실제로 영국에서 실시된 설문조사 자료에 따르면 통근시간이 길어질수록 행복도가 낮아지는데, 이런 현상은 특히 여성에게서 더 두드러지게 나타난다. 이유가 무엇일까?

런던은 유럽에서 통근시간이 가장 긴 도시로 꼽힌다. 퇴근에 평균 75분이 걸리는데, 여성 직장인은 험난한 퇴근길에서 벗어나면 다시 산더미같이 쌓인 집안일을 처리해야 한다.[4] 퇴근 후 동료와 술집에 가서 유대를 쌓는 활동 자체는 좋다. 하지만 약속을 잡을 때 다른 사람의 사생활과 우선순위를 존중해야 한다는 사실을 잊어서는 안 된다.

바삭바삭 목요일에서 피자 파티까지

이런저런 조건을 고려했을 때, 근무시간에 사무실에서 이루어지는 사교 활동이 가장 바람직하다. 하지만 술 한잔이 사람 사이의 벽을 허물어주듯, 회사에서도 분위기를 풀어주는 매개가 필요한데, 아무래도 음식이 가장 좋은 듯하다. 신생 광고회사 영앤루비컴 대표 클라우디아 월리스Claudia Wallace는 매주 '바삭바삭 목요일' 행사를 주최한다.[5] 바삭바삭 목요일은 고객응대 담당 직원이 내놓은 아이디어가 차츰 발전해 정기적 행사로 완전히 자리 잡았는데, 영앤루비컴에서 나온 아이디어 중 최고인 것 같다. 월리스는 바삭바삭 목요일이란 행사에 대해 이렇게 설명했다. "고객응대를 담당하고 있는 질리언이 매주 목요일 4시 25분에 전 직원에게 '일주일 중 가장 즐거운 시간, 바삭바삭 목요일이 시작되었습니다'라는 이메일을 보낸다. 그러면 다들 사무실 중앙에 마련된 기다란 테이블에 모여 바삭바삭한 과자를 먹으며 이야기를 나눈다. 와인과 맥주도 실컷 마실 수 있다." 또한 바삭바삭 목요일의 전통을 지키면서 재미를 더하기 위해 매주 다른 테마를 적용한다. "몇 주 전 바삭바삭 목요일의 테마는 프링글스였는데, 질리언이 프링글스 통 모양 옷을 입고 나타나서 실컷 웃었다."

월리스는 "목요일 4시 30분은 딱 좋은 시간이다. 주말이 얼마 안 남았을 뿐 아니라, 몇 시간 후면 퇴근이니 다들 느긋하게 휴식을 즐길 수 있기 때문"이라고 말했다. 사실 바삭바삭 목요일은 단지 과자를 먹으며 수다를 떠는 시간 이상의 의미를 지닌다. 길어봐야 1시간 30분이 채 안 되는 이 행사는 자연스러운 대화를 이끌어내기에 가장 이상적인 환경을 조성한다. "광고회사에서는 모든 직원이 한 자리에 모이는 활동이 꼭 필요하다. 회의에서 미처 꺼내지 못한 말이 있으면 한 주 내내 기다렸다가 대화를 나누기도 한다. 어쨌든 바삭바삭 목요일 행사에는 다들 참여할 테니 굳이 따로 자리를 마련할 필요가 없다. 업무 관련 이야기를 나눌 때도 있고, 일 얘기를 전혀 하지 않을 때도 있다." 월리스가 하는 말을 들으니 애플 공동창업자 스티브 워즈니악Steve Wozniak이 휴렛 패커드에 근무하던 사회 초년생 시절을 떠올리며 회고록에 남긴 글이 생각난다.[6] 워즈니악은 매일 오전 10시와 오후 2시에 케이크 와 커피를 잔뜩 싣고 사무실을 돌아다니던 디저트 수레 덕분에 직장생활이 무척 재미있었다고 했다. 직원들은 간식을 먹으며 의 견을 나누거나 아이디어를 공유했다.

꼭 케이크나 바삭바삭한 과자가 아니라도 상관없다. BBC 라디 오 국장이었던 앤디 풀스턴Andy Puleston은 "한 달에 한 번, 피자 파 티가 열리는 날에는 설레서 심장이 쿵쿵 뛰었다"며 행복한 미소 를 지었다. 회계 담당 직원이 신문지를 보도실에 깔아놓고 피자 와 음료수를 잔뜩 사들고 왔다. 그러면 "도저히 다 들어올 수 없 을 것 같던 인원이 비좁은 보도실을 가득 채웠다." 풀스턴은 공간 이 좁았던 덕에 오히려 '우리는 한 팀'이라는 특별한 느낌을 받았 다고 이야기했다. 놀라운 효과였다. "피자 파티에서는 직원이 가 족같이 느껴졌다. 작은 방 한 칸에 다닥다닥 붙어 있자니 광활한 회의실에서 마주할 때와 달리 서로가 굉장히 가까워진 듯했다. 이때 파티에 연회장 크기가 굉장히 중요하다는 사실을 깨달았다. 넓은 공간에서 여유를 만끽하기보다 좁은 공간에서 여럿이 북적 일 때 훨씬 더 재미있는 시간을 보낼 수 있으니, 혹시라도 다음에 파티를 열 일이 있으면 참고하길 바란다."[7]

물론 피자 파티는 단순히 좁은 공간에서 웃고 떠들며 즐기는 맛있는 식사 이상이었다. 풀스턴은 "피자 파티는 공감을 이끌어 냈다. 공감은 지식의 공유를 이끌어낸다는 점에서 어떤 문화에나 꼭 필요한 요소다. 또한 피자 파티를 시작한 목적이었던 정서적인 교류 역시 몹시 활발하게 이루어졌다." 음식이 도움이 됐냐는 질문에는 이렇게 답했다. "음식은 사람을 한데 모으는 역할을 한다. 하지만 일단 다들 모인 후에는 무엇보다 어떤 대화를 나누는지가 가장 중요하다." 당시 BBC 라디오 방송국에서 실시한 직원 만족도 결과로도 피자 파티의 효과를 확인할 수 있다.

알렉스 펜틀랜드 교수는 이렇게 친목을 다지는 시간이 어떤 영향을 미치는지 알아봤다. "사교 활동은 성과 개선에 상당한 효과를 보였으며, 이를 통해 의사소통 방식을 50퍼센트 이상 개선한 회사도 있다." 펜틀랜드 교수의 연구 결과는 '사회적 유대 형성은 직장생활에 매우 중요하다'는 헤퍼넌의 주장을 뒷받침한다. 헤퍼넌은 함께 일하는 직원들이 좋은 사이를 유지하길 원한다면 업무와 관계없이 편안한 자리를 마련해 서로 이해하고 생각과 아이디어를 나누도록 유도해야 한다며 이렇게 말했다. "다양한 창의력과 재능이 한데 어우러질 때 마침내 진정한 협력이 이루어진다고 믿는다면, 진심으로 서로를 위하는 마음이 생기도록 환경을 조성해줘야 한다. 그리고 내가 필요로 할 때 동료가 선뜻 나서서 도와줄 것이라는 믿음이 있어야 비로소 서로를 진심으로 대하게 될 것이다."[8]

지금 당장 프링글스 다섯 통을 사들고 사무실로 돌아가 파티를 열어보자.

to-do list

☑ 부정적인 의견은 일단 무시하고 사교 활동을 주선해보라.

☑ BBC 라디오에서 피자 파티를 열었던 것처럼 회사의 규칙을 준수하는 선에서 사교 활동을 진행하라. 여러분이 다니는 회사가 사내 음주를 금지하고 있다면 회의실에서 쿠키를 곁들인 티타임을 가져보라.

☑ 사교 활동을 곱지 않은 시선으로 보는 사람에게 연구 결과를 근거로 제시해 공감의 중요성을 일깨워줘라.

☑ 사교 활동에 재미있고 독특한 요소를 더해 직원의 관심을 끌자.

17

웃음 장벽을
낮춰라

전투 조종사가 농담을 중단하지 않는 이유

주변에 통 웃지 않는 사람이 있는가? 어릴 때는 낙엽만 굴러가
도 깔깔 웃음이 터졌는데, 나이가 들수록 점점 웃음을 잃게 되는
이유는 무엇일까? 그렇게 웃음 많던 아이는 어떻게 웃지 못하는
어른으로 자랐을까? 환한 미소로 반짝이던 얼굴이 고된 세상살
이에 딱딱하게 굳어간다니, 참 안타깝고 비극적인 일이다.

웃는 얼굴을 보면 절로 기분이 좋아진다. 그리고 유머는 고난
을 이겨내고 역경을 헤쳐 나갈 수 있는 강력한 힘을 불어넣는다.
저명한 작가 로렌스 곤잘레스Laurence Gonzales와 앨 시버트Al Siebert는

웃음이 긍정적인 사고방식을 이끌어내고 회복력을 강화한다고 주장했다. 실제로 정신적 외상을 초래할 만큼 어려운 상황 속에서도 유머를 잃지 않는 사람이 스트레스와 불안을 호소하는 사람보다 위기 상황에 훨씬 잘 대처했음을 보여주는 사례가 많다.

비행기가 추락해 승객이 정글에 고립되는 끔찍한 사고가 일어났다. 놀랍게도 몇 명이 탈출에 성공했고, 다들 생존자가 냉철함을 유지했기에 위기를 벗어날 수 있었을 것이라 생각했다. 하지만 이들은 목숨을 잃을지도 모르는 절망적인 상황에도 가끔씩 이상하리만치 즐거웠다고 진술했다. 도저히 희망을 찾을 수 없었음에도 불구하고 문득문득 유쾌함을 느꼈다는 것이다. 마찬가지로 굉장히 위험하고 스트레스를 많이 받는 일을 할 때도 유머감각을 잃지 말아야 한다. 곤잘레스는 생존심리를 연구하며 전시에 적진을 순찰하는 전투기 조종사가 농담을 중단하지 않는 이유를 이렇게 설명했다. "언제 죽음이 덮쳐올지 모르는 절체절명의 위험 속에서 재미있고 경이롭고 영감을 주는 무언가를 찾지 못한다면 이미 그 순간부터 상처를 입게 된다."[1]

육군 야전병원에는 웃음이 끊이지 않는다고 한다. '웃지 않으면 도저히 버틸 수 없기 때문이다.'[2] 케임브리지 대학 저지 경영대학원의 마크 드 롱드Mark de Rond 교수는 아프가니스탄 배스티언 기지에 마련된 야전병원에 6주 동안 입원한 적이 있는데, 병원에 실려 온 부상병 수가 첫 주에만 174명이었으며 병원에 도착하기 전 목숨을 잃은 병사도 6명이나 됐다고 안타까움을 감추지 못했다.

하지만 이 모든 악조건에도 불구하고 병사들은 항상 웃고 있었다. 이들의 웃음은 거의 강박에 가까워 보였다.[3] 《생존력The Survivor Personality》에서 앨 시버트는 생존 본능을 지닌 사람은 "위협을 놀이로 승화해 웃어넘길 줄 안다. 그리고 이런 태도는 주변에서 벌어지는 일을 담담히 받아들이는 데 큰 도움이 된다"고 이야기했다.[4] 또한 로렌스 곤잘레스는 전시상황 속 유머는 긴장을 완화하는 '감정적 대응'으로, 생존자가 공포로 인한 심리적 마비 상태에서 벗어나 건설적인 사고를 할 수 있게 도와준다고 설명했다.

물론 평범한 사무실이 살벌한 전쟁터와 같을 수는 없다. 하지만 전시상황만큼이나 일상적인 직장생활에도 유머가 필요하다. 수많은 연구 결과가 웃음이 우리 생각보다 훨씬 중요한 역할을 한다는 주장을 뒷받침한다. 웃음의 다양하고 복잡한 작용을 간단하게 요약하자면, '유머는 공감을 이끌어낸다'는 것이다.

사회적 유대감으로서의 웃음

심리학자 로버트 프로바인Robert Provine 교수는 인간이 공감대를 형성하는 데 웃음이 어떤 작용을 하는지에 큰 관심을 가졌고, 연구를 통해 직장생활과 조직문화에 깊은 통찰을 제공했을 뿐 아니라 인류의 큰 즐거움 중 하나를 밝혀냈다.[5] 프로바인 교수는 먼저 피험자를 모집해 3명씩 한 조로 묶어 연구실에서 코미디 영화를 시청하도록 했다. 이 실험으로 웃음의 효과를 알아볼 수 있을 것이라 생각했으나, 당혹스럽게도 영화를 보고 웃는 사람은 단 한 명도 없었다. 실험은 실패로 끝났으나 중요한 사실 하나를 확인할 수 있었다. 아무리 웃긴 영화라도 어색한 분위기에서는 웃음이 나지 않는다는 점이다. 프로바인 교수는 영화를 끄고 코트를 걸친 후 밖으로 나가 쇼핑몰, 사무실, 대학교를 무작정 돌아다니며 대화를 엿들었다. 그리고 누군가 웃음을 터뜨리면 그들의 행동과 대화를 기록했다. 수상한 인물로 오해받을 수도 있는 위험한 행동이었으나 다행히 경찰에 신고가 들어가지는 않았던 모양이다.

웃음 사냥꾼을 자청한 프로바인 교수는 마침내 한 가지 결론을 내렸다. "시각적으로나 청각적으로나 웃음은 인간의 노래와 마찬가지라 할 수 있다."[6] 새가 주거니 받거니 지저귀고, 개 한 마리가 짖으면 온 동네 개가 화답하듯 짖고, 늑대가 무리를 지어 울부짖는 것과 같이 인간은 유대감을 다지고 공감대를 형성하기 위해 함께 웃는다. 프로바인 교수는 "웃음은 인간이 사회적 신호를 보내는 대표적인 방법"이라며 "우리는 웃음으로 관계를 나타낸다. (…) 수많은 사람 속에서 정신없이 깔깔대며 웃은 경험을 떠올려 보라. 인생 최고의 순간이라 할 수 있을 만큼 즐거운 경험이었을 것이다. 하지만 동물이 무리지어 내는 울음소리와 사람이 동시다발적으로 내는 소리에는 분명히 차이가 있다"고 이야기했다.[7]

'동시다발적으로 내는 소리'라는 표현을 웃음과 연관 짓기는 쉽지 않다. 우리는 관객의 폭소가 코미디언의 우스운 연기에 대한 반응이라고 생각한다. 즉 관객이 모두 함께 왁자지껄하게 웃는 이유는 코미디언의 대사가 도저히 웃지 않고는 못 배길 만큼 재미있기 때문이라고 생각한다. 하지만 프로바인 교수가 제시하는 의견은 다르다. 사람이 꼭 재미있는 농담에만 웃는 것은 아니며, 사회적 유대와 조화를 표현하는 수단으로 웃음을 활용할 때도 많다.

프로바인 교수는 직장인이 사무실에서 웃음을 터뜨리는 수많은 상황을 관찰하고 기록했다. 그리고 특별히 웃긴 상황이나 농담이 아닌 다음과 같은 지극히 평범한 대화가 웃음을 유발한다는 사실을 발견했다.

"다음에 또 만나요."
"이 정도는 할 수 있어요."
"다 했어요."
"괜찮을 거라고 했잖아요."
"잘하셨네요."
"정말 좋을 것 같아요."

직장생활에서 웃음은 대단한 유머에 반응한 감정이 아니었다. 누군가를 비꼬거나 놀리려는 의도는 더욱이 아니었다. 사무실에서 웃음이란 온기를 나누고, 분위기를 띄우고, 친밀한 관계를 맺기 위한 수단이었다. 동물의 세계에서도 이런 행동이 관찰된다. 숲속에서 새들이 지저귀며 서로를 부르듯, 우리는 웃음을 공유하며 가까워진다. 다들 한 번쯤은 무리에 속하고 싶은 욕구 때문에 억지로 웃은 적이 있을 것이다.

이런 견해에 의심이 든다면 오늘 저녁 혼자서 넷플릭스 코미디 프로그램을 시청하며 실험해보길 바란다. 웃음을 터뜨리기 위해서는 유머 외에 다른 요소가 필요하다. 우리는 다른 사람과 함께할 때보다 혼자 있을 때 훨씬 덜 웃는데, 타인과 공감할 필요가 없기 때문이다. 프로바인 교수는 "우리는 웃음이 건강이나 기분에 미치는 영향보다 타인과 교류에 미치는 영향이 훨씬 크다는 사실을 간과하곤 한다"며 다시 한 번 웃음의 사회적 효과를 강조했다. 2부 인트로에서 브라이언 이노와 함께 버스에 탑승한 두 여자가 〈코로네이션 스트리트〉를 주제로 피운 이야기꽃이 공감을 불러일으켰듯, 웃음도 동일한 역할을 한다. 우리는 웃음으로 동의를 표현하며 공감대를 형성한다.

또한 웃음은 안전과 안정을 나타내기도 한다. 앞에서도 간단히 소개했지만, 인간 외에도 다양한 포유류가 웃음과 비슷한 감정적 행동을 보인다는 연구 결과가 있다. 유니버시티 칼리지 런던의 소피 스콧 교수는 동물실험을 사례로 들며 아주 작은 부정적 자극만으로도 웃음을 멈출 수 있다고 이야기했다. "쥐들은 불안을 느끼자 웃음을 멈췄다. 이는 인간도 마찬가지다." 반면, 웃음은 편안함과 안전함을 느끼고 있으며 방어기제를 내려놨음을 의미한다. 스콧 교수는 "누군가 웃고 있다면 이는 그 사람이 안정적인 상태에 놓여 있다는 신호이자 그 사람이 속한 단체가 잘 운영되고 있다는 표시"라고 설명했다.[8]

강아지가 앞발을 쭉 뻗으면서 요가에서 말하는 엎드린 개 자세를 취하면 놀이를 하고 있다는 뜻이다. 이때 강아지는 몸짓으로 '나는 지금 진짜로 사냥을 하거나 싸우려는 게 아니에요'라고 말하는 셈이다. 마찬가지로 웃음은 인간의 몸짓 언어다. 스콧 교수는 웃음이 '안전지대'를 나타내며, "함께 웃을 수 있는 조직일수록 화합이 잘 이루어진다"고 주장했다. 또한 유머와 스트레스의 상관관계를 언급하기도 했다. "의사나 경찰, 간호사 등 스트레스가 심한 직군에서는 일을 농담거리로 삼는다는 논문이 있다. 이런 종류의 유머는 해당 직군에 종사하는 사람이 아니면 이해하기 어렵다. 조직에 속하지 않은 외부인이 보기에는 부적절한 농담일 수 있으나, 정작 당사자는 기분 좋게 웃어넘긴다. 이들에게 웃음은 심각한 분위기를 완화하고 스트레스를 덜기 위한 수단이기 때문이다."

웃음의 강력한 힘

누군가 전혀 웃음을 보이지 않는다면, 이는 뭔가 문제가 있다는 뜻이다. 주변을 경계한다거나, 타인을 신뢰하지 않는다거나, 긴장을 늦출 수 없다거나, 이유는 다양하다. 미국 대통령 트럼프에게 해임된 제임스 코미James Comey 전 연방수사국 국장은 대통령이 웃는 모습을 단 한 번도 본 적이 없다고 증언했다. 유튜브에서도 트럼프 대통령이 긴장을 풀고 자연스럽게 웃는 영상을 찾을 수 없다. 코미 전 국장은 리더의 웃음이 약점을 숨기지 않으려는 개방적인 태도를 의미한다고 이야기했다. "뛰어난 리더는 모순되는 덕목을 모두 갖고 있다. 이들은 자신만만한 동시에 겸손하다."⁹ 반면 스스로에게 믿음이 부족한 사람은 "주변 사람의 성취에 기뻐하지 않는다. 유머는 자신감과 겸손이 균형을 이루었다는 표시다. 하지만 마음이 불안정한 사람은 쉽게 웃지 못한다. (…) 자신감이 부족한 리더는 유머러스한 상황을 달갑지 않게 여긴다. 상대방이 기발한 농담을 했을 때 이를 인정하고 기꺼이 웃어줘야 한다는 사실 자체를 받아들이지 않기 때문이다." 코미는 미국의 전 대통령인 부시와 오바마는 중요한 회담 자리에서 유머를 발휘해 긴장을 누그러뜨리고 '진실에 다가갔다'고 회상했다.

웃음이 가지는 힘은 이뿐만이 아니다. 우리는 수많은 사례를 통해 웃음이 긴장을 완화하고 창의적인 사고를 유도한다는 사실을 확인할 수 있다. 노벨 경제학상 수상자인 대니얼 카너먼은 아모스 트버스키Amos Tversky와 함께 인간의 의사결정 과정을 주제로 획기적이고 혁신적인 연구 결과를 발표해 학계에 한 차례 반향을 일으켰다. 그리고 2017년, 연구를 성공으로 이끈 비결이 무엇이었냐는 질문에 카너먼은 별로 특별할 건 없었지만 연구 과정이 무척 즐거웠다고 대답했다. 많이 웃을수록 창의적인 생각이 잘 떠올랐다고 덧붙이기도 했다. 카너먼은 "아모스는 항상 유쾌했다. 같이 있으면 나까지 유쾌해지는 기분이었다. 연구를 하는 내내 웃음이 멈추지 않았다"고 회상했다.[10]

이렇듯, 웃고 떠드는 시간은 아무런 의미 없이 낭비되지 않는다. 웃음은 창의력을 자극해 보다 자유롭게 신선한 아이디어를 떠올리는 데 도움이 된다. 드렉셀 대학 존 코이너스John Kounios 교수와 노스웨스턴 대학 마크 비먼Mark Beeman 교수는 웃음이 사고력에 미치는 영향을 알아보는 실험을 했다. 이들은 피험자에게 로빈 윌리엄스Robin Williams가 출연한 코미디 쇼를 시청한 후 논리력을 필요로 하는 퍼즐을 풀도록 했다. 그러자 문제해결 능력이 약 20퍼센트가량 향상됐다는 결과가 나왔다. 이런 현상이 관찰되는 이유가 무엇일까? 웃음은 오른쪽 귀 바로 윗부분에 자리한 위관자이랑을 자극하는데, 우리 뇌에서 위관자이랑은 얼핏 큰 관계가 없어 보이는 아이디어를 서로 연관 짓는 역할을 한다. 아무리 집중해도 일에 진전이 없을 때 주의를 다른 곳으로 돌려 잠시 웃는 시간을 가지면 효율이 올라간다.[11]

지금껏 살펴봤듯 웃음은 다양한 장점을 지닌다. 웃음은 신뢰를 높이고, 유대를 끈끈하게 만들고, 공감대를 넓혀준다. 창의력을 자극해 더 좋은 아이디어를 이끌어내기도 한다. 또한 농담을 주고받으며 함께 웃는 팀은 고민을 공유할 가능성이 높은데, 이는 스트레스를 줄이고 창의적 문제해결 능력을 증진하는 데 매우 효과적이다.[12] 웃어야 하는 이유는 충분하다. 그렇다면 직장에서 미친 사람처럼 보이지 않으면서 웃음을 이끌어내는 방법은 무엇일까?

직장에서 무슨 재미를 바라냐며, 일이나 잘 하라는 사람도 물론 있다. 이들은 누군가 웃으면서 수다를 떨고 있으면 할 일이 없어서 농땡이를 친다고 곱지 않은 시선을 보낸다. 그리고 바쁘지 않으면 '바쁜 척'이라도 해야 한다고 주장한다. 내가 첫 직장에 다닐 때, 동료 한 명이 매우 인상 깊은 조언을 해준 적이 있다. "혹시 지각을 하게 되거든 회계부서에 겉옷을 벗어두고 아무 종이나 한 장 집어서 최대한 화난 표정을 지으면서 자리로 당당히 걸어 들어와." '난 7시에 일찍 출근해서 아주 중요한 일을 처리하고 있었다. 하지만 그 일이 무엇인지 알려줄 생각은 없다'는 암묵적인 메시지를 전달하라는 뜻이었다. 이처럼 회사에서 표정을 딱딱하게 굳히고 있으면 쓸데없이 말을 걸지 말라는 표현으로 간주된다.

그러면 도대체 어떻게 사무실에 잔잔한 웃음이 흐르게 만들 수 있을까? 프로바인 교수는 '웃을 준비가 된 태도'를 갖추라고 조언했다. "웃음 장벽을 낮춰라. 조금 더 많이 웃겠다는 마음가짐만으로도 상당한 효과를 볼 수 있다." 또한 사교 활동을 기획해 전 직원이 한데 모이는 자리를 마련하라고 제안했다. 16장의 여러 사교 활동 사례를 참고해 작은 이벤트를 열면 자연스럽게 웃음을 이끌어낼 수 있을 것이다.

간혹 당혹스러울 정도로 이상한 방식을 채택하는 회사도 있다. 트위터 전임 사장은 신입사원에게 입사 전 생각한 회사 이미지와 입사 직후 첫인상을 행동과 표정으로 나타내보라고 했다. 이보다 끔찍한 환영인사는 없을 것이다. 이 희한한 신고식을 폐지하는 데 6개월이나 걸렸다니, 정말 창피해서 죽고 싶을 지경이다.

하지만 무엇보다 회사 분위기에 잘 맞는 방법을 찾아 꾸준히 실천에 옮기는 것이 가장 중요하다. BBC 라디오 국장이던 앤디 폴스턴은 방송국에서 굉장히 특별한 방식으로 직원의 퇴사를 기념했다고 이야기했다. 누군가 이직을 결정하면 BBC 라디오가 다음 단계로 나아가는 발판이 됐다며 모두 기쁜 마음으로 축하해줬다. 떠나는 사람은 이에 대한 화답으로 재치 넘치는 굿바이 스피치를 선보였다. 폴스턴은 이렇게 말했다. "BBC 라디오는 굿바이 스피치를 굉장히 중요하게 생각했다. 신규 입사자에게 회사의 문화를 잘 보여줄 수 있는 좋은 기회였기 때문이다. 혹시 최근 회사를 옮겼다면 그 회사가 퇴사자를 대하는 태도를 눈여겨보라. 여러분이 앞으로 어떤 사람들과 어떤 분위기에서 일하게 될지 알 수 있을 것이다. BBC 라디오 방송국에서 오래 일한 직원은 굿바이 스피치를 준비하며 자신이 팀과 회사에 어떻게 기여했는지 찬찬히 돌아보는 시간을 가졌다. 이들에게 굿바이 스피치란 지난 직장생활에 바치는 추도문 같았다." 직원들은 곧 회사를 떠날 동료를 위해 퇴사 파티를 열고 함께한 추억, 사진, 농담을 공유하며 덕담을 건넸다. 이 과정에서 모두가 하나의 회사에 소속되어 있음을 확인할 수 있었다고 한다. 폴스턴은 퇴사 파티에서는 항상 '웃음이 넘쳤다'고 말했다.

웃음과 대화는 직장생활에 없어서는 안 되는 중요한 요소다. 하지만 경제적인 여유가 사라지면 가장 먼저 등한시되는 요소이기도 하다. 주변의 누군가는 웃으며 나누는 대화를 하찮게 볼 수도 있다. 혹시 그렇게 말하는 사람이 있다면 노벨 경제학상을 수상한 대니얼 카너먼의 연구를 인용해 웃음이 놀라운 영감을 가져다줄 수도 있다고 이야기해주길 바란다.

to-do list

☑ 다 함께 웃을 수 있는 자리를 만들어라. 사교 활동이나 굿바이 스피치, 창립기념일 등 웃음을 나눌 수 있는 기회는 많다.

☑ 여러분이 속한 팀에 유쾌한 팀원이 있다면 고마워하라. 재치 있는 사람에게 열등감을 느낄 필요는 없다.

☑ 웃음의 효과는 고객에게도 똑같이 적용된다. 웃음으로 공감을 형성하고 친밀감을 높여 고객과 긴밀한 관계를 맺으려고 노력하라.

☑ 꼭 좋은 일이 있어야만 웃을 수 있는 건 아니다. 일이 잘 풀리지 않더라도 항상 웃음을 잃지 마라.

18

신입 환영 오리엔테이션에
신경 써라

체크인 분위기가 호텔 고객 후기를 좌우한다

몇 년 전, 트립어드바이저가 한창 뜨기 시작하면서 호텔 관계
자는 체크인을 할 때 고객을 어떻게 응대하느냐에 따라 숙박 후
기가 좌지우지된다는 놀라운 사실을 깨달았다. 이에 수많은 호텔
이 앞다퉈 온갖 환영 서비스를 제공하며 이미지 개선에 나섰다.
로비에 호화로운 소파를 들여놓고 고객이 체크인을 기다리는 동
안 음료수를 제공하기도 했고 후덥지근한 날씨에 지친 손님이 땀
을 닦을 수 있도록 물수건을 건네기도 했다. 심지어는 엘리베이
터 옆에 자쿠지를 설치하거나 털이 복슬복슬한 동물 친구를 준

비한 호텔도 있었다.

호텔 업계는 첫인상의 중요성을 깨달았지만, 다른 업계들은 여전히 무심한 듯하다. 물론 신입사원이 많은 일부 대기업에서는 구성원을 소개하고 기본적으로 숙지해야 할 사항을 안내하는 환영 오리엔테이션을 실시한다. 하지만 이런 오리엔테이션으로는 신규 입사자가 업무를 수행하는 데 도움이 될 만한 정신적 지지를 얻을 수 없다. 직장 기술관리 전문 기업 크로노스가 2018년 실시한 설문조사에 따르면 대부분의 회사가 신입 오리엔테이션을 단순히 회사 내규를 안내하는 절차라고 생각했다. 물론 기업문화를 설명하는 시간이 있긴 하지만, 구색 맞추기에 지나지 않아 정작 새 식구의 궁금증을 해소해주기에는 터무니없이 부족하다.[1]

좀 더 창의적인 방법으로 오리엔테이션을 진행하면 상황이 나아질까? 런던 경영대학원의 대니얼 케이블 교수는 이에 관해 알아보기 위해 동료 교수진과 함께 기술 기업 위프로wipro 콜센터에서 실험을 진행했다. 케이블 교수는 신규 입사자를 15명에서 25명씩 세 그룹으로 나눠 각기 다른 방식으로 오리엔테이션을 진행하도록 했다. 첫 번째 그룹에서는 평소와 같이 평범한 오리엔테이션을 실시했다. 두 번째 그룹을 대상으로는 '조직의 일원이 됐음을 자랑스럽게 느낄 만한' 업적을 강조함으로써 사기를 진작하는 데 초점을 맞춘 오리엔테이션을 열었다. 마지막 그룹에는 조금 다르게 접근했다. 이들은 본격적인 오리엔테이션에 앞서 지금껏 일을 하면서 가장 자부심을 느꼈던 순간을 공유하는 시간을 가졌다. "여러분은 언제 가장 행복하다고 느끼는가? 최선의 결과를 얻는 나름의 비법이 있는가? 구체적인 경험을 떠올려보라. '타고난 실천가'처럼 행동해본 적이 있는가?"[2] 세 번째 그룹은 이 세 가지 간단한 질문을 주제로 15분 동안 대화를 나눴다.

대화에 주어진 시간이 굉장히 짧았기에 분위기를 풀어주는 역할 이상을 기대하기는 아무래도 힘들 것 같았다. 하지만 별것 아닌 것 같은 대화가 직장생활을 완전히 바꿔놓았다. 세 번째 그룹에 속한 직원은 자신의 성취를 이야기하며 위프로에 소속감을 느꼈다고 응답했다. 게다가 6개월 뒤 추적연구를 실시해보니 세 번째 그룹의 퇴사율은 다른 그룹에 비해 32퍼센트나 낮았다. 콜센터의 이직률이 굉장히 높다는 사실을 고려하면 이는 상당히 유의미한 수치다.[3] 이렇듯 자신이 지닌 장점을 이야기하는 시간은 입사자가 새로운 업무를 대하는 태도에 영향을 미쳤다. 하지만 가장 중요한 변화는 고객만족도에서 나타났다. 첫 번째 그룹과 두 번째 그룹은 고객만족도 조사에서 평균 61점을 받은 반면, '자랑하기' 시간을 가진 세 번째 그룹은 72점을 받았다. 즉 15분 동안 나눈 간단한 대화가 고객만족도를 11점이나 개선한 것이다. 위프로 콜센터는 돈 한 푼 들이지 않고 이런 놀라운 결과를 얻었다. 그러나 케이블 교수는 "효과를 직접 경험했음에도 불구하고 연구에 참여한 많은 기업 중 단 한 기업도 새로운 오리엔테이션 방식을 고수하지 않았다"며 안타까움을 표했다.[4]

직장에서 새로운 직원을 맞이하는 유쾌한 방법

오리엔테이션을 시작하며 대화의 장을 여는 것 외에도 새 가족을 맞이하는 방법은 다양하다. 스탠퍼드 경영대학원 교수 칩 히스Chip Heath와 동생 댄 히스Dan Heath가 공동 저술한 책에는 중장비 제조업체 존디어가 신입직원을 환영하는 절차가 나온다. 입사가 결정되면 첫 출근 하루 전 회사에서 지정한 짝꿍으로부터 이메일을 받는다. 이메일에는 간단한 자기소개와 함께 복장규정이나 주차 공간을 설명하는 등 회사생활에 도움이 될 만한 팁이 담겨 있으며, 보통 안내데스크 앞에서 기다리고 있겠다는 말로 마무리된다. 그리고 다음 날 출근을 하면 짝꿍이 환영인사를 적은 플래카드를 들고 반갑게 맞이해준다. 신규 입사자를 자리로 안내한 후에도 사소하지만 다정한 배려가 담긴 행동은 계속 이어진다.[5] 존디어는 새로 들어온 직원이 회사에 빨리 적응할수록 업무 효율이 향상된다는 사실을 잘 알고 있다.

존디어 사례는 내 친구 제시카의 트위터에서 본 글을 떠올리게 한다. 제시카의 아버지가 초콜릿 생산업체 네슬레에 출근한 첫날, 깡통에 아버지의 이름이 새겨진 초대형 과자 세트를 받아왔다고 한다. 소속감을 심어주기에 아주 좋은 방법이었다.

신규 입사자 환영 오리엔테이션은 매우 중요하다. 대부분의 회사가 사칙과 주의사항을 간단히 안내하는 평범한 방식을 채택하고 있지만, 직원의 참여를 이끌어내는 다채로운 오리엔테이션이 훨씬 효과적이다. 새롭게 회사의 일원이 된 직원이 최고의 역량을 발휘하길 바란다면, 출근 첫날부터 이들을 지지해줘라.

to-do list

☑ '자랑하기' 오리엔테이션을 시도해보라. 또 어떻게 하면 신규 입사자가 회사에 더 빨리 적응할 수 있을지 고민해보라.

☑ 바람직한 환영인사는 새로 입사한 직원이 성과를 내는 시기를 앞당긴다. 다시 말하지만, 첫인상은 중요하다.

19

악질 상사 짓을
그만둬라

직장생활의 최대 난제, '또라이' 상사

돌려 말하지 않겠다. 오늘날 우리 사회에서 문화의 아이콘으로 추앙받는 사람 중에는 이른바 '또라이'도 많다. 우리는 기발한 제품을 개발하거나 뛰어난 성공을 거둔 인물의 무례함을 미화하는 경향이 있다. 이들이 다른 사람을 아주 못살게 굴어도 그런 악행은 종종 천재성이라는 이름 뒤에 가려지곤 한다. 하지만 무슨 핑계를 대든 이들이 '또라이'라는 사실은 변하지 않는다. 그중 한 명이 스티브 잡스다.

아이팟은 애플의 운명을 뒤집어놓은 제품이다. 아이팟이 출시

되고 애플 주가가 50배로 뛰며 회사는 성장가도를 달렸다. 개발 과정은 길고 험난했으며, 견본품을 제작하는 데만 수백만 달러가 들었다. IT 전문기자 닉 빌튼Nick Bilton은 흥미로운 아이팟 개발 일화를 소개했다. 엄청나게 얇은 모델을 제작하는 데 성공한 엔지니어팀이 기대에 부풀어 잡스의 사무실을 찾아 성과를 선보였다. 이들은 거의 기적 같은 음악 재생 장치를 자랑스럽게 내보이며 "더 이상 얇게 만들 수는 없다"고 이야기했다. 빌튼의 표현에 따르면 "잡스는 기계를 꼼꼼히 뜯어보며 온갖 질문을 쏟아냈다. 그리고 300만 달러짜리 견본품을 낚아채더니 수족관에 빠뜨려버렸다." 여러분은 아마 지금 '도대체 사무실에 수족관이 왜 있는 거야?'라고 생각할지도 모르겠다. 아무튼 그때는 그랬다. 2001년에는 대표실에 수족관을 설치한 기업이 종종 있었다. 다시 본론으로 돌아가서, 엔지니어팀은 머리를 한 대 얻어맞은 것 같은 표정으로 잡스를 쳐다봤다. 이에 잡스는 태연한 표정으로 "공기방울 나오는 거 안 보이나? 더 작게 만들 수 있어"라고 말했다.

여러분이 신입사원이든, 아니면 20년 넘게 몸을 사리며 회사에서 자리를 지켜온 베테랑이든 틀림없이 상사가 있을 것이다. 심지어 회사 대표라 해도 눈치를 봐야 할 사람이 한 명쯤은 있다. 그리고 상사란 직장생활에 가장 큰 영향을 미치는 존재다. '일이 문제가 아니라 사람이 문제'라는 말이 나오는 데는 다 이유가 있지 않겠는가. 혹여 사표가 끊이질 않는 팀이 있다면 팀장의 행실을 주의 깊게 살펴볼 필요가 있다.

안타까운 일이지만 악질 상사는 차고 넘친다. 미국 털사 대학교의 로버트 호건Robert Hogan 교수가 조사한 바에 따르면 미국 직장인의 4분의 3이 직장이 싫은 가장 큰 이유로 상사를 꼽았다고 한다.[1] 심리학자 테레사 애머빌은 업무일지를 꼼꼼히 확인하는 방식으로 직장인의 일상을 관찰했는데, 피험자의 의욕이 유독 떨어진다 싶은 날에는 어김없이 일지에 상사의 이름이 등장했다. 끔찍한 상사는 곧 끔찍한 직장생활로 직결된다. 상사의 지긋지긋한 잔소리는 애써 형성한 공감대를 허물어버리는 지름길이나 마찬가지다.

'악질 상사'가 모두를 불행하게 만든다

노벨 경제학상을 수상한 대니얼 카너먼이 내놓은 주장은 더욱 절망적이다. 카너먼이 이끄는 연구팀은 인간이 삶에서 가장 만족감을 느끼는 순간이 언제인지 알아보는 실험을 실시했다. 카너먼은 실험에 참여한 직장인이 하루 중 기분이 좋을 때와 나쁠 때, 즉 긍정적 정서와 부정적 정서를 느낄 때의 감정을 수치화하고 감정 변화를 유발하는 원인을 알아봤다.[2] 통근에 매겨진 감정 점수는 3.45점, 친구와 함께하는 휴식에 매겨진 감정 점수는 4.59점으로, 점수 차이가 1.14점에 달했다. 만점이 6점이라는 점을 감안할 때 이는 상당히 큰 차이지만 통계가 크게 예상을 벗어나지는 않았다. 그런데 시간적 압박이나 육체적 피로가 가해지자 직장생활과 관련된 활동의 감정 점수가 현저히 낮아졌다. 심지어 피로는 가장 즐거운 활동으로 꼽히는 '은밀한 접촉 행위', 즉 성관계 점수를 5.1점에서 3.09점까지 떨어뜨리기도 했다. 편안한 출퇴근길에 매겨진 점수가 3.10이었으니, 피곤한 성관계는 쾌적한 통근만도 못한 셈이다.

카너먼은 이 연구를 통해 두 가지 중요한 사실을 발견했다. 첫째, 상사와의 대면은 모든 교류 활동 중 최하위를 기록했다. 실제로 이는 통근을 제외하면 사람들이 가장 꺼리는 활동이었다. 둘째, 시간에 쫓기거나 피로를 느끼면 모든 활동의 만족도가 확연히 감소했다. 이미 1부에서 숙면의 중요성과 빨리빨리 증후군의 위험을 자세히 살펴봤기에 두 번째 발견에 관해서는 더 이상 자세한 설명이 필요 없을 듯하다. 영국 워릭 대학교의 한 연구진은

	긍정적 정서를 느낄 때 (6점 만점)	시간이 부족할 때 (6점 만점)	피곤할 때 (6점 만점)
은밀한 접촉 행위	5.10	0.74	3.09
친목 활동	4.59	1.20	2.33
음식물 섭취	4.34	0.95	2.55
텔레비전 시청	4.19	1.02	3.54
요리	3.93	1.54	3.11
육아	3.86	1.95	3.56
일	3.62	2.70	2.42
통근	3.45	2.60	2.75
친구와 교류	4.36	1.61	2.59
배우자와 교류	4.11	1.53	3.46
상사와 교류	3.52	2.82	2.44

직장인에게 상사가 얼마나 큰 영향을 미치는지 알아보기 위해 연봉을 얼마나 더 올려야 악질 상사 밑에서 일하겠냐고 물어봤다. 상사로부터 받을 온갖 질시와 그에 따르는 스트레스를 참아내려면 급여가 적어도 150퍼센트는 인상돼야 한다는 대답이 돌아왔다.[3]

여기서 말하는 악질 상사란 도대체 어떤 사람일까? 털사 대학교의 로버트 호건 교수는 '비참함'과 '스트레스'가 면역 체계를 망가뜨려 건강을 악화시킨다며 "나쁜 팀장 밑에서 일하려면 건강을 대가로 지불해야 한다"고 주장했다.[4] 10년 동안 스웨덴의 직장인 남성 3,000명을 대상으로 실시한 추적연구에 따르면 형편없는 상사와 근무한 남성의 심장병 발병 확률은 무려 60퍼센트나 증가했다. 반면 이상적인 상사를 둔 직장인이 심장 관련 질환을 겪을 확률은 40퍼센트 감소했다. 그리고 형편없는 상사는 공통적으로 무능함, 무례함, 이기심, 폐쇄성이라는 네 가지 특성을 지니고 있었다.[5]

물론 여기에 반박하는 의견도 있다. 직원관리 능력이 떨어질수는 있으나 아무리 형편없는 상사라도 야망, 의지, 도전의식을 갖췄기에 오늘날의 자리에 오를 수 있었으며, 이런 자질이 부하 직원의 눈에는 다소 비판적이고 무정하게 느껴질 수도 있다는 주장이다. 하지만 스웨덴 연구팀이 조사한 악덕 상사 중에는 야망이나 의지, 도전의식을 갖춘 사람이 단 한 명도 없었다. 꼭 끔찍한 상사가 되지 않아도 굳은 의지를 갖고 도전의식을 불태울 수 있다.

형편없는 상사는 "상사 탓은 그만하라. 직원이 엉망이라서 그렇다"거나 "징징대는 직원을 몽땅 쫓아내면 속이 시원하겠다"며 팀원을 탓한다. 하지만 이들은 한 가지 중요한 사실을 잊고 있다. 성질 더러운 상사를 좋아하고 따르는 직원은 '아무도' 없다는 점이다. 워릭 대학교 연구진은 상사가 부하 직원의 행복에 어떤 영향을 미치는지 알아보기 위해 수년 동안 영국과 미국 직장인을 관찰하며 데이터를 수집했다. 회사에 큰 도움이 안 되는 투덜이든, 놓치면 땅을 치고 후회할 뛰어난 인재든, 악질 상사라면 똑같이 치를 떨었다. 자질이 부족한 상사는 모두를 불행하게 만들 뿐이다.[6]

좋은 상사의 조건

그렇다면 좋은 상사는 어떤 사람일까? 그들은 크게 두 가지 덕목을 갖추고 있다. 첫째, 부하 직원을 '격려'한다. 우리는 상사에게 인정받고자 하는 욕구를 지니며, 상사의 따뜻한 말 한마디에는 업무 성과를 개선하는 효과가 있다. 칭찬을 통해 직원의 적극적인 참여를 이끌어내기 때문이다. 실제로 팀원의 자질을 실제보다 높이 평가해 칭찬을 아끼지 않는 상사 밑에서 근무하는 직원은 '미래에 더 큰 역량을 발휘할 것이라는 자신감과 낙관을 지닌다'는 연구 결과가 있다. 반면 비판적인 상사 하에서 직원은 '혼란을 느끼거나 낙담한 채' 회사를 그만두는 경우가 많았다. 이들은 상사의 부정적인 피드백을 다음에 더 잘 하라는 자극이 아닌 이

런 식으로는 성공할 수 없다는 질책으로 받아들였다.[7]

　이런 연구 결과는 앞서 2부 서문에서 언급한 미혼 커플의 '긍정적 착각'과 일맥상통한다. 상대방이 매우 멋진 사람이라는 믿음에는 엄청난 힘이 있다. 긍정적 착각이 유지되는 한 연인 관계도 안전하다.[8] 마찬가지로 직장에서 누군가 나를 높이 평가하고 있다는 믿음은 어떤 난관도 극복할 수 있게 해준다. 우리는 직장 생활을 하면서 상사의 신임을 받을 때 행복을 느낀다.

　훌륭한 상사는 높은 급여보다 훨씬 큰 동기부여가 된다. 스페인과 미국에서 실시한 실험이 이를 증명한다. 연구진은 팀별로 문제를 제시하고 팀장이 가장 효과적이라 생각하는 방식으로 팀원에게 지시를 내려 문제를 해결하도록 했다. 그 결과 성과에 따른 보상을 제시한 상사보다 팀원을 격려하고 의욕을 불어넣은 상사가 더 좋은 결과를 이끌어냈다. 연구진은 훌륭한 팀장은 부하 직원이 분발할 수 있도록 용기를 북돋워주고, 노력에는 충분한 보상이 따른다는 사실을 일깨워주고, 일에 방해가 되지 않도록 자리를 비켜준다고 이야기했다.[9]

　행복 전문가 리처드 브로디Richard Reeves Brodie 역시 이와 비슷한 의견을 내놨다. 브로디는 팀장이 가능하면 실무에 개입하지 말아야 한다고 주장했다. 또한 "팀원을 불편하게 만들지 말라"며 "이 원칙은 굉장히 중요하다. 부하 직원을 불행하게 만드는 행동에는 무엇이 있는지 곰곰이 생각해보고 당장 이런 행동을 그만두라"는 조언을 건넸다.[10] 상사가 팀원을 도울 방법을 제대로 모른다면 차라리 일에서 빠져 있는 편이 훨씬 낫다.

물론 이는 상사가 굉장히 무능한 경우에 해당하는 조언이다. 뛰어난 상사는 상황을 관망하는 대신 팀원을 격려하고 적절한 지시를 내리며 현장을 지휘한다. 좋은 상사가 지녀야 할 두 번째 덕목이다. 상사는 실무에 풍부한 경험과 지식을 가지고 부하 직원에게 정확한 지시를 내려야 한다.

스포츠팀 사례는 데이터가 한정적인 데다 한두 가지 일화로 이미지가 크게 좌우되기에 평소에는 소개를 꺼리는 편이지만 리더십에 관해서는 참고해도 좋을 듯하다. 카스 경영대학원의 아만다 구달Amanda Goodall 부교수는 "뛰어난 농구 선수는 훌륭한 코치가 된다"고 말했다.[11] 구달 부교수는 자동차경주대회 F1에도 똑같은 규칙이 적용된다는 사실을 발견했다. "F1 감독은 크게 매니저, 엔지니어, 미케닉, 선수 출신으로 분류할 수 있는데, 직접 경기를 경험해본 선수 출신 감독이 팀을 가장 잘 이끌었다." 평범한 직장에서도 마찬가지다. 실무를 잘 이해하는 상사일수록 부하 직원을 잘 이끌어나간다. 구달 부교수는 "대표가 조직에서 경력을 오래 쌓았거나 직접 회사를 창업해 아랫사람이 하는 일을 직접 처리할 능력을 지니고, 부하 직원이 대표의 유능함을 인정하는 회사에서 직원의 업무 만족도가 높게 나타난다"고 이야기했다.[12] 상사가 복잡한 실무 절차를 제대로 숙지하고 있다면 부하 직원에게 유용한 조언을 건넬 수 있기 때문이다.

하지만 한 가지 주의해야 할 점이 있다. 상사가 '나도 이미 다 겪어봤고, 무조건 내 말이 옳다'는 잘못된 생각으로 자신이 현업 시절 익힌 업무 방식만 고집해서는 긍정적인 변화를 가져올 수 없다. 경험에 역지사지의 자세를 더해야 진정한 이해가 이루어진다.

구달 부교수는 경영대학원 학위만으로는 훌륭한 상사가 될 수 없으며, 전략과 리더십 이론을 통달했다고 하더라도 실무를 모르면 소용이 없다고 일침을 가했다. 다행히도 현장의 중요성을 깨닫는 기업이 점점 많아지고 있다.

음식 배달 애플리케이션 딜리버루Deliveroo 기술부장 톰 리치도 이에 전적으로 동의한다. 리치는 팀원을 애플리케이션에 배달원으로 등록해 일주일에 한두 번 직접 배달을 하게 했다. 이들은 배달 업무를 실제로 경험하면서 배달원의 입장을 훨씬 잘 이해할 수 있게 됐다. 예를 들어 "홍콩의 배달부는 오토바이를 주차할 자리를 찾느라 진땀을 뺐다. 한참을 돌았지만 식당 근처에는 공간이 전혀 없어 결국 근처에 오토바이를 세워두고 식당까지 걸어가야 했다. 지도상으로는 거리가 얼마 안 돼 보였지만, 홍콩은 산지가 많아서 보기보다 시간이 훨씬 많이 걸렸다. 1분쯤 걸어가면 되려나 싶었는데 거의 5분 동안 등산을 해야만 했다."[13] 이렇듯 직무를 수행하는 데 있어 언뜻 사소해 보이지만 중요한 부분을 이해한다면 상사와 부하 직원의 관계는 자연스럽게 개선된다. 의사결정권자에게 거슬리기만 했던 현장 직원의 행동이 납득되면서 서로의 입장 차이가 좁혀지기 때문이다.

또한 상사는 '척척박사'가 될 수도 없고, 될 필요도 없다. 대표가 회사에서 사용하는 컴퓨터 프로그램을 하나부터 열까지 세세하게 파악하고 있으며 업무 수행 과정 및 상품 제작 과정을 정확히 알고 있다고 가정해보자. 대표가 직원의 고충을 이해함으로써 경영과 실무 사이 점점 높아만 가는 벽이 허물어지고 유대가 깊어질 것이다. 또한 상사의 업무이해도가 높아질수록 유연근무제를 도입하거나 회의를 생략해 낭비되는 시간을 줄이는 등 부하 직원을 잘 배려하게 되기 마련이다. 구달 부교수는 이렇게 말했다. "일하기 좋은 환경을 만들어주는 상사가 훌륭한 상사다. 좋은 상사는 업무의 본질을 제대로 이해한다."[14] 그리고 이해는 신뢰로 이어진다.

반면 부하 직원이 맡은 업무를 제대로 파악하지 못한 상사는 쓸데없이 끼어들어 일을 방해하곤 한다. 구달 부교수의 말을 빌리자면, 이들은 '부하 직원이 거짓말을 해서 나를 물 먹일 수도 있으니 회의에 들어가기 전에 무슨 말을 할 예정인지 서면으로 작성해놓으라고 해야지'라는 사고방식을 지닌다. 하지만 지나친 개입은 오히려 능률을 떨어뜨릴 뿐이다. 즉 "자신의 무지를 인정하고 배우려는 겸손한 자세가 좋은 상사가 되기 위한 필수 덕목"이다. 뛰어난 사람은 "질문을 두려워하지 않는다. (…) 이들은 언제나 전문가의 의견을 귀담아들을 자세가 돼 있다."

상사가 직원의 목소리에 귀를 기울이면 기업 성과가 개선된다. 쉐필드 대학교University of Sheffield에서 진행한 연구에 따르면 경영진에 대한 직원의 신뢰가 높은 기업은 그렇지 않은 기업보다 더 큰 수익을 올린다.[15] 회사는 직원을 공정하게 대해야 하며, 상사는 직원을 올바르게 이끌어줘야 한다. 직원의 노력은 자연스럽게 뒤따라올 것이다. 열심히 일하면 그만한 보상이 주어진다는 사실을 알기 때문이다. 경영진 혼자 힘으로는 공감을 형성할 수 없지만, 지금껏 힘들게 쌓아온 공감대를 깨뜨릴 수는 있다.

to-do list

☑ 팀원을 불편하게 만들지 말라. 이는 경영의 황금률이다.

☑ 상사는 팀원의 고충과 실무를 제대로 이해하고 있어야 한다. 여러분이 한 번도 사용해본 적 없는 컴퓨터 프로그램을 가지고 불평을 터뜨리는 부하 직원이 있다면, 군소리를 잠재울 방법은 하나뿐이다. 일주일 동안 직접 그 프로그램을 사용해보라. 역지사지만큼 좋은 방법은 없다.

☑ 실무 경험이 풍부한 상사일수록 직원을 잘 이끈다. 만약 여러분이 관련 업무를 처리해본 적 없다면 열심히 공부해 팀원을 이해할 수 있도록 노력하라.

20

혼자만의 시간을
가져라

'브레인스토밍'이 언제나 유익한 것은 아니다

"개발자와 엔지니어는 대부분 성향이 비슷하다. (⋯) 이들은 마치 예술가처럼 자신이 만든 세계 속에서 살아간다. 또한 예술가는 오롯이 혼자 작품을 완성한다. (⋯) 받아들이기 어려울 수도 있겠지만, 조언을 하나 하겠다. 파트너나 팀을 이루지 말고 혼자 일하라." 애플의 공동창립자 스티브 워즈니악이 한 말이다. 지금까지 팀워크를 그렇게 강조해놓고 이제 와서 최고의 아이디어가 혼자 있을 때 나온다니, 혼란스러울 것이다.[1] 이는 공동 작업을 중시하는 스티브 잡스의 견해와 완전히 상반된다. 월터 아이작슨

Walter Isaacson은 스티브 잡스 전기에서 잡스가 픽사의 사무실 인테리어에 깊은 감명을 받았다고 기록했다. "잡스는 본사 아트리움을 건축할 때 화장실 위치까지 고심에 고심을 거듭해서 결정했다. 직원끼리 우연한 만남을 유도하기 위해서였다."[2]

그래서 결론은? 혼자서 아이디어를 생각해내라는 말인가? 아니면 여럿이 팀을 이뤄 시너지 효과를 추구하라는 의미인가?

어떤 단계에 해당하는지, 또 목표가 무엇인지에 따라 대답이 달라진다. 프로젝트 초기 단계에는 직원이 각자 여러 아이디어를 마음껏 떠올리고 이리저리 가지고 놀 수 있도록 혼자만의 시간을 줘야 한다. 하지만 아이디어를 다듬어야 하거나, 일에 진전이 없을 때는 주변 사람의 의견이 큰 도움이 될 수 있다. 직원이 혼자 일하도록 해야 할지, 팀을 이루도록 해야 할지는 핵심이 아니다. '언제' 혼자만의 시간이 필요한지가 중요하다.

연구 사례를 조금만 찾아봐도 알 수 있듯, 초반부터 팀을 이루어 일하면 생산성이 떨어진다. 몇 년 전부터 집단적 창의력, 즉 브레인스토밍이 생각만큼 큰 효과가 없다는 의견이 우세하다. 앞에서 언급했듯, 우리는 회의에서 놀라운 아이디어가 오간다고 생각하지만 실제로는 리더를 정하고 역할을 분담하는 데 상당한 시간이 낭비된다. 또한 캘리포니아 대학교 버클리캠퍼스의 찰런 네메스Charlan Nemeth 심리학 교수는 '노 아이디어는 나쁜 아이디어'라는 원칙 역시 브레인스토밍으로 좋은 결과를 얻을 수 없는 이유 중 하나라고 지적했다. 그리고 이에 덧붙여 이런 의견도 제시했다.

"팀을 이뤄 일할 때 다른 사람의 감정을 해치지 않고 원만한 사이를 유지하는 데 지나치게 신경 써서는 진척을 이루어낼 수 없다. 친목을 일순위로 여기는 태도 자체가 잘못된 것이다. 치열한 토론이 화기애애한 분위기를 망칠 수는 있지만, 생산성 향상에는 확실히 도움이 된다. 성취에는 대가가 따르기 마련이다."[3]

타당한 비판과 적절한 마찰은 창의력을 자극하는 효과가 있다. 전문가들은 각자 생각할 시간을 넉넉히 가진 후 팀을 구성해 브레인스토밍을 진행할 때 효과가 극대화된다는 흥미로운 사실을 발견했다. 혼자만의 시간을 충분히 보내고 팀원과 아이디어를 교환하자 창의적인 제안이 두 배로 늘었다.[4]

유명 작가 수전 케인Susan Cain은 브레인스토밍의 효과가 과대평가되는 원인으로 집단행동을 중요시하는 사회 분위기를 꼽았다. 외향적인 사람의 적극적인 행동에 비해 내향적인 사람의 소심한 몸짓은 너무나 쉽게 간과되기 때문에 아무래도 조직생활은 팀 활동 위주로 이루어지기 마련이다. 게다가 20세기에 공연예술 등 스스로를 표현하는 문화가 인기를 끌면서 외향적인 사람을 선호하는 분위기가 더욱 짙어졌다. 이렇게 사회 구성원 절반이 자신의 능력을 마음껏 펼치고 있을 때, 나머지 절반은 혼자 일하고 싶다는 말을 차마 입 밖으로 꺼내지 못한 채 이리저리 휘둘릴 수밖에 없었다.

그러나 케인은 협업을 잘하기로 유명한 팀들의 작업 방식을 근거로, 뛰어난 아이디어는 대부분 팀이 아닌 개인에게서 나온다고 주장했다. 전설적인 가수이자 작곡가인 존 레논John Lennon과 폴 매카트니Paul McCartney를 한번 살펴보자. 존 레논과 폴 매카트니의 공동 작사 작곡으로 알려진 비틀즈Beatles의 수많은 명곡을 환상적인 팀워크가 낳은 결실이라 보기에는 사실 무리가 있다. 레논과 매카트니가 함께 작업을 하는 시간은 그리 길지 않았기 때문이다. 둘은 따로 작곡에 집중하는 시간을 가진 뒤 서로의 결과물을 비교하며 곡을 완성해나갔다. 또 한 명의 천재 작곡가 엘튼 존Elton John과 작사가 버니 토핀Bernie Taupin은 50년이 넘는 긴 세월 동안 파트너로 호흡을 맞췄지만 정작 같은 공간에서 작업한 적은 없다. 엘튼 존은 영국 유명 음악잡지 《뮤직위크Music Week》와의 인터뷰에서 "우리는 작업실을 공유한 적이 단 한 번도 없다"고 말했다.[5] 이들은 심지어 팩스로 서로의 작업물을 주고받기도 했다. 토핀의 말에 따르면, 요즘에는 가사를 써서 이메일로 보내면 엘튼 존이 어울리는 멜로디를 작곡하고 그 다음에 둘이 만나 소소한 부분을 조율한다고 한다.

엘튼 존과 버니 토핀의 작업 방식은 영국 고전 시트콤 〈블랙애더Blackadder〉의 공동 각본가였던 리처드 커티스Richard Curtis와 벤 엘튼Ben Elton의 일화를 떠올리게 한다. 최종 대본은 충분한 협의를 거쳐 완성됐지만, 커티스와 엘튼이 직접 만나는 일은 거의 없었다. 이들은 각자 대본을 작성하고 플로피디스크를 주고받으며 아이디어를 공유했다.[6] 지금 책을 읽고 있는 독자 중 작곡가나 각본가는 몇 명 없을 것이다. 하지만 기본적인 원칙은 모든 직장에 똑같이 적용된다.

앞서 16장에서 코드를 개발할 때 버그를 줄이기 위해서는 개발자들 사이에 대화와 협력이 필요하다고 말했다. 하지만 동료와 빈번한 소통은 오히려 작업에 방해가 되기도 한다. 끊임없이 대화한다고 해서 공감대가 넓어지는 건 아니다. 빛이 있는 곳에 그림자가 있듯, 충분한 대화와 적당한 고독이 적절히 조화를 이룰 때 비로소 진정한 공감이 이루어진다.

조용한 환경이 필요한 순간

'코딩전쟁게임 Coding War Games'이라는 실험을 살펴보면 혼자 작업하는 시간이 얼마나 중요한지 잘 알 수 있다. 이 실험에는 약 100개에 달하는 회사에서 개발자 총 600명이 2명씩 짝을 이뤄 참여했다. 이렇게 구성된 300개 팀에게 특정 기능을 포함한 중간 규모의 프로그램을 개발하는 과제가 주어졌다. 작업 장소는 각자의 책상이었으며, 작업 방식은 자율에 맡겼다. 각 팀은 선호하는 코딩 언어를 사용해 프로그램 개발에 돌입했다. 실험을 설계한 연구팀은 개발자의 경력과 급여 등 다양한 변수를 꼼꼼히 기록했다.[7] 이 실험에는 한 가지 조건이 붙었는데 개발자가 평소와 동일한 근무 환경에서 과제를 수행해야 한다는 것이었다.[8]

놀라운 결과가 나왔다. 선두를 차지한 팀의 과제수행 능력은 하위 순위 팀들보다 무려 10배나 높았다. 중간 순위 팀들과 비교해도 2.5배 차이가 났다. 이유가 무엇이었을까? 답은 작업 환경에 있었다. 게임 순위 상위 62퍼센트에 해당하는 개발자들은 외부와 어느 정도 차단된 공간에서 과제에 집중할 수 있었다고 응답한 반면, 하위 75퍼센트에 속하는 이들은 작업을 하는 동안 주변에서 방해가 끊이지 않았다며 고충을 털어놨다. 최고의 성과를 내려면 먼저 아이디어를 발전시킬 수 있는 조용한 환경이 마련돼야 한다.

이렇듯 차분한 공간에서 업무 효율이 올라간다면, 결국 재택근무가 가장 바람직한 근무 형태 아닐까? 하루 종일 업무에 치이고 퇴근 후에는 집안일까지 책임져야 하는 직장인에게 재택근무가 얼마나 달콤한 유혹일지는 충분히 이해한다. 이런 소식을 전하게 돼 몹시 안타깝지만, 재택근무는 답이 아니다. 하루 동안 처리 가능한 업무량은 많아질 수도 있지만, 생산성 향상으로 얻는 이득보다 공감 부족으로 생기는 손실이 더 크기 때문이다. 미시간대학교의 엘레나 로코Elena Rocco 교수는 근무 공간 공유가 지니는 효과를 알아보는 연구를 진행하며 팀원이 떨어져 일하는 경우 서로를 향한 신뢰가 점차 하락해 결국 팀워크가 무너진다는 사실을 발견했다.[9] 또한 재택근무 경험자들은, 초기에는 능률이 오르는 것 같았으나 규칙적인 피드백이 없는 탓에 생산성이 급속히 하락했다고 말한다. 한편 휴머나이즈의 벤 웨이버는 이렇게 말했다. "재택근무는 자신뿐 아니라 주변 사람에까지 영향을 미친다.

팀원 한 명이 집에서 일하게 되면 함께 일하는 팀원의 성과가 현저히 떨어진다."[10] 웨이버는 재택근무로 인해 아이디어 흐름이 단절돼 집단지성을 제대로 발휘할 수 없기에 이런 결과가 야기된다고 설명했다. 재택근무는 답이 아니다. 균형을 찾아라.

직장에서 공감을 쌓고 팀워크를 향상시키려면 팀원이 한데 모여 아이디어를 나눠야 한다고 생각하기 쉽다. 이들은 "우리 팀원은 다들 서로를 좋아하는 데다 사이도 무척이나 좋다. 팀 분위기는 완벽하니 이제 모여서 내년 업무 계획을 구상해보자"며 온갖 일을 함께하려 한다. 하지만 함정에 빠지지 않도록 주의하라. 공감은 조화를 의미할 뿐, 공감이 아무리 잘 이루어져도 개인의 문제처리 능력이 크게 향상되진 않는다. 창의력은 사고와 토론에서 나온다. 그리고 진정한 공감을 이루어낸 팀은 홀로 또 함께의 힘을 제대로 이해하고 있을 것이다.

to-do list

- ☑ 창의적인 아이디어는 결국 한 사람의 머리에서 나온다는 사실을 기억하라. 팀이 해야 할 역할은 그렇게 나온 아이디어의 구체적인 형태를 잡는 것이다. 꾸준한 피드백으로 아이디어를 발전시켜라.
- ☑ 창의력을 발휘하기 위해서는 '수도승 모드'로 조용히 스스로를 돌아보는 시간이 꼭 필요하다.

3부

일의 기쁨과
성과를 극대화하는
10가지 자극의 기술

#Buzz

The Joy of Work

직원을 자극하라,
신이 나도록!

기분이 좋을 때 당신에게 벌어지는 일들

팀워크를 다지기 위한 공감이 형성됐다면 이제 '자극'을 가할 차례다. 직원의 적극적인 참여를 유도하고 긍정적인 에너지를 이끌어내는 자극의 경지에 올라서려면 긍정적 정서와 심리적 안정감이 갖춰져야 한다.

어느 날 저녁, 집에서 휴식을 취하고 있는데 전화기가 울린다. 수화기를 들어보니 잘못 걸려온 전화다. 상대방은 친구에게 전화를 하려다 실수로 번호를 잘못 눌렀다며 매우 당황한 목소리로 사연을 늘어놓는다. 마지막 남은 무료통화 시간을 이 전화를 거느라 다 써버려 친구에게 연락할 방법이 없다는 이야기다. 아무래도 몹시 급한 일이 있는 것 같은데, 상대방은 어찌할 줄 모르고 전화기만 붙들고 있다.

여러분은 이 상황에서 어떻게 하겠는가? 아마 기분에 따라 결정이 달라질 것이다. 코넬 대학의 앨리스 아이센Alice Isen 심리학과 교수에 따르면, 기분이 좋을 때 이런 전화를 받는다면 그 사람의 친구에게 대신 전화를 걸어 통화 내용을 전해주겠다고 나설 확률이 높지만, 기분이 나쁠 때라면 친절을 베풀고 싶은 마음이 생길 확률은 현저히 낮아진다.[1] 심리학에서는 전자에 해당하는 좋은 기분을 '긍정적 정서'라고 일컫는다. 순간순간의 심리 상태는 우리가 살면서 마주하는 수많은 상황을 받아들이는 태도뿐 아니라 문제에 대처하는 방식에까지 매우 큰 영향을 미친다. 아이센 교수의 설명에 따르면 "긍정적 정서는 창의력, 개방성, 인지유연성을 향상시킨다."[2] 직장에서 긍정적 정서는 업무 효율을 높이는 데 도움이 된다.

긍정적 정서는 일반적으로 말하는 '즐거운' 기분과 유사한 점이 많다. 여기서 즐거움이란 입이 귀에 걸려 낯선 사람에게 유쾌하게 인사를 건네는 극단적인 심리 상태가 아니라 세상을 바라보는 긍정적이고 진보적인 시선을 의미한다. 그런데 긍정적 정서와 즐거움 사이에는 매우 큰 차이가 있다. 날씨가 화창하다거나 시험에 합격했을 때 등 즐거움을 느끼는 원인은 비교적 분명하다. 반면 긍정적 정서를 유발하는 요인을 정확히 꼽기는 무척 어렵다. 심리학자 바버라 프레드릭슨Barbara Fredrickson의 표현을 그대로 인용하자면,

"정서는 유동적이며 대상이 명확하지 않다."[3] 우리는 긍정적 정서를 느끼면서도 그 이유를 모를 때가 많다. 심지어는 긍정적 정서를 느끼고 있다는 사실조차 모르고 지나갈 때도 있다.

그럼에도 불구하고 긍정적 정서는 엄청난 영향력을 지닌다. 사람은 긍정적 정서를 느낄 때 '새로운 사람 또는 사물, 상황을 받아들이고 탐구'하려는 개방적인 태도를 취한다.[4] 협상을 예로 들어보자. 영화나 드라마를 너무 많이 본 탓인지, 협상에서 유리한 입장을 사수하고 목적을 달성하기 위해서는 무조건 강경하게 대처해야 한다는 사람이 많다. 하지만 사실 성공적인 협상을 위해서는 긍정적 정서를 유도해야 한다. 아이센 교수는 "긍정적 정서는 관점을 전환하고 다양한 해결책을 제시하는 능력인 인지유연성을 촉진할 뿐 아니라, 갈등을 완화하고 문제 대처 능력을 높여 당사자가 서로 적대적인 상황에서도 좋은 결과를 이끌어낼 수 있게 해준다"고 설명했다.[5] 즉 모두가 만족할 만한 새로운 제안이 협상을 성공시키는 열쇠라면, 긍정적 정서는 바로 그런 제안을 떠올릴 수 있도록 해준다.

긍정적 정서의 효과를 상업적으로 이용하는 사례도 우리 주변에서 쉽게 찾아볼 수 있다. 식당에서 계산대에 박하사탕을 비치해두는 이유는 별것 아닌 '선물' 하나로 손님의 주머니를 열 수도 있다는 사실을 알고 있기 때문이다. 박하사탕을 먹고 기분이 좋아진 손님은 팁을 더 후하게 쳐줄 확률이 높다. 실제로《응용사회심리학 저널Journal of Applied Social Psychology》에 게재된 한 논문은 손님이 음식 값을 지불할 때 박하사탕을 제공할 경우 팁이 21퍼센트 더 많아졌다는 연구 결과를 밝히고 있다.[6]

긍정적 정서는 어린아이의 작업수행력 발달에도 도움이 된다. 한 실험에서 연구진은 네 살짜리 아이들을 두 그룹으로 나눠 형태에 따라 물건을 분류하는 과제를 내줬다. 모든 조건을 동일하게 설정하되, 첫 번째 그룹에는 과제를 시작하기 전에 "폴짝폴짝 뛸 만큼 좋았던 일이 뭐야?"라는 질문을 던지고 30초 동안 행복한 기억을 떠올리도록 했다. 분류 작업을 수행하기 전 즐거운 경험을 떠올린 아이들은 그러지 않은 아이들보다 훨씬 좋은 성적을 기록했다.[7]

한편 낯선 여행지에서 처음 만나는 사람들에게 사탕을 하나씩 나눠주면 금세 벽이 허물어진다는 말이 있다. 아이센 교수의 연구를 살펴보면 그 이유를 짐작해볼 수 있다. 의사를 대상으로 실시한 긍정적 정서 실험 사례를 살펴보자. 아이센 교수는 한 환자의 의료기록과 검사결과를 포함한 상세한 진료 내용을 실험에 참여한 모든 의사에게 전달하고, 그중 절반에게만 사탕과 초콜릿을 가득 채운 종이가방을 선물했다. 그러곤 얼마 뒤, 의도치 않은 혈당 상승으로 실험 조건이 변화하는 상황을 방지하기 위해 가방을 치워달라고 요청했다. 그리고 두 가지 테스트를 실시했다. 먼저 원격연상검사법Remote Associates Test, 즉 RAT가 진행됐다. RAT는 '방', '피', '소금' 등 세 단어를 듣고 공통적 연관성을 지니는 네 번째 단어를 답하는 단어 연상 테스트로, 창의력 측정에 흔히 쓰인다.[8] 창의력 검사가 끝나자 의사들은 앞서 받은 진료 내용을 바탕으로 진단을 내려달라는 요청을 받았다.

예상했겠지만, 사탕과 초콜릿을 선물로 받은 의사는 RAT에서 우수한 성적을 보였을 뿐 아니라, 진단 역시 상당히 정확했다. 반면 아무것도 받지 못한 의사는 두 테스트에서 그저 그런 결과를 얻었다. 아이센 교수는 "실험집단에 포함돼 긍정적 정서를 느낀 의사는 환자가 간 질환을 앓고 있을 가능성이 높다는 사실을 통제집단에 속한 의사보다 훨씬 빨리 알아챘다"고 말했다. 그렇다고 진단이 성급하게 내려졌다는 말은 아니다. 이들은 주의 깊게 의료기록을 살피고 여러 가능성을 검토했다. 한마디로 사탕 한 봉지가 긍정적 정서를 유발하는 '넛지'로 작용해 업무 능력이 향상됐다는 의미다.[9]

그렇다면 우리가 긍정적 정서를 경험할 때 뇌에서는 어떤 일이 벌어질까? 토론토 대학교 연구진의 주장에 따르면, 긍정적 정서는 우리 뇌의 특정한 부위를 특정한 방식으로 활성화한다. 연구진은 이를 증명하기 위해 실험을 실시했다. 연구진은 실험 참여자에게 평범한 주택과 사람의 얼굴이 겹쳐 있는 사진 여러 장을 차례로 보여주면서 다른 모든 것들은 무시하고 사진에 있는 사람의 성별만 판단해달라고 요청했다.[10] 그리고 참여자의 뇌 활동을 관찰해보니 한 부위에만 반응이 나타났다. 우리 뇌는 사람의 얼굴을 인식할 때와 장소를 인식할 때 각각 다른 부위가 활성화된다. 애초에 사람에게만 집중해달라고 했으니, 그리 놀랄 만한 결과는

아니었다. 하지만 예외도 있었다. 실험 전 작은 선물을 받아 긍정적 정서를 느낀 참여자의 경우 얼굴 인식에 관여하는 뇌 부위뿐 아니라 장소 인식에 관여하는 뇌 부위에서도 활동이 관찰됐다.[11] 심리 상태에 변화가 없었던 참여자에 비해 뇌가 인지하는 범위가 훨씬 넓어졌기 때문이다. 이렇듯 긍정적 정서는 시야도 넓혀준다.[12]

아이센 교수는 시야가 확대되면 굉장한 변화가 일어난다고 주장했다. "긍정적 정서는 타인을 돕고 배려하고 이해하는 마음을 이끌어낸다." 긍정적 정서에는 판단력을 높이는 효과도 있다.[13] 또한 긍정적 정서를 느낄 때 전두엽 피질과 전측 대상회가 활성화되며 도파민이 분비되는데, 행복 호르몬이라고도 불리는 도파민은 스트레스와 불안을 낮추고 창의력을 향상시킨다.

앨리스 아이센 교수는 긍정적 정서가 세 가지 측면에서 창의력에 영향을 미친다고 설명했다. 첫째, 긍정적 정서는 연상 능력과 직접적인 관계가 있는 '인지 요소'의 수를 증가시킨다. 즉 같은 대화를 나누더라도 기분이 좋으면 더 많은 뇌세포가 활성화된다. 실제로 단어연상검사 결과를 살펴보면 심리 상태가 부정적이거나 중립적일 때보다 긍정적일 때 창의적인 아이디어가 훨씬 많이 나왔다.[14] 둘째, 긍정적 정서는 주의 전환에 효과적이다. 생각이 잘 안 풀릴 때 주의를 돌려 다른 일을 하다 보면 어느 순간 무의식 속에 잠자고 있던 아이디어가 기적처럼 떠오를 수도 있다. 실제로 창의적인 아이디어의 4분의 3가량이 샤워를 하는 도중에 나왔다는 통계도 있다.[15] 드라마 〈웨스트 윙The West Wing〉과 영화 〈소셜 네트워크The Social Network〉의 각본을 쓴 아론 소킨Aaron Sorkin은 주의 전환이 지니는 힘을 적극적으로 활용하기로 유명하다. 소킨은 하루에 적게는 6번에서 많게는 8번까지 샤워를 한다고 밝혔다. "결벽증은 아니지만 글이 잘 안 써질 때면 (…) 샤워를 하고 뽀송한 새 옷으로 갈아입은 후 다시 글쓰기에 돌입한다."[16]

마지막으로 긍정적 정서는 인지유연성을 높여 다양한 아이디어를 떠올릴 수 있도록 이끈다. 앞에서 로빈 윌리엄스의 코미디 쇼를 시청한 사람들이 그렇지 않은 사람보다 논리 퍼즐을 잘 해결했다는 실험 결과를 살펴봤다. 이렇듯 우리는 편안한 심리 상태에서 번뜩이는 아이디어를 생각해낼 확률이 높다.

그런데 마감이 코앞에 닥치거나 극심한 스트레스를 느낄 때 오히려 업무 효율이 높아진 듯한 경험을 다들 한 번쯤 해봤을 것이다. 이처럼 부정적 정서 역시 우리 인생에서 중요한 부분을 차지

한다. 인간의 심리와 정서를 연구하는 데 평생을 바친 바버라 프레드릭슨은 "부정적 정서의 하나인 공포는 현 상황에서 탈출하고자 하는 욕구를 불러일으킨다. 또 다른 부정적 정서인 분노는 공격성을 유발한다. 이외에도 다양한 부정적 정서가 여러 심리 변화를 야기한다"고 설명한다. 부정적 정서가 필요할 때도 있다. 예를 들어 적당한 스트레스는 집중력을 발휘하는 데 도움을 준다고 알려져 있다. 그런데 이런 부정적 정서가 오랫동안 지속되면 문제가 발생한다. 일시적인 스트레스로 인해 아드레날린의 분비량이 증가하면 단기적 목표 성취에는 효과적일 수 있지만, 오랜 시간 스트레스에 노출되면 몸과 마음이 피폐해진다. 만성 스트레스는 결국 업무 능력을 저하시켜 부정적 결과를 가져온다.[17]

바버라 프레드릭슨은 긍정적 정서가 미치는 영향이 단기에 그치지 않고 모멘텀을 형성해 선순환을 이룰 수 있다고 말했다. 프레드릭슨의 주장에 따르면 "긍정적 정서가 만들어낸 선순환은 정신건강 개선에 매우 효과적일 뿐 아니라 앞으로 마주칠 위기에 대처할 힘을 길러준다."[18] 즉 긍정적 정서는 고난과 역경을 딛고 다시 앞으로 나아갈 수 있게 해주는 원동력이자[19] 사고를 '확장'해 세상을 좀 더 넓게 바라볼 수 있게 도와주는 에너지원이다. 행복은 더 큰 행복을 낳고, 시간이 갈수록 긍정의 힘은 점점 커진다.[20] 창의력의 선순환 역시 엄청난 힘을 지닌다. 유독 일이 잘되는 날, '오늘 제대로 물올랐는데'라며 스스로를 칭찬해본 사람이라면 무슨 말인지 잘 알 것이다. 행복이 행복을 낳듯, 아이디어는 아이디어를 낳는다. 아이디어 창출에 최적화된 심리 상태에 돌입했기 때문이다. 프레드릭슨은 "기쁨, 즐거움, 만족감, 자신감, 사랑 등 때때로 느끼는 긍정적인 감정은 즉각 사고와 행동의 폭을 넓혀준다. (…) 예를 들어 기쁨은 놀이 욕구를 자극해 한계를 뛰어넘고 창의력을 발휘하도록 한다. 이런 욕구는 사회적, 물리적 활동뿐 아니라 정신적, 예술적 활동에서도 뚜렷이 나타난다"고 설명했다. 게다가 감정에는 전염성이 있다. 한 사람이 긍정적 정서를 표출하면 주변 사람에게도 그 영향이 미친다. 그리고 이렇게 전염된 긍정적 정서는 또다시 '확장'된다.[21]

이쯤에서 우리는 1부를 다시 떠올려볼 필요가 있다. 충분히 휴식하기, 근무시간 적당히 조절하기, 주의를 분산시키는 요소 제거하기, 숙면 취하기 등 앞서 제안한 다양한 방법은 몸과 마음을 회복하는 데 도움이 된다. 이미 수많은 과학적 연구가 증명했듯, 우리는 이런 간단한 변화를 통해 세상을 바라보는 낙관적인 시선과 일을 향한 열정을 되찾을 수 있다. 또한 이렇게 생겨난 긍정적 정서는 주변에도 영향을 미쳐 함께 일하는 동료의 업무 능력까지 향상시킨다. 반면 휴식이 부족하거나 회복할 시간이 충분히 주어지지 않는 경우 심리 상태가 불안정해져 부정적 정서에 빠져들고, 그 과정에서 스스로는 물론 주변에까지 피해를 끼치게 된다.[22] 1부에서 소개한 방법들은 한 번쯤 시도해볼 만한 선택사항이 아니다. 팀을 자극하고 팀원과 공유하는 특별한 울림을 지속시키기 위해 반드시 실행해야 할 제안들이다.

심리적 안정감이 역량의 최대치를 만든다

자극의 두 번째 요소인 심리적 안정감이란 무엇일까? 전화통화를 다시 예로 들어보자. 이번에는 여러분이 전화를 거는 입장이다. 환자가 넘쳐나는 대도시의 한 병원에서 야간 당직을 서는 의사가 됐다고 생각해보라. 차트를 확인하다 한 환자에게 투여할 약물의 양이 유독 많다는 사실을 발견했다. 약을 처방한 의사는 이미 퇴근했고, 전화를 걸어서 뭔가 실수한 것 같다고 말하면 틀림없이 언짢아할 것이다. 이 상황에서 여러분은 어떻게 행동하겠는가? 당당하게 전화를 걸 것인가, 아니면 조금 더 고민을 해보겠는가? 혹시 스스로 옳다고 생각하는 일을 행동에 옮기는 데 불편함을 느끼지는 않는가?

심리학에서는 이런 상황을 '심리적 안정감'으로 설명한다. 개인으로서, 또 팀 구성원으로서 역량을 최고로 발휘하고 싶다면 단순히 자신의 마음가짐을 바로잡는 데 그쳐서는 안 된다. 동료와 함께 일하면서 편안하고 안전하다는 느낌이 들 때 우리는 비로소 자극에 이를 수 있다.

하버드 경영대학원의 에이미 에드먼드슨Amy Edmondson 교수는 심리적 안정감을 주제로 연구를 진행했다. 에드먼드슨 교수는 결속력이 강한 팀이 더 나은 결과를 얻는다는 단순한 가설을 증명하고자 했다. 이를 위해 병동별로 자료를 수집한 후 각 병동에 간호사를 파견해 처방 오류가 발생하는 빈도를 확인했다. 에드먼드슨 교수는 평판이 좋은 병동일수록 실수가 적을 것이라 예상했다.

하지만 예상은 완전히 빗나갔다. 최고라고 인정받는 병동에서 오히려 실수가 '더 많이' 일어났다. 에드먼드슨 교수가 '병원1'이라는 명칭을 붙인 일류 병동에서 발생하는 약물 처방 투약 오류는 환자 1,000명당 평균 24건에 달했다. 반면 평판이 비교적 떨어지는 '병원3'에서 발생하는 오류 건수는 환자 1,000명당 2.34건으로, 병원1의 의료진이 저지르는 실수의 10분의 1에 불과했다.

어째서 이런 결과가 나왔을까? 에드먼드슨 교수가 수집한 자료가 부정확했던 걸까, 아니면 실험의 가정 자체가 잘못된 걸까? 혹시라도 놓친 부분이 있을까 싶어 자료를 다시 살펴보던 에드먼드슨 교수는 곧 답을 찾아냈다. "문득 오류 건수가 높은 이유는 실제로 실수가 잦아서가 아니라 실수를 밝히는 데 거리낌이 없기 때문일 수도 있다는 생각이 들었다. 팀원이 저지르는 실수를 용인하고 함께 문제의 원인과 해결책을 찾으려는 개방적인 분위기가 조성돼 있기에 겉으로 드러난 실수가 더 많았던 것은 아닐까?"[23]

에드먼드슨 교수의 추측은 적중했다. 평판이 가장 좋았던 병동에 소속된 의료진은 문제가 발생하면 이를 주제로 적극적인 대화를 나눴고, 그 결과 오류 건수가 높게 나타났다. 반면 평판이 떨어지는 병동은 되도록 문제를 겉으로 드러내지 않으려고 했다.

우리는 일을 하면서 자신이 타인에게 어떻게 비칠지 끊임없이 걱정하며 이미지 관리에 열을 올린다. 에드먼드슨 교수는 이를 '자기방어'라고 칭했다. 무지한 사람, 무능력한 사람, 부정적인 사람으로 보이길 원하는 사람은 아무도 없을 것이다. 우리는 이런 모습을 숨김으로써 스스로를 방어한다. 무지함을 드러내고 싶지 않아 위험한 질문을 삼키고, 남들이 멍청하다고 생각할 만한 아이디어는 제안조차 하지 않는다. 능력 없는 직원이라는 비난을 들을까 봐 약점을 숨기고 실수를 덮는다. 부정적인 사람이라는 낙인이 두려워 동료의 의견에 의문이나 비판을 제기하지 않는다.

하지만 뛰어난 의료진은 겉으로 보이는 모습에 크게 연연하지 않았다. 동료가 실수를 저질러도 비난하지 않고 질문을 해도 무시하지 않는 분위기가 조성돼 있었기 때문이다. 덕분에 수많은 환자가 목숨을 구할 수 있었다.

항공사에서도 마찬가지다. 팀원끼리 의견 교환이 제대로 이루어지지 않으면 승객의 생명이 위험해질 수도 있다. 뉴스에 비행기 사고가 보도되면 우리는 기계적 결함이 원인일 거라 생각하곤 한다. 그러나 항공기 추락 사고의 원인이 기계 결함에 있었던 경우는 거의 없다. 사실상 끔찍한 항공기 사고 대부분은 사람의 실수로 인해 일어났다. 부주의가 낳은 인재였던 셈이다. 1978년 유나이티드항공 173편이 추락해 승객 10명이 사망하는 사고가 발생했다. 부조종사가 기장에게 계속 활주로 근처를 맴돌기엔 연료가 부족할 것 같다고 말했지만, 이 의견은 묵살됐다. "15분 안에 연료가 바닥날 수도 있을 것 같다"는 부조종사의 발언을 귀담아들었더라면 사고는 일어나지 않았을 것이다.

2009년 1월 1일에는 리우데자네이루 국제공항을 이륙해 파리로 향하던 에어프랑스 447편이 추락해 비행기에 탑승한 228명 전원이 사망하는 비극이 발생했다. 사건의 발단은 사소한 기술적 결함이었다. 자동 조종이 해제된 후 엄격한 교육을 거친 승무원과 조종사가 연이어 잘못된 판단을 내리는 바람에 대단치 않은 문제가 돌이킬 수 없는 실수로 이어졌고, 결국 항공기는 바다에 추락하고 말았다.

다행히 요즘에는 심각한 추락 사고가 거의 발생하지 않는다. 항공기 사고 발생 빈도가 이렇게까지 줄어들 수 있었던 이유는 1970년대에 대형 사고가 줄줄이 터진 덕에 오류를 줄이기 위한 승무원 자원관리Crew Resource Management 프로그램, 즉 CRM이 도입 됐기 때문이다. 이 프로그램에서 승무원은 비행 중 예기치 못한 상황이 발생할 경우 취해야 할 표준화된 대처 방안을 배운다. 핵심은 문제를 공유하는 데 있다. 실제 교육에 사용되는 문장을 예로 들어보겠다. "기장님, 지금 남은 연료로는 한 시간 정도 비행이 가능할 것 같습니다. 무전으로 비상 착륙 허가를 요청하려고 하는데, 어떻게 생각하십니까?"

보다시피 정중하고 침착하게, 상황을 설명하고, 우려를 표해야 하며, 해결책을 제안한 후, 동의를 요청하고 있다. 모든 승무원은 이 다섯 가지 규칙을 포함한 문장을 구성하는 방법을 숙지해야 한다. 승무원은 체계적인 교육을 통해 심리적 안전지대를 구축함으로써 비난을 받거나 무시당할 염려 없이 문제를 공유할 수 있게 됐다.

무엇보다 안전한 비행을 위해서는 항공기에 탑승한 승무원이 서로를 잘 알고 있어야 한다. 조직심리학자 애덤 그랜트는 "전체 항공 사고의 75퍼센트가 승무원이 첫 합을 맞출 때 발생했다"는 통계를 제시했다. 또한 나사NASA가 실시한 모의 우주비행을 사례로 들며 "기존 팀이 밤샘근무를 하느라 수면이 부족한 상태로 비행을 할 때보다 새로운 우주비행사가 팀에 합류하고 첫 비행을 나섰을 때 더 많은 실수가 발생했다"며 팀워크의 중요성을 강조했다.[24] 팀원끼리 친밀해지면 심리적으로 안정감을 느껴 자신의 의견을 제시하거나 동료가 내린 결정에 의문을 제기하기가 한결 편안해진다.[25] 이뿐 아니라 수직적인 계층구조로 인해 발생 가능한 문제를 예방하는 효과도 있다.

그날 수술실에선 왜 사고를 막지 못했을까

영국 의료서비스의 안전성을 한 단계 성장시킨 주인공이 항공사 파일럿이었다는 사실 역시 우연만은 아닐 것이다. 2009년 3월 29일 마틴 브로밀리Martin Bromiley는 비강 수술을 받기로 한 아내 일레인Elaine을 수술실로 들여보내고 어린 두 아들과 함께 집으로 돌아왔다. 아내는 이전에도 몇 번이나 같은 수술을 받았기에 크게 걱정할 일은 없었다.

하지만 전혀 예상치 못한 비극이 브로밀리 가족을 덮쳤다. 아내의 수술이 끝나기를 기다리던 마틴은 병원에서 걸려온 전화 한 통을 받았다. '환자가 수술 후 깨어나지 못하고 있다. 지금 당장 병원으로 돌아오라'는 내용이었다. 헐레벌떡 병원으로 향한 마틴은 의료진이 아내에게 마취제를 투약한 후 기도를 확보하는 데 어려움을 겪었으며, 그 결과 산소 공급이 제대로 이루어지지 않아 아내의 목숨이 위험하다는 비보를 접했다. 간단한 수술을 받으러 들어간 일레인은 의료사고 피해자가 되어 뇌에 심각한 손상을 입고 집중치료실로 옮겨졌다. 혼수상태가 며칠째 지속됐다. 얼마 후 마틴은 생명유지장치 제거에 동의해달라는 요청을 받았다. 일레인은 의료사고가 난 지 채 2주가 안 돼 싸늘한 주검이 됐다.

파일럿으로 근무하며 승무원 자원관리 프로그램과 엄격한 사건 검토 절차에 익숙해져 있던 마틴은 당연히 철저한 진상 규명이 이루어질 것이라 생각했다. 하지만 곧 의료계에는 의료사고 관련 규정이 부족하다는 사실을 깨달았다. 이에 마틴은 아내의 사망 원인을 밝혀달라고 병원에 요청했고, 환자의 죽음에 책임을 느낀 병원은 당시 수술실에서 어떤 일이 벌어졌는지 알아내기 위해 마취 전문의에게 자문을 구했다.

그때까지 마틴은 아내의 죽음이 불행한 사고였다는 의료진의 말을 철석같이 믿고 있었다. 하지만 마취 전문의가 보고한 내용은 완전히 다른 방향을 가리켰다. 보고서에 따르면 일레인은 수술을 집도하던 의사의 실수로 인해 사망했다. 수술에 참여한 간호사 몇 명이 실수를 발견하고 조치를 취하고자 했으나 상부에서는 이들의 조언을 무시했다. 당시 수술실에 있던 의료 전문가들의 경력은 모두 합쳐 60년이 넘는데도 불구하고 제대로 대화를 나누는 방법조차 알지 못했다. 그 결과 건강한 37세 여성이 목숨을 잃었다.

그날 수술실에서 어떤 일이 벌어졌는지 조금 더 자세히 살펴보도록 하자. 수술을 시작하고 2분 정도 지났을 때 마취과 의사는 일레인의 기도 확보에 문제가 생겼음을 인지했다. 산소가 부족하면 10분 안에 뇌에 돌이킬 수 없는 손상이 발생할 수 있기 때문에 기도가 막히는 응급상황이 발생할 경우 바로 조치를 취하게 돼 있다. 일단 튜브 삽입과 호흡기 부착을 시도해보고 두 가지 모두 소용이 없으면 기관지를 절개한 후 환자를 중환자실로 보내야 한다. 사건 당일 수술에 참여한 모든 의료진은 틀림없이 이 절차를 숙지하고 있었을 것이다. 하지만 의료진은 산소 부족으로 일레인의 얼굴이 파랗게 질리고 심장박동수가 급격히 떨어지는 상황에서 무려 25분이 넘게 튜브 삽입에만 매달리고 있었다.

산소 부족 증상이 심각한데도 의사가 도무지 다음 단계로 넘어갈 생각을 하지 않자 간호사 한 명이 기관지 절개에 필요한 도구를 준비해 왔다. 하지만 의사는 여전히 환자의 목구멍만 쳐다보고 있었다. 영국의 주간지 《뉴스테이츠먼New Statesman》에 실린 기사에 따르면 '간호사가 중환자실에 연락해 즉시 침대를 준비해달라고 부탁한 후 의사에게 이를 알리자 의사는 쓸데없이 일을 크게 만든다는 듯 간호사를 흘끗 쳐다볼 뿐이었다.'[26] 조사 결과가 나오자 일레인의 수술을 담당한 마취 전문의는 사고 당시 자신이 잘못된 판단을 내렸었다는 사실을 인정했다.

여기까지가 그날 수술실에서 일어난 일이다. 일레인은 이미 목숨을 잃었지만, 비극을 반복하지 않으려면 거대한 소통 장벽을 무너뜨려야 했다. 평소에도 병원에서는 경험이 풍부한 선임 의료진이 자기 의견만을 고집하며 아랫사람이 건네는 조언을 무시하기 일쑤였고, 이는 결국 집단지성의 붕괴라는 결과를 가져왔다. 수술실에서 간호사가 산소 부족 증상을 눈치 채고 기관지 절개 도구를 준비했던 것처럼, 조직에서 문제가 발생하면 이를 발견하고 적절한 해결책을 제시하는 사람이 반드시 한 명은 있다. 무시당할 게 뻔하다는 생각에 목소리를 내지 못할 뿐이다. '심리적 안정감'이 부족한 탓이다.

마틴 브로밀리는 병원이 시대에 뒤처진 계급 체계를 따르고 있다고 비난했다. 계급의 최상위층에는 수술 집도의가 있다. 이들은 대부분 남성으로, 굉장히 저돌적이며 자신의 약점이나 무지가 드러나는 상황을 극도로 꺼린다. 그 아래에는 마취 담당의가 있다. 이들은 수술을 돕는 보조 역할을 수행한다. 계급 체계의 바닥에는 간호사가 있다. 간호사는 병원에 절대 없어서는 안 될 중요한 존재지만 종종 의사에 비해 배움이 부족하다는 이유로 무시를 당한다.

하지만 마틴 브로밀리가 지적했듯 서로 자유롭게 피드백을 주고받을 수 없는 팀은 구성원이 지닌 역량을 최대치까지 이끌어낼 수 없다. 마틴은 "학습하는 조직이 되려면 팀원의 경험과 관점을 존중해야 한다"고 일침을 가했다.[27] 조직에서 내리는 지시가 옳지 않다는 사실을 알면서도 계급 차이에서 오는 사회적 압박을 이기지 못하고 상사의 말에 순응하는 경우가 있다. 괜한 소란을 일으키고 싶지도 않고, 모두가 보는 앞에서 창피를 당하고 싶지도 않기 때문이다. 에이미 에드먼드슨 교수가 실시한 연구에 참여한 한 간호사는 약물처방 투약 오류를 보고할 때 "아무것도 할 줄 모르는 세 살짜리 어린애 취급을 받았다"고 이야기했다. 또 한 간호사는 "어쩌다 실수라도 한 번 하면 의사가 고래고래 소리를 질러댔다"며 치를 떨었다.[28] 반면 뛰어난 평가를 받은 병동에서 근무하는 의료진은 실수를 인정하고 의견을 표현하는 데 거리낌이 없었다. 자신의 견해가 존중될 것이라는 사실을 알고 있기에 가능한 일이었다.

심리적 안정감이 중요한 이유가 여기에 있다. 스스로 아무리 확신에 차 있어도 주변에서 냉담한 반응만 보인다면 자신의 입장을 쉽게 드러낼 수 없다. 먹이사슬의 꼭대기를 차지한 상급자들이 제시하는 의견은 그 자체로 무게감을 가진다. 하지만 하급자의 목소리가 공유되기 위해서는 먼저 귀를 기울여줘야 한다. 조직이 더 나은 방향으로 나아가기 위해서는 갓 입사한 신입사원의 의견이라 할지라도 허투루 듣지 말아야 할 것이다.

심리적 안정감과 긍정적 정서는 성공적인 기업을 떠받치는 대들보 역할을 한다. 그리고 이 두 가지가 모두 갖춰질 때 우리는 비로소 자극에 이를 수 있다.

자극을 완성하는 두 가지 요소

긍정적 정서와 심리적 안정감은 서로 독립적으로 작용한다. 하지만 생동감 넘치는 근무 환경을 조성하고 직원의 잠재력과 창의력을 이끌어내려면 두 가지 요소가 모두 필요하다. 긍정적 정서와 심리적 안정감이 모두 충족될 때 팀은 자극 상태에 도달한다.

아래의 표는 조직 구성원이 느끼는 정서와 심리적 안정감의 조합에 따라 직장 분위기가 어떻게 달라지는지 간략하게 보여준다. 부정적 정서와 중립적 정서는 따로 구분하지 않는 대신 긍정적 정서가 지니는 순기능에 초점을 맞췄다. 이제 표의 내용을 자세

		부정적/중립적 정서	긍정적 정서
심리적 안정감	높음	**마찰** 구성원 간 직설적인 대화가 이루어지지만 배려가 부족하다는 특징을 지닌다. 간결함과 명료함을 굉장히 중요시하는 한편 원만한 인간관계에는 큰 가치를 두지 않는다. 항공사 등 절차와 검증을 최우선순위로 여기는 기업이 주로 이 경우에 해당한다. 공명정대하다는 장점과 인간미가 부족하다는 단점이 공존한다. 이 모든 조건에 부합하는 회사는 매우 드물다.	**자극** 신뢰를 기반으로 한 진솔한 대화와 지속적이고 긍정적인 동기부여가 조화를 이룬다. 동료 간 소통이 원활히 이루어지고 노력만큼 결과가 나오는 창의적인 근무 환경이 갖춰질 때 비로소 자극 상태에 다다를 수 있다.
	낮음	**생존** 주변에서 가장 쉽게 찾아볼 수 있는 근무 형태다. 이런 분위기에서 일하는 직장인은 대부분 '괜히 튀지 말고 중간만 가자'는 태도를 보인다. 업무의 질보다 양을 중요하게 생각하며, 타인에게 보이는 모습에 무척 신경 쓴다. 위험한 프로젝트를 기피한다.	**고립** 개인이 이룩한 성과에 합당한 보상이 주어지지만, 소속감이 낮아 팀워크가 떨어진다. 이로 인해 기업문화가 정치적으로 변질되거나 고용불안이 커지는 문제가 발생하기도 한다. 성과에 따라 직원의 등수를 매기고 혜택을 차등 지급하는 기업에서 이런 현상이 흔하게 관찰된다.

히 살펴보도록 하자.

■ **생존**(낮은 심리적 안정감, 부정적/중립적 정서)

근로자에게 불리한 '제로아워 계약(노동시간을 정해놓지 않고 일한 만큼 대가를 지불하는 계약—옮긴이)'을 체결한 기업이나 공공기관에서 생존에 해당하는 근무 형태를 쉽게 찾아볼 수 있다. 엄격하게 규정된 근무 지침에 맞춰 모든 업무를 처리해야 하는 조직에 속한 구성원은 자신의 의견을 자유롭게 표현할 수 없으며, 아주 사소한 결정을 내릴 때도 상부의 허가를 거쳐야 한다. 지시를 따르는 데 익숙해진 근로자는 어느 날 갑자기 자율성이 주어진다고 해도 어쩔 줄 몰라 하며 의사결정에 소극적인 모습을 보일 가능성이 높다. 노동조합의 힘이 센 직장에 근무하는 직원도 '생존' 상태에 해당할 가능성이 높다. 강력한 조합이 든든하게 뒤를 받쳐주고 있기에 경영진의 변덕 때문에 일자리를 잃을 걱정은 없다. 하지만 자신이 맡은 업무를 기존과 다른 방법으로 처리하거나 회사의 경영 방침과 관련해 의견을 제시할 권한이 주어지지 않으면 심리적 안정감은 떨어진다. 이는 결국 직업 불만족으로 이어진다. 또한 고용안정과 진정한 신뢰는 전혀 다른 문제라서, 기업과 직원이 서로를 의심하는 바람직하지 않은 문화가 자리 잡기도 한다. 물론 회사의 일방적인 통보로부터 근로자를 보호하는 장치는 꼭 필요하다. 하지만 노동조합이 성장하는 과정에서 직원의 의욕이 저하되는 부작용이 생기지 않도록 주의해야 한다.

■ 고립(낮은 심리적 안정감, 긍정적 정서)

대부분의 업무를 혼자서 처리하는 직업군에서는 고립이 큰 문제가 되지는 않는다. 마감에 맞춰 기사를 작성하면 되는 기자, 자신이 담당한 환자만 진료하는 의사, 이곳저곳 돌아다니며 고객을 유치하는 영업사원은 꼭 뛰어난 팀에 소속되지 않아도 업무를 훌륭히 소화해낼 수 있다. 그리고 고립에 동반되기 마련인 독립성은 매우 큰 가치를 지닌다. 그렇지만 팀원 간 신뢰가 사라지면 많은 부분을 놓치게 된다. 홀로 아무리 열심히 노력한다고 해도 여러 사람의 머리에서 나오는 아이디어를 모두 생각해낼 수는 없다. 우리는 협력을 통해 더 나은 해결책을 찾고 동료와 의견을 주고받으며 창의적이고 혁신적인 아이디어를 떠올린다. 게다가 조직 구성원이 완전히 독립적으로 일을 하는 경우, 모든 구성원이 조직을 이탈하면 집단학습의 부재로 인해 조직 자체가 사라진다. 직원이 떠나면 회사에는 그들이 얻은 노하우가 남지 않기 때문이다.

문제는 이뿐만이 아니다. 자신이 맡은 업무에 만족한다고 하더라도 심리적으로 안정감을 느끼지 못하면 진정한 발전과 혁신을 가져올 귀중한 기회를 흘려보내게 된다. 혹시 모를 위험을 피하려는 욕구는 미지의 영역을 탐험하고자 하는 욕구보다 강하다. 광고계의 거장 로리 서덜랜드는 "시장 조사를 실시하는 이유가 변질된 것 같다는 느낌이 가끔 든다. 반짝이는 아이디어를 찾으려는 마음보다 진행 중인 일이 잘못될 경우 스스로를 지킬 방법을 찾는 데 초점을 맞추는 듯하다. 공포는 상상력을 제한한다. 그리고 상상력이 떨어져서 회사에서 잘리는 사람보다 논리력이 부족하다는 사유로 해고당하는 사람이 훨씬 많을 것"이라며 우려를 표했다.[29] 직장인이 구설수에 오를 만한 적극적인 행동을 지양하고 다른 사람을 쉽게 납득시킬 수 있는 소극적인 의견을 제시하는 이유가 여기에 있다. 서덜랜드는 "우리는 마치 스스로의 선택에 결정권이 없다는 듯 행동한다"고 지적했다. "거대한 조직은 행동에 따르는 책임이 오롯이 구성원 개인에게만 지워지지 않는다는 확신을 주기 위해 존재하는 것 같다. 이들은 복잡한 체계 속에 교묘히 몸을 숨기고 선택의 결과로부터 스스로를 보호한다. 필요 이상으로 비대해진 관료조직은 비효율의 극치를 달린다. 실제로 공무원 사회에서는 능력이 없어도 '튀지만 않으면 평생 직장을 지킬 수 있다'는 논리가 공공연히 작동하고 있다."

■ 마찰(높은 심리적 안정감, 부정적/중립적 정서)

이 경우에 해당하는 직장은 찾아보기 힘들다. 언뜻 봐도 이런 구성은 성립하기 힘든 조합이라는 걸 알 수 있을 것이다. 웃음기 하나 없이 냉정한 시선 앞에서 어떻게 자신의 의견을 마음 편히 표현할 수 있겠는가? 브리지워터 어소시에이츠를 설립한 레이 달리오Ray Dalio는 저서 《원칙Principles》에서 자신을 '금융계의 스티브 잡스'에 비유한 언론 보도 내용을 상세히 언급할 정도로 자부심이 높은 인물이다. 달리오는 브리지워터 어소시에이츠의 성공 비결이 투자와 관련된 모든 업무를 두고 직원끼리 신랄한 평가를 주고받는 데 있다고 말한다. 달리오도 예외는 아니다. 그는 이런 기업문화가 무척이나 자랑스러운지 '대표님, 오늘 회의에서 보여주신 모습은 D에 해당합니다'라는 내용이 적혀 있는 이메일을 증거로 제시했다.

달리오는 책과 인터뷰, 테드 강연에서 자신이 부하 직원에게 형편없는 평가를 받았던 사례를 한 번도 빼먹지 않고 언급했다. 얼핏 보기에는 문제가 될 만한 부분이 없는 것 같지만, 과연 회사 분위기를 망쳐가면서까지 잔인하리만치 솔직한 평가를 계속할 가치가 있는지 의문이 든다. 브리지워터 어소시에이츠의 높은 이직률만 봐도 대답이 될 것이다. 즉 직원의 입장에서 브리지워터 어소시에이츠는 일할 맛이 안 나는 회사다. 퉁명스럽고 직설적인 지적이 솔직하게 의견을 나누는 데 도움이 될지 모르나, 이로 인해 긍정적 정서가 자취를 감추게 되면 직원은 결국 '이렇게 살기에는 인생이 너무 짧다'는 결론을 내리고 회사를 떠나게 된다.

■ 자극(높은 심리적 안정감, 긍정적 정서)

언제나 활기가 넘치고 누구에게나 자유롭게 의견을 표현할 수 있는 팀은 그야말로 무적이라고 할 수 있다. 이런 팀에서는 아이디어가 끊임없이 넘쳐난다. 바로 이런 상태가 자극이다. 우리는 심리적 안정감과 긍정적 정서가 조화를 이룰 때 자극에 도달할 수 있다.

물론 말만큼 쉽지는 않다. 솔직함과 무례함 사이에 균형을 맞추기 위해서는 노력을 게을리하지 말아야 한다. 여기서 조금이라도 벗어나면 그동안 애써 쌓아온 노고는 물거품이 되고 만다. 그렇다고 해서 애초에 공들일 필요가 없다거나 성취가 불가능하다는 의미는 아니다.

픽사 회장 에드 캣멀Ed Catmull은 조직이 걸어온 경이로운 발자취를 되돌아보며 픽사 창립 초기에 정착한 멋진 기업문화를 해치지 않으면서 상사에게 직설적인 피드백을 전달하는 방법을 설명했다. 픽사에서는 긍정적 정서와 심리적 안정감이 조화를 이루는 회의 방식인 브레인트러스트Braintrust를 적극 활용한다. 캣멀은 그의 저서 《창의성을 지휘하라Creativity, Inc.》에서 브레인트러스트의 목표가 "똑똑하고 열정 넘치는 직원을 한 자리에 모아 솔직한 토의를 통해 문제를 해결하도록 만드는 것"이라고 이야기했다. 캣멀의 표현에 따르면, 브레인트러스트의 효과는 '경이롭다'. 회의에 참여할 때는 자신의 솔직함으로 인해 동료가 상처받지 않도록 정해진 규칙을 따라야 한다.[30] 어떤 일이 있어도 프로젝트 담당자의 권위를 훼손해서는 안 된다. 픽사에서는 작품 제작 초기 스케치 단계부터 애니메이션이 완성될 때까지 정기 상영회를 열어 전 직원이 솔직하게 의견을 나누는 시간을 가진다. 스토리나 영상에 관해서는 누구나 감상을 표현할 수 있지만, 충고는 금지돼 있다. 문제의 해결책이 아닌 정확한 원인을 파악하기 위한 자리인 브레인트러스트 회의에서는 감상평을 공유할 뿐, 해답을 제시해서는 안 된다. 이렇게 픽사는 긍정적 정서가 조성한 창의적인 분위기를 해치지 않고 솔직하게 의견을 나눈다.

월트디즈니 최고경영자 밥 아이거Bob Iger는 픽사를 인수하며 경영진으로부터 브레인트러스트 비법을 전수받아 디즈니 스타일에 맞게 스토리 트러스트Story Trust로 발전시켰다.[31] 덕분에 우리가 사랑하는 수많은 애니메이션이 탄생할 수 있었다. 픽사의 노하우가 아니었다면 〈겨울왕국〉의 엘사는 동생 안나와 우애를 다지는 대신 볼품없는 얼음장수 크리스토프와 사랑을 속삭였을 것이다. 사실 스토리 트러스트를 도입하기 전까지 엘사와 안나는 자매 사이도 아니었다.[32] 픽사와 디즈니에 근무하는 직원은 트러스트 회의를 통해 어색하게 느껴질 수 있는 부분을 지적하되, 제작을 맡은 팀이 자유롭게 상상력을 발휘해서 더 좋은 작품을 만들 수 있도록 불필요한 충고는 아낀다.

껄끄러운 질문이 많이 오고간다고 해서 회사 분위기가 나빠지지는 않는다. 바버라 프레드릭슨이 이야기했듯, "심리적 안정감을 느낄 수 있으려면 실수를 저질러도 징계를 받지 않고, 질문을 하거나 도움을 요청해도 창피를 당하지 않는다는 확신이 있어야 한다." 그리고 심리적 안정감이 자리 잡으면 건설적인 태도로 다른 사람이 건네는 충고를 기꺼이 받아들이고 업무에 최선을 다할 수 있을 것이다.

우리는 매일 직장에서 크고 작은 위험을 감수하며 일하고 있다.

자신이 제안한 아이디어가 평판에 어떤 영향을 미칠지 전혀 고민하지 않는 사람은 없을 것이다. 혹시라도 일이 잘못될지 모른다는 불안감도 자주 우리를 괴롭힌다. 따라서 직원이 능력을 제대로 발휘하길 원한다면 먼저 회사가 심리적 안정감을 심어줘야 한다.

얼마 전 꽤 유명한 기술 회사에 근무하는 한 직원이 흥미로운 일화를 공유해줬다. 팀장 제리가 자리를 비웠을 때 새로 부임한 임원이 팀원을 앞에 두고 이런 말을 했다고 한다. "빠른 시일 내에 상황이 개선되지 않으면 제리는 곧 책상을 비워야 할걸세." 그 임원을 지금 이 자리에 불러 당시 왜 그런 말을 했는지 묻는다면 아마 농담이었을 뿐이라고 대답할 것이다. 물론 별 의미 없는 농담이었을 수도 있다. 하지만 듣는 사람의 입장을 전혀 고려하지 않은 발언이었다. 아무 생각 없이 던진 말 한마디가 온갖 가십과 루머와 의심을 몰고 올 수도 있다. 진담이었든 농담이었든, 그 임원은 직원에게 지금 근무하고 있는 회사가 심리적 안정감을 느낄 만한 직장은 아니라는 사실을 넌지시 알려준 셈이다.

전략적으로 압박을 가하는 기업도 있다. 넷플릭스의 핵심 원칙을 담은 '넷플릭스 컬쳐 데크Netflix Culture Deck'는 2009년 인터넷에 공개되자마자 엄청난 반향을 일으켰다. 조금도 꾸밈이 없었기 때문이다. 넷플릭스는 이 문서에서 두각을 보이지 못하는 직원을 가차 없이 해고할 것이라는 사실을 분명히 명시했다. '그저 그런 성과에는 두둑한 퇴직금이 보상으로 주어질 것'이라는 문장이 이를 말해준다.[33] 이는 최고인사책임자로 근무했던 패티 맥코드Patty

McCord가 '가족 같은 회사'라는 표현을 사용하지 않는 이유이기도 하다. 크리스마스 만찬에 오른 음식이 아무리 형편없어도 엄마를 해고하는 가족은 없다. 마찬가지로, 남동생이 온 집 안을 흙투성이로 만들어도 가족 채팅방에서 쫓겨나는 일은 없다. 직장과 가정은 절대로 같을 수 없지만, 우리는 상대에게 편견 없이 받아들여지고 쉽게 내쳐지지 않을 것이라는 확신이 있을 때 심리적 안정감을 느낀다.

자극에 도달하기까지 과정은 결코 쉽지 않지만, 심리적 안정감과 긍정적 정서가 어우러져 나타나는 결과는 짜릿하다. 이제 팀을 자극 상태로 이끄는 방법을 살펴보도록 하자.

문제를 바라보는
태도를 바꿔라

노키아는 왜 박살났을까?

탄탄대로를 달리던 노키아는 2008년에서 2014년까지 고작 6년 만에 힘없이 쓰러지고 말았다. 한때 전 세계 휴대전화 시장의 40퍼센트를 점유하던 노키아는 영원한 영광을 누릴 것만 같았다. 2위 기업과 점유율 차이가 거의 2배 가까이 벌어졌으니 그렇게 생각할 만도 했다. 아이폰, 안드로이드폰, 블랙베리가 각각 고급스러움, 깔끔함, 편의성을 내세우며 노키아의 뒤를 바짝 쫓아오고 있었지만 핀란드의 거인은 새로운 운영체제 심비안Symbian이 경쟁자를 저 멀리 밀어내리라고 굳게 믿고 있었다. 그러나 추락은 순식간이었다.

카스 경영대학원의 안드레 스파이서 교수는 문제점이 빤히 눈에 보였다고 이야기한다. 심비안은 형편없었다. 처리 속도가 너무 느렸고, 애플이 선보인 새 아이폰 시리즈에 한참 뒤처졌다. 노키아 직원은 하루가 멀게 혁신을 거듭하는 수많은 스마트폰과 겨루기엔 자사 제품의 경쟁력이 부족하다는 사실을 잘 알고 있었다. 하지만 이들은 입을 다물었다. 스파이서 교수는 그 이유를 이렇게 설명했다. "직원은 상부에 나쁜 소식을 전하기를 꺼렸다. 부정적인 사람으로 보일까 두려웠기 때문이다. 노키아에서 자리를 지키려면 낙관적인 전망만을 공유해야 했다."[1] 2014년 노키아의 시장점유율은 4분의 3가량 감소해 얼마 안 되는 피처폰 판매 수익으로 겨우 명맥을 유지하는 수준이었다. 스마트폰 사업은 완전히 박살이 났다. 한때 명실상부 일인자의 자리를 지키던 기업은 마이크로소프트에 인수당하는 안타까운 결말을 맞았다.[2]

이렇듯 우리는 기존의 방식이 잘못됐음을 느끼면서도 현실에 순응하는 쉬운 길을 택하곤 한다. 이는 눈앞에 닥친 위기를 어떻게 바라보는지에 달려 있다.

상명하복 시스템을 버려라

윗사람을 만족시키는 데 우선순위를 두면 문제가 발생했을 때 이를 객관적으로 받아들이지 못하고 임원진의 입장에 맞춰 생각하게 된다. 반면 회사가 맞닥뜨린 상황을 겸허히 수용하고 해결책을 찾기 위해 노력하다 보면 위기를 벗어날 가능성은 높아진다.

에이미 에드먼드슨 교수는 세상을 바라보는 태도에 목숨을 구할 만큼 대단한 힘이 있다고 주장했다. 에드먼드슨 교수는 오스트리아의 저명한 심리학자 빅터 프랭클Viktor Frankl이 생지옥이나 다름없던 아우슈비츠 강제 수용소에서 온갖 참상을 견뎌낼 수 있었던 이유는 반드시 살아남아 자신이 겪고 있는 참상을 세상에 알려야 할 용기와 생존의 문제로 상황을 바라봤기 때문이라고 이야기했다.[3] 또한 로렌스 곤잘레스는 오랜 시간 생존심리를 연구하며 고난을 바라보는 자세가 끔찍한 재난 상황에서 살아남는 데 매우 중요한 영향을 미친다는 결론을 내렸다. 생존자의 증언에 따르면 함께 조난당했지만 결국 목숨을 잃은 이들은 지독한 불운을 탓했다고 한다. 반면 담담한 태도로 재난을 해결해야 할 과제라고 받아들인 사람들은 위기를 훨씬 잘 헤쳐 나갈 수 있었다.[4]

에드먼드슨 교수는 문제를 바라보는 태도가 어떤 변화를 가져오는지 확인하기 위해 미국 최대 심장외과를 대상으로 연구를 실시했다. 얼마 전까지만 해도 심장외과에서는 수술 부위에 대한 접근을 용이하게 하기 위해 환자의 갈비뼈를 잘라 양 옆으로 벌려놓고 수술을 했다. 효과적이지만 다소 잔인한 방법이었다. 하지만 2009년부터 갈비뼈 사이로 심장에 접근할 수 있는 키홀 수술이 가능해졌다.[5] 새로운 수술법을 적용하면 손상 부위를 줄여 회복시간을 현저히 줄일 수 있지만, 그만큼 수술 과정이 까다롭다. 수술 부위를 절개하는 기존의 방식과 달리 키홀 수술을 하려면 복잡하게 얽힌 혈관을 피해 복강경을 삽입해야 하기 때문이다. 한 간호사는 "개복술과 달리 수술 부위가 보이지 않는다는 점이 가장 어렵다. 출혈 등 예상치 못한 상황이 발생해도 직접 볼 수가 없으니 답답하다"며 어려움을 호소했다.

심장 키홀 수술을 고안한 의료진은 아무리 노련한 심장외과 전문의라도 적어도 8번 이상 수술을 경험해봐야 까다로운 수술법이 어느 정도 손에 익을 것이라고 예상했다. 실제로 수술팀들이 새로운 방식을 완전히 숙달하기까지는 대체로 약 40회가 걸렸다.

흥미롭게도 의료진이 까다로운 키홀 수술에 접근하는 태도에 따라 수술시간과 완성도에 아주 큰 차이가 나타났다. 일부 수술팀은 집도의가 수술을 이끌고 나머지 의료진이 지시에 따르는 전통적 '상명하복' 방식을 고수했다. 집도의는 자신이 머리에 카메라를 착용하지 않으면 다른 의료진이 수술 과정을 제대로 파악할 수 없다는 사실을 알면서도 불편하다며 수시로 카메라를 빼뒀다. 수술 진행 상황을 상세히 설명해주지도 않았고 궁금한 점이 있으면 수련의에게 물어보라며 대답을 미뤘다.

하지만 '상명하복'으로 큰 성과를 얻지 못하자 일부 수술팀은 에드먼드슨 교수가 제시한 '학습 접근법'을 시도했다. 집도의는 수술을 보조해줄 의사를 선정하고 전문 의료진의 도움을 받아 함께 수술을 해나갔다. 이 방식 하에서는 새로운 수술법을 개인에게 주어진 과제가 아니라 팀이 함께 풀어나가야 할 문제로 바라봤고, 덕분에 '내가 이 기술을 숙달해야 한다'는 중압감에서 벗어날 수 있었다. 의료진은 복잡한 수술 전 과정에 걸쳐 각자가 맡은 역할을 충실히 수행하며 활발하게 의견을 교환했다.

한편 상명하복 방식만 고수한 병원은 20회 이상 새로운 수술 방법을 시도했으나 '발전의 기미가 보이지 않는다'며 답답해했다. 얼마 후 이들은 키홀 수술을 아예 포기하고 기존의 개복술로 돌아갔다. 반면 학습 접근법을 채택한 병원은 새로운 수술 방식을 습득했다. 이에 그치지 않고 40번쯤 수술 경험을 쌓은 이후에는 더욱 까다로운 수술까지 성공시키며 한층 성장한 모습을 보였다.

에드먼드슨 교수는 이들 의료진이 굉장히 의욕적이었다고 이야기했다. 심장 키홀 수술에 참여한 간호사는 "환자가 매우 빠르게 회복하고 있다. 굉장히 뿌듯하다. 수술에 참여할 수 있어서 몹시 기쁘다"며 보람을 표현했다. 게다가 팀워크도 한층 돈독해졌다. 새로운 수술팀에 속한 한 수련의는 "질문이 있어서 집도의의 사무실을 찾아가면 항상 친절하게 대답해줬다. 단 한 번도 타박을 하거나 무안을 주지 않았다. 누구나 자유롭게 의견을 표명할 수 있었다"고 말했다. 그리고 문제가 생기면 모두 함께 고민했다. 집도의는 머리에 카메라를 쓰고 수술팀과 시야를 공유하며 피드백을 주고받았다. 수술실에서 다진 팀워크는 자연스럽게 병원 전체로 이어졌다. 수술에 참여한 모든 의료진은 집단학습의 힘을 배웠으며, '환자의 목숨을 살린다'는 소명의식으로 치료에 임했다.

물론 이렇게 생사를 좌우하는 직업은 매우 드물다. 하지만 에드먼드슨 교수의 주장에 따르면 어떤 일을 하더라도 적용되는 규칙은 같다. 에드먼드슨 교수는 "지금까지 해온 어떤 일과도 다르다는 생각으로 프로젝트에 임하라. 여러분이 마주한 문제를 동료와 공유하고 새로운 방식을 시도함으로써 위기를 기회로 바꿀 수 있을 것"이라며 혼자만의 세상에서 벗어나 넓은 시야를 갖추라고 조언했다. "그 과정에서 팀의 필요성을 느낄 것이다. 훌륭한 성과를 거두려면 스스로의 실력만큼이나 주변의 흔쾌한 도움이 중요하다. 혼자만의 힘으로는 결코 위대한 결과를 얻을 수 없다."

심리적 안정감을 주는 세 가지 방법

앞서 서문에서 이야기했던 심리적 안정감이 갖추어져야 하는 이유가 여기에 있다. 팀을 이루어 문제를 해결하고 위기를 극복하려면 조롱을 당하거나 비난받을 걱정 없이 자유롭게 의견을 나눌 수 있는 환경이 조성돼야 한다. 에이미 에드먼드슨 교수는 심리적 안정감을 주는 세 가지 방법을 제안했다. 첫째, 업무를 '처리해야 할 문제'가 아닌 '학습의 기회'로 바라보기 위해서는 의문을 확실하게 제기해야 한다. 많은 이들이 직장에서는 무조건 당당하고 자신감 넘치는 모습을 보여야 한다고 생각한다. 또한 확실하고 분명한 대답이 곧 정답일 것이라 착각한다. 하지만 발전을 원한다면 혼자서 모든 문제에 정답을 찾을 수 없다는 사실을 인정하고 동료의 의견을 기꺼이 받아들여야 한다.[6] 에드먼드슨 교수의 두 번째 조언 역시 이와 일맥상통한다. 자신의 부족한 모습을 드러내라는 것이다. 진정한 리더라면 부하 직원이 목소리를 낼 수 있도록 격려해야 한다. 상사가 "내가 놓친 부분이 있을지도 모르니 주저하지 말고 의견을 내달라"고 이야기한다면 직원은 한결 편한 마음으로 자신의 생각을 드러낼 수 있을 것이다. 마지막으로 에드먼드슨 교수는 호기심을 잃지 말라고 당부했다.[7]

상명하복 방식을 고집하다 새로운 수술법을 끝내 습득하지 못한 의료진의 사례에서 알 수 있듯, 심리적 안정감을 얻기란 굉장히 어렵다. 무엇보다 열린 마음과 겸손함을 갖춰야 가능한 일이다. 인간은 본능적으로 확실성을 좇기에, 누군가 정답을 제시해주길 바란다. 그럼에도 불구하고 의심과 우려를 표명할 줄 알아야 한다. 그러기가 불편하고 일부러 불안을 조장하는 듯해 찜찜한 기분도 들겠지만 결과적으로는 팀원 간 신뢰가 돈독해질 것이다.

to-do list

☑ 평소 주간회의에서 다루던 안건은 잠시 미뤄두고 궁극적으로 추구하는 목표가 무엇인지 논의해보는 시간을 가져라.

☑ "모른다"고 말하길 두려워하지 마라. 질문을 유도하라.

☑ 다양한 시각으로 현상을 바라보라. '뭐가 얼마나 잘못되겠어?'라고 생각하면 용기가 날 것이다.

☑ 팀원과 함께 완전히 새로운 대상을 관찰하고 구성 부품과 관련해 질문을 던져보라. 다만 의견을 배제하고 사실만을 이야기해야 한다. 이렇게 나온 질문을 하나하나 논의하다 보면 새로운 시각으로 문제를 해결하는 데 좋은 연습이 될 것이다.

22

제발,
실수를 인정하라

솔직한 피드백을 이끌어내는 방법

직원에게 동기를 부여하고 영감을 불어넣기 위해서는 솔직한 피드백이 오가는 개방적인 문화를 조성할 필요가 있다. 그러나 정직함과 솔직함을 기업의 핵심가치로 내세우면서 정작 이를 실천할 구체적인 방안을 제시하지 않는 회사는 직원의 신뢰를 얻을 수 없다. 바클레이즈 은행의 내부고발 사태를 살펴보자. 영국 금융규제 당국은 조직 내에서 위법 행위를 목격하거든 지체 없이 신고해달라고 당부했다. 이에 바클레이즈 은행의 내부고발자가 자사의 문제를 신고해 비리가 밝혀졌다. 그런데 규제 당국은 가벼운 벌금만 부과하고 사건을 종결시켰다. 게다가 바클레이즈 은행의 최고경영자 제스 스테일리Jes Staley가 온갖 수단을 동원해 내부 고발자 색출에 발 벗고 나섰는데도 당국은 별다른 제재를 가하지 않았다. 이 일로 여론이 거세게 일어나 당국과 은행은 엄청난 비난을 받았다.[1] 하지만 부작용을 일으키지 않으면서 솔직한 피드백을 이끌어내는 방법은 생각보다 간단하다.

얼마 전 나는 영국 특수부대 유격대장 조나단Jonathan과 대화를 나누는 행운을 잡았다. 전체 지원자의 90퍼센트가 탈락하는 엄격한 선발 절차를 통과해 마침내 영국 특수부대의 일원이 되면 부대원으로서 지녀야 할 가치관을 교육받는다.[2] 조나단은 조직 구성원 전체가 같은 가치관을 공유하지만 이와 별개로 소속에 따라 특별한 규범을 익혀야 한다고 이야기했다. 중대에서 주기적으로 실시하는 가치관 교육은 상부의 지시와는 관계없이 진행된다. 조나단의 설명에 따르면 각 중대가 지닌 고유한 사고방식은 유기적이고 긴밀한 관계를 형성하는 데 도움을 준다. 이렇듯 집단 규범은 오랜 시간 동안 군대가 추구해온 가치인 '자부심'과 '규율'을 확립할 뿐 아니라 끊임없이 탁월함을 추구하는 특수부대의 정신을 고양시킨다.

군대는 계급과 명령이 전부라 생각하는 사람이 많다. 하지만 영국군의 좌우명인 '충성을 지휘하라'는 훨씬 미묘한 의미를 담고 있다. 조나단은 '군대가 단순히 명령만으로 돌아간다'는 잘못된 인식을 바로잡고 싶어했다. "사실 지시를 내려야 하는 일이 생길 때마다 그동안 뭔가를 잘못해오지는 않았는지 되돌아보게 된다." 그리고 이렇게 덧붙였다. "자기 의지와 어긋나는 명령을 내릴 때면 스스로 리더로서 자질을 의심하기도 한다. 군대는 결코 지시와 명령으로 유지되는 조직이 아니다. 명령만으로는 제대로 된 리더십을 발휘할 수 없다."

영국 특수부대에서 피드백이 어떻게 이루어지는지 아는 사람이라면 상명하복이 군대문화의 전부라는 말은 할 수 없을 것이다. 조나단은 아프가니스탄 헬만드 주의 배스티언 기지에서 이루어진 '즉시 보고'를 예로 들었다. 배스티언 기지에 주둔하는 영국군은 매일 자욱한 흙먼지를 뚫고 적진을 정찰했고, 때때로 충돌이 빚어지면 교전을 치르기도 했다. 이들은 기지로 돌아와 지난 몇 시간 동안 벌어졌던 일을 상세히 보고했다. 조나단은 "지휘관은 정직한 보고가 모두의 안전을 지키는 데 매우 중요하다는 사실을 잘 알고 있다"고 말했다. "기지로 복귀한 지휘관은 '다음번에 똑같은 상황을 마주친다면 이렇게 행동하겠다'라고 먼저 의견을 제시한다. 다른 유격대원들이 자신의 생각을 적극 개진할 수 있도록 배려하는 차원에서 먼저 운을 떼는 것이다." 조나단은 일간 보고를 하는 목적이 단순히 잘못을 반성하는 데 그치지 않고 잘했든 못했든 자신이 관여한 부분에 대해 솔직한 토론을 하는 데 있다고 설명했다.

이렇게 지휘관의 발언을 시작으로 토론에 물꼬가 트이면 하나둘 작전을 개선할 방안을 제안하고 나섰다. 보고시간은 얼마 되지 않지만 모두가 자신의 생각을 공유할 기회를 가졌다. 논의는 매우 밀도 높게 진행됐다. 조나단의 말에 따르면 "보통 10분에서 15분 정도면 자리가 정리됐다." 이들은 보고시간 내내 대형을 완벽히 갖추고 서서 현장감이 사라지기 전에 간결하게 느낀 점을 말했다. 끝으로 지휘관이 의견을 종합하고 앞으로의 다짐을 간단히 밝히면서 보고시간을 마무리했다.

영국군의 보고 체계는 간단하지만 몇 가지 측면에서 매우 효과적이다. 첫째, 임무를 종료하는 즉시 보고가 이루어진다. 조나단은 민간 기업에서도 이를 유용하게 활용할 수 있다고 설명했다. "직장인은 종종 고객사와 회의를 하거나 거래처를 대상으로 프레젠테이션을 하는 상황에 놓인다. 그리고 이는 총 대신 펜을 든 전쟁터나 마찬가지다. 하지만 회의실에서 나오자마자 방금 치른 전투에 관해 논의하는 회사는 거의 없다. 퇴근 전 15분만 시간을 할애해 팀원들과 대화를 나눈다면 회의 내용을 확실히 이해하고 정리하는 데 큰 도움이 될 것이다." 즉시 보고는 말 그대로 즉시 실시된다.

둘째, 모두에게 발언의 기회가 돌아간다. 회의에 참여한 사람이라면 누구나 무엇이 잘못됐는지, 다음에는 어떻게 해야 좋을지 의견을 내놓을 수 있다. 조나단은 "자신이 어떤 실수를 저질렀는지 되돌아보고 인정하는 시간을 통해 귀중한 배움을 얻을 수 있다"라고 말했다. "군인은 단 한 순간도 훈련을 게을리하지 않는다." 조나단은 정예부대 대원을 사례로 들었다. 이들은 언제 어디서 어떤 일이 벌어지더라도 당황하지 않고 대응할 수 있도록 기본기를 갈고닦는다. "우리는 몇 년 동안 강도 높은 훈련을 받는다. 샌드허스트에서 보내는 1년은 선별 과정에 불과하다. 미 해군 엘리트 특수부대 네이비실Navy SEAL이 신봉하는 문구가 있다. '실제 전투 상황이 주는 압박감 속에서 잠재력이 발휘될 것이라고 착각하지 마라. 훈련에서 발휘되지 않는 능력은 전시에도 발휘되지 않는다'라는 말이다."

동료와 의견을 주고받을 때는 서로를 비난해서는 안 된다. 신뢰를 떨어뜨리기 때문이다. 팀원이 '위급한 상황에서 제대로 대처할 것'이라는 믿음을 가져야 한다. 조나단은 신뢰가 충분히 쌓이면 "결정권을 위임할 수 있는 범위가 넓어진다. (…) 철저히 준비가 돼 있으니 누구에게 의사결정권이 주어져도 최선의 선택을 내릴 것이라는 확신이 있다"며 팀원 간 신뢰의 중요성을 강조했다.

즉시 보고가 지니는 힘을 적극 활용하는 조직은 군대뿐만이 아니다. 최고의 자리에 오른 스포츠팀은 경기 중 주어지는 휴식 시간에 좋았던 부분과 아쉬웠던 부분에 대해 의견을 교환하고 앞으로 어떤 작전을 펼칠지 논의한다.[3] 회사에서도 마찬가지다. 코니 거식Connie Gersick 교수가 조사한 내용에 따르면, 직장인은 대부분 프로젝트 중반에 회의를 통해 진행 사항을 확인하고 스케줄을 검토하길 원한다. 전반전을 끝내고 후반전에 돌입하기 전 하프타임은 스포츠팀이 전략을 재정비하기에 최적의 시간이다. 거식 교수는 병원이든, 은행이든, 경영 컨설팅 업체든, 대학교든 프

로젝트 중간 단계에 그간의 작업을 되돌아보고 방향을 수정하는 시간을 가질 필요가 있다고 조언했다.[4]

즉시 보고는 팀원이 잠시 멈춰 자신의 경험을 솔직하게 평가할 수 있는 기회를 제공한다. "방금 내가 이런 실수를 저질렀는데 진심으로 미안하다"며 스스로 잘못을 인정하는 행동은 완벽주의를 추종하는 이 시대에 매우 큰 의미를 지닌다. 자신의 부족한 점을 드러냄으로써 심리적 안정감이 뿌리내릴 수 있는 분위기가 조성되기 때문이다. 한마디 사과로 직장이 달라질 수 있다.

to-do list

☑ 문제가 생기면 즉시 이야기하라.

☑ 부하 직원의 말문을 트이게 하려면 상사가 먼저 실수를 인정하고 개선점을 제안해야 한다는 사실을 기억하라.

☑ 모두의 이야기를 들어보라.

☑ '죄송합니다' 뒤에 '하지만'을 덧붙이지 마라. 이는 사과가 아니다. 지금까지 변명을 늘어놓기에 급급했다면 이제부터는 솔직하게 잘못을 인정하자.

23

팀 규모를
줄여라

효율적인 팀은 2000배나 효율적이라고?

예일 대학에서 컴퓨터과학을 가르치는 스탠리 아이센스타트
Stanley Eisenstat 교수는 과제 마감일을 묻는 학생에게 선뜻 대답을
내놓지 못했다. 학생들이 과제를 수행하는 데 시간이 얼마나 걸
릴지 본인 스스로도 가늠이 되지 않았기 때문이다. 그래서 학생
들에게 역으로 질문을 던졌다. "여러분은 과제를 끝내는 데 보통
몇 시간쯤 걸리나요?" 대답을 들은 교수는 몹시 놀랐다. 어느 정
도 개인차가 있을 거라는 예상은 했지만 그 차이가 10배나 되었
기 때문이다. 해당 학생이 최단 시간에 과제를 끝낼 수 있었던 게

꼭 똑똑해서는 아니었다. 단지 효율이 좋았을 뿐이다. 게다가 과제에 투자하는 시간과 성적 사이에는 큰 상관관계가 없었다.

소프트웨어 개발자 제프 서덜랜드Jeff Sutherland는 아이센스타트 교수의 연구 결과에 흥미를 느끼고 직장에서 똑같은 실험을 해보기로 했다. 효율적인 팀은 비효율적인 팀보다 얼마나 빨리 일을 끝낼 수 있을까? 아이센스타트 교수가 얻은 결과처럼 10배나 차이가 난다면 누군가는 일주일이면 끝낼 일을 누군가는 두 달 반에 걸쳐 하고 있다는 뜻이다. 직원들 사이에 업무처리 속도가 이렇게까지 벌어진다면 조직 전체의 생산성에도 엄청난 영향을 미칠 수밖에 없다. 서덜랜드는 답을 찾기 위해 다양한 분야에 걸쳐 3,800개의 프로젝트를 검토했다. 팀 구성, 회의, 프레젠테이션, 중간 점검, 이메일 작업, 검토 등 모든 진행 과정을 취합하자 비효율적인 팀이 프로젝트에 들이는 시간이 무섭게 늘어났다. "일처리가 빠른 팀은 일주일 만에 끝낸 프로젝트를 느린 팀의 경우엔 훨씬 더 오랜 시간이 걸렸다. 예상을 한참 웃도는 수준이었다." 서덜랜드는 충격적인 결론을 내놓았다. "2,000주였다."

눈을 의심하게 만드는 숫자다. 중간에 몇 줄을 빠뜨렸나 싶어 다시 한 번 확인해본 사람도 있을 것이다. 도저히 말이 안 된다. 아무리 업무처리 속도에 차이가 있다 해도 일주일짜리 프로젝트가 2,000주까지 늘어졌다는 주장은 쉽게 받아들이기 어렵다. 하지만 대규모 기반시설 건설과 관련된 신문기사를 떠올려보면 납득이 갈 것이다. 주어진 예산으로 빠르게 건설을 마무리한 기업이 있는가 하면, 예산을 한참 초과해가면서 공사를 한없이 연장하는 기업도 있다. 또한 제프 서덜랜드가 대안을 제시하기 전까지 소프트웨어 개발업체는 항상 예산을 초과하고, 마감 날짜를 못 맞추기로 악명이 자자했다. 그렇다고 결과물의 질이 좋았냐고 하면 그렇지도 않았다.

스크럼 방식을 활용하라

'로고 디자인', '안내 책자 초안 작성', '홈페이지 주문 방법 변경'처럼 아주 간단한 프로젝트도 이런저런 절차를 덧붙이다 보면 점점 복잡해져 결국 마무리까지 한참이 걸린다. 검토와 수정을 반복하느라 시간을 허비하기도 하고, 프로젝트에 참여하는 직원이 의사결정에 소극적인 탓에 일이 지체되기도 한다.[1]

소프트웨어 개발업체의 생산성이 바닥을 긴다는 사실에 충격을 받은 제프 서덜랜드는 스크럼Scrum이라는 새로운 방법을 고안했다. 스크럼은 애자일Agile과 비슷한 방식으로, 개발자가 소규모 팀을 이뤄 협력을 통해 목표를 달성할 수 있도록 체계적인 도움을 준다.

스크럼은 원래 복잡한 소프트웨어를 보다 빨리 개발할 수 있도록 만들어진 방법이었으나, 구글과 페이스북을 포함한 세계적인 기업의 웹사이트 개발에도 널리 사용되고 있다. 스크럼의 효과는 소프트웨어 개발에만 국한되지 않는다. 미군은 전함 건조에 스크럼을 적극 활용하고 있으며, BBC와 브리티시텔레콤을 비롯한 여러 기업도 스크럼을 도입했다.[2] 이렇듯 폭넓은 분야에 속한 다양한 조직이 스크럼을 채택했다는 사실만으로도 스크럼이 얼마나 훌륭한 업무 수행 방식인지 짐작할 수 있을 것이다. 서덜랜드는 "스크럼은 생산성을 놀라운 수준까지 끌어올린다"며, "믿기 어렵겠지만, 스크럼을 제대로 활용한 팀은 평균 300퍼센트에서 400퍼센트, 많게는 800퍼센트까지 생산성이 향상되는 효과를 누렸다. 게다가 한 번 생산성 향상을 경험한 팀은 거듭 성장을 이어나갔다. 결과물의 질 또한 두 배가량 개선됐다"고 했다.

소프트웨어 개발방법론을 공부하려고 이 책을 읽는 독자는 없을 테니 스크럼의 운영 원리에 대해 간단히 설명하고 넘어가겠다. 팀원은 정기적으로 회의를 통해 프로젝트 진행에 어떤 고충이 있는지, 급한 업무가 무엇인지 의견을 나누고 단기 목표를 설정한다. 목표 달성까지 주어지는 기간은 보통 한 주에서 한 달 사이로, 이 단위를 '스프린트'라고 한다. 여기서 주목해야 할 점이 두 가지가 있다. 첫 번째는 앞에서 이야기한 즉시 보고와 원리가 매우 비슷하다. 사건이나 회의 직후 뒤돌아보는 시간을 갖는 즉시 보고가 일종의 사후부검이라면, 서덜랜드가 고안한 회의 방법은 사전부검이라 할 수 있다(사전부검에 대해서는 뒤에서 자세히 다룬다). 서덜랜드는 매일 스프린트 진행을 주제로 간단히 의견을 나누는 시간을 가지라고 조언했다. 겨우 15분 남짓한 짧은 시간 동안 팀원은 프로젝트가 어떻게 진행되고 있는지, 어떤 업무에 특별히 초점을 맞춰야 할지 문답한다. 즉시 보고와 마찬가지로 질문은 간결해야 하며, 대답한 것은 바로 행동으로 옮길 수 있어야 한다. 어제 팀에 어떤 기여를 했는가? 오늘은 스프린트 작업에 어떤 노력을 기울일 예정인가? 프로젝트에 방해가 되는 요소는 무엇인가?

두 번째는 팀 크기와 관련이 있다. 함께 머리를 맞대고 고민하는 사람이 많아질수록 문제해결이 수월할 거라 생각하기 쉽지만, 서덜랜드는 될 수 있는 한 팀 규모를 줄여야 한다고 주장한다. 가장 이상적인 팀원 수는 7명이지만 상황에 따라 한두 명 정도 더하거나 빼도 좋다. 서덜랜드는 자신의 주장을 뒷받침하기 위해 브룩스의 법칙Brooks's Law을 인용했다. 1975년 미국의 소프트웨어 엔지니어 프레더릭 브룩스Frederick Brooks는 "지연된 개발 프로젝트에 인력을 추가로 투입하면 오히려 진행 속도는 더뎌진다"고 주장했다.

여러분도 팀원과 의견을 조율하느라 힘 빼느니 차라리 혼자 일하는 편이 낫겠다고 막연히 생각해본 적 있을 것이다. 서덜랜드는 논리적인 근거를 들어 팀 규모를 되도록 작게 유지해야 한다는 주장에 설득력을 높였다. 문제는 팀원 수가 늘어날 때마다 의사소통 경로는 그 몇 배로 많아진다는 데 있다. 수식으로도 증명 가능하다. 서덜랜드는 이렇게 설명했다. "팀 크기에 따른 의사소통 경로 수를 계산하는 방법은 다음과 같다. 팀원 수와 팀원 수

에서 한 명을 뺀 수를 곱하고 그 값을 2로 나누면 된다." 즉 '의
사소통 경로 수=n(n-1)/2'로 계산된다. 이를 도표로 간단히 나타
내면 아래와 같다.

팀원 수	의사소통 경로 수
5	10
6	15
7	21
8	28
9	36
10	45

이렇듯 의사소통 측면에서 생각해보면 팀 규모 증가가 문제가
되는 이유를 쉽게 이해할 수 있다. 구성원이 지나치게 많아지면
팀원 간 의사소통에 혼선이 빚어진다. 서덜랜드의 말을 그대로
옮기면, "우리 뇌가 동시에 감당할 수 있는 인원은 그리 많지 않
다. 우리는 팀원 모두가 무슨 일을 하고 있는지 알 수 없고, 이를
파악하려는 과정에서 처리 속도가 느려진다." 이는 팀 프로젝트
뿐 아니라 여러 사람이 함께 수행하는 모든 업무에 적용된다.

예를 들어 참여자가 많아지면 회의시간은 길어질 수밖에 없다.
되도록 다양한 의견을 수용하려는 자세는 좋지만, 사람이 많아지
면 간단하게 5분이면 끝날 이야기가 1시간짜리 정식 프레젠테이
션으로 덩치를 불리기 십상이다. 서덜랜드는 회의가 쓸데없이 길
어지는 상황을 수도 없이 목격했다. 그는 사람들이 괜히 일을 키

우고, 절차를 복잡하게 만들어 "예전에는 몇 분 만에 마무리되던 회의가 이제 몇 시간씩 걸린다"고 지적했다.

세계적인 기업을 성공으로 이끈 조직 전문가 패트릭 렌시오니 Patrick Lencioni 는 이 원리가 경영진에도 그대로 적용된다고 주장했다. 프로젝트에 참여하는 팀원이 많아지면 효율이 떨어지듯, 경영에 참여하는 임원이 많아지면 의견 일치를 보기 힘들다. 또한 렌시오니는 구성원의 수가 적을수록 권력자에게 의견을 솔직하게 표현하기가 쉽다고 이야기했다. 조직의 리더, 즉 기업의 최고경영자가 잘못된 방향을 바라보고 있다고 생각하면 경영진은 이를 바로잡아줘야 한다. 그리고 앞서 서문에서 언급했듯 솔직한 피드백을 위해서는 심리적 안정감이 필요하며, 구성원의 수가 적을수록 안정감을 느낄 확률이 높다.

렌시오니는 "경영진끼리 마찰을 피하겠다는 이유로 솔직한 대화를 기피하면 그 피해는 고스란히 직원에게 돌아간다. 직원에게 도움을 줘야 하는 경영진이 오히려 방해가 되는 셈"이라며 경영진 수가 많아지면 생기는 문제를 지적했다. 또한 뛰어난 직원을 승진시켜주려는 마음은 이해하지만, 경영진 수를 8명 혹은 9명을 넘기지 않도록 주의하라고 조언했다. 앞서 팀 규모를 작게 유지해야 한다는 서덜랜드의 주장은 조직 전체에도 적용된다고 볼 수 있다.

수많은 소프트웨어 개발팀의 성공 사례가 스크럼의 효과를 검증했다. 팀을 축소하고 회의를 줄임으로써 프로젝트가 늦어지는 원인을 제거하자 생산성이 8배나 향상됐다는 팀도 있다. 이는 앞서 에이미 에드먼드슨 교수의 병원 연구 사례와 일맥상통한다. 에드먼드슨 교수의 연구에 따르면, 일류 병동에 소속된 의료진은 문제가 발생하면 '빠르게 핵심에 접근'해서 해결책을 찾았다.[3]

그러니 이제부터는 꼭 필요한 직원만 회의에 참석하도록 인원을 조정해보자. 또한 프로젝트에 참여하는 팀원이 많을수록 사안이 중대해 보일 것이라는 생각을 버려라. 팀 규모를 줄이고 회의 시간을 단축하면 마법 같은 변화가 찾아올 것이다.

to-do list

☑ 회의 참석자가 너무 많지는 않은지 고민해보라. 회의 참석 인원을 줄이고 나머지 팀원에게는 회의 내용을 공유하는 편이 훨씬 효율적일 수 있다.

☑ 여러분이 속한 팀은 '업무를 위한 업무'에 얼마나 많은 시간을 낭비하고 있는가? 어떻게 낭비를 막을 수 있을까?

☑ 구성원 수가 8명 또는 9명을 초과하면 최고의 팀이 되기 힘들다는 사실을 기억하라.

24

사람이 아닌
문제에 초점을 맞춰라

잔인한 인사평가는 괜찮은 걸까?

제너럴일렉트릭(이하 GE)은 현대 경영을 새로운 단계로 이끌었다는 평가를 받는다. 그리고 전설적인 리더로 역사에 이름을 남긴 잭 웰치Jack Welch는 1980년대에 GE의 최고경영자로 부임해 이른바 '스택 랭킹stack ranking'이라는 잔인한 인사평가제도를 도입해 성과에 따라 직원의 순위를 매겼다. 웰치는 정말 뛰어난 직원은 얼마 안 되고, 그럭저럭 괜찮게 일하는 직원이 대부분이며, 일부는 업무를 쫓아가는 데에도 어려움을 겪고 있다는 사실을 알고 있었다. 균형을 위해서는 인사고과 점수 그래프가 종 형태가 되어야 한다고 생각한 웰치는 직원을 상위 20퍼센트, 필수 70퍼센트, 하위 10퍼센트로 구분했다.

이 제도의 도입에는 GE를 이끌어갈 차세대 리더를 찾겠다는 이유도 있었지만, 회사에 도움이 안 되는 직원을 빠르게 걸러내겠다는 목적이 더 컸다. 실제로 잭 웰치는 미국 노동법을 적극 이용해 매년 하위 10퍼센트를 해고했다. 웰치의 인사평가제도를 따라 하는 기업도 있었다. 스택 랭킹의 인기가 한창일 때는 전 세계 조직들의 무려 3분의 1이 이 제도를 도입한 것으로 추정된다.

넷플릭스의 기업문화를 담은 문서가 슬라이드쉐어SlideShare(전 세계 각국의 슬라이드를 공유하는 웹사이트—옮긴이)에 공개되면서 성과를 최우선시하는 분위기가 한층 짙어졌다. 넷플릭스의 전 최고인사책임자 패티 맥코드가 만든 슬라이드의 조회수는 수백만을 넘기며 싸이의 '강남 스타일'에 버금가는 화제를 모았고, 곧 넷플릭스의 기업문화는 다른 모든 기업문화를 지배하는 절대반지가 됐다. 넷플릭스는 철저히 자본주의 원리에 따라 직원을 대우하며, '눈부신 재능이 돋보이는' 직원과 함께 일하기를 기대한다고 분명히 명시했다. 즉 '눈부신 재능이 돋보이지 않는' 직원과는 일하지 않겠다는 뜻이다. 다른 기업과 달리 '그저 그런 성과에는 두둑한 퇴직금이 보상으로 주어진다.' 맥코드는 넷플릭스의 인사관리 방침을 설명하면서 성과평가에서 B등급을 받으면 회사에 남을 수 없다고 밝혔다.

넷플릭스는 틀림없이 훌륭한 기업이다. 하지만 과연 이런 경영

방식이 옳다고 할 수 있을까? 되도록 뛰어난 선수만을 기용하겠다는 스포츠팀은 이해가 간다. 하지만 회사가 이렇게 직원을 철저히 능력으로만 평가하다 보면 결국 자멸할 수밖에 없다. 매년 직원 순위를 매기는 데만 약 200시간이 걸리는 데다,[1] 서바이벌 형식의 '헝거게임Hunger Game'이나 다름없는 환경 속에서 의욕적으로 일하기는 매우 어렵기 때문이다.[2] 무엇보다, 동료의 행복이 나의 불행이 되는 상대평가 체제는 심리적 안정감을 떨어뜨려 동료 간 신뢰와 협동을 어렵게 만든다. 캘리포니아 대학의 피터 쿤Peter Kuhn 경제학 교수는 "직원에게 동기를 부여해 협력을 유도하면 자신의 안위만을 걱정하는 데 그치지 않고 동료와 정보를 공유하며 서로를 훈련시킬 것"이라며 협력의 중요성을 강조했다.[3] 반면 다윈의 진화론을 내세워 능력이 부족한 직원을 도태시킨다면 이런 긍정적인 효과를 누릴 수 없다. 개인의 업무수행 능력을 지나치게 강조하다가 스스로 발목을 잡는 회사도 적지 않다.

우리는 직장에서 섬세한 균형을 이뤄야 한다. 에이미 에드먼슨 교수는 "정확하고 직접적인 언어는 (…) 학습 효과를 향상시킨다"고 말했다.[4] 하지만 심리적 안정감을 희생양으로 삼는다면 기업은 마찰 상태에 빠지고 말 것이다. 조직 구성원에게 무슨 말이든 함부로 해도 괜찮다는 인식을 심어주면 팀워크는 무너진다. 팀원 간 의사소통에도 지장이 생긴다. 팀은 서로를 헐뜯기 위해서가 아니라 힘을 합쳐 목표를 달성하기 위해 존재한다는 점을 늘 염두에 둘 필요가 있다.

시각화된 모델을 활용하라

비야케 잉겔스_{Bjarke Ingels}는 놀라운 재능을 지닌 건축가로, 2016 년 건축디자인 전문지 《디진_{Dezeen}》은 그를 세계에서 가장 재능 있는 인물 2위로 꼽았다. 같은 해 별세한 자하 하디드_{Zaha Hadid}를 기리는 의미로 1위 자리를 비워뒀다는 점을 고려하면 현재 건축 계에서 잉겔스가 어떤 평가를 받고 있는지 가늠할 수 있을 것이 다.[5] 잉겔스는 고향 덴마크에서 저비용으로 독창적인 주택을 건 설하며 커리어를 쌓았고, 곧 유명세를 얻어 세계 곳곳에 환상적 인 건축물을 올렸다. 맨해튼 57번가에 세워진 조각난 피라미드 형태의 건물은 뉴욕 스카이라인을 색다르게 바꿔놓았고, 하이라 인 파크_{High Line Park} 바로 옆에 우뚝 솟은 쌍둥이 건물 XI는 살짝 비틀어진 듯한 모습으로 눈길을 끌었다.

수십억 달러에 이르는 엄청난 부채를 안고 대규모 건설 프로젝 트를 책임지는 젊은 건축가의 어깨에는 상상도 못할 정도로 엄청 난 부담감이 지워져 있었을 것이다. 하지만 잉겔스는 이를 이겨내 고 세계적인 프로젝트를 성공으로 이끌었다. 팀원 간 의견 충돌 이 개인적인 감정싸움으로 번지는 불상사가 없었기에 가능한 일 이었다. 잉겔스는 자신의 작업물을 다른 사람에게 설명할 때 항 상 스케치나 모형을 제시했다. 언뜻 건축가라면 당연히 하는 일 로 보이겠지만, 그가 반드시 시각자료를 준비하는 이유는 따로 있었다. 잉겔스는 그 이유를 이렇게 설명했다. "아이디어의 소유

권을 두고 발생할 수 있는 다툼을 방지하고, 다수가 협력을 이루도록 하는 가장 좋은 방법은 모형이나 스케치, 설계도, 설명서 등 형태가 있는 자료를 제시하는 것이다. 바로 앞에 논의 대상이 놓여 있으면 누군가 비판적인 의견을 내놓아도 그것이 그 대상을 향하지 사람을 향하지는 않는다. 책상 위에 떡하니 놓여 있는 아이디어 자체에 관해 이야기하고 있다는 사실을 모두 알기 때문이다."[6]

잉겔스는 수많은 건축가가 프로젝트를 따내는 데 어려움을 겪는다고 말했다. 기획된 프로젝트가 20개라면, 그중 실제로 건설에 착수하는 경우는 단 하나뿐이다. 경쟁사에 밀려 낙찰에 실패하기도 하고, 고객의 변심으로 공사가 엎어지기도 하고, 정부 인가가 나지 않아 건설 자체가 무산되기도 한다. 이렇게 온갖 이유로 좌절을 경험하다 보면 자신도 모르는 사이에 위험을 회피하려는 성향이 강해질 수 있다. 하지만 잉겔스는 창의적인 아이디어 없이는 결코 성공을 거둘 수 없으며, 업계에서 명성을 유지하려면 신선한 발상이 필요하다는 사실을 잘 알고 있다. 그리고 이를 위해서는 팀원 간 솔직한 관점의 교류가 이루어져야 한다. 잉겔스의 말을 그대로 옮기자면, "건축가는 모형을 만들고, 도면을 그리는 등 (…) 실제 작업물을 가지고 일하는 특권을 누린다. 아이디어를 구체화해 눈으로 확인할 수 있는 자료를 준비하면 여러 사람의 의견을 반영해 창의적인 결과를 이끌어낼 수 있다. 사람이 아닌 아이디어를 중심으로 대화가 이루어지기 때문이다."

물론 건축과 달리 구체적인 시각자료를 제시하기 어려운 분야도 많다. 하지만 프로젝트 진행 방향을 대충 끼적인 도표나 아이디어를 설명하는 서투른 스케치도 큰 도움이 된다. 프로젝트에 참여하는 팀원에 초점을 맞추기보다 사적인 감정을 배제하고 업무 자체에 집중하는 분위기를 조성하라. 심리적 안정감을 조성하기는 매우 어렵다. 하지만 천재적인 건축가 비야케 잉겔스가 제안한 방법이 여러분의 팀에 놀라운 변화를 가져다줄 수도 있으니, 새로운 시도를 주저하지 말라고 조언하고 싶다.

to-do list

☑ 사람이 아닌 문제 자체에 초점을 맞출 수 있는 방법을 찾아라.

☑ 팀원에게 회의 자료를 도표 형태로 준비하자고 건의해보라. 발표 자보다 발표 내용에 집중하는 데 도움이 될 수 있다.

25

해크위크를
도입하라

구글의 '70/20/10' 규칙은 말장난일 뿐

  만족스러운 직장생활을 하려면 자율(자기 의지에 따라 일을 처리할 자유), 숙련(일에 능숙해지며 얻는 성취감), 목적(일을 하는 이유), 발언권(의견을 표현할 권리)이라는 네 가지 요소가 갖춰져야 한다. 하지만 직장인 대부분은 주어진 업무를 처리하기에 급급해 만족을 추구하기 어렵다. 그럴수록 우리는 매일 반복되는 업무 속에서도 잠깐 쉬어가는 시간을 갖고 창의력을 충전해야 한다.

  이런 점에서 구글이 제시한 업무 방식인 '70/20/10' 규칙은 기업문화의 새로운 장을 열었다. 사칙에 따라 구글에 근무하는 엔지니어는 전체 근무시간의 70퍼센트는 주어진 업무를 처리하는 데, 20퍼센트는 '구글에 가장 도움이 될 것 같은' 일을 하는 데, 10퍼센트는 뭐든지 하고 싶은 일을 하는 데 사용한다. 구글 설립자는 기업공개상장을 발표하는 자리에서 "70/20/10 규칙이 엔지니어의 잠재된 창의력을 이끌어낸다"며 자부심을 드러냈다. 또한 지메일과 구글맵을 사례로 들며 새로운 업무 방식이 지닌 유연성 덕분에 "수많은 발전을 이뤄낼 수 있었다"는 말을 덧붙였다.[1]

정말 대단하지 않은가. 문제는 70/20/10 규칙이 말장난에 불과하다는 데 있다. 나는 구글에서 일하는 4년 동안 여러 엔지니어에게 근무시간의 20퍼센트와 10퍼센트를 어떻게 활용하는지 물어봤다. 질문을 받은 엔지니어 한 명은 어이없다는 듯 웃으며 이렇게 대답했다. "말은 좋죠. 그런데 그 20퍼센트는 토요일이에요." 구글 사번 20번을 받은 마리사 메이어는 "70/20/10 규칙의 20퍼센트는 근무시간을 120퍼센트로 연장하는 치사한 수법"이라고 비난했다.[2] 내 추측이지만, 구글에 입사한 신입사원이 20퍼센트 규칙을 지킨다는 이유로 회의에 불참했다간 얼마 못 가 재취업 전선에 뛰어들게 될 것이다. 외부에서는 70/20/10 규칙이 대단한 혁신처럼 보일지 몰라도, 내부에서는 비웃음거리일 뿐이다. 토요일 근무가 무조건 나쁘다는 말은 아니다. 기업을 설립한 지 얼마 안 돼 자리를 잡는 단계에서는 평일과 주말을 가리지 않고 일해야 하는 경우도 많다. 하지만 장기적으로 볼 때 주말 출근이 성과에 좋은 영향을 미치는 근무 방식이라고 하기는 어렵다.

하지만 벼룩을 잡으려고 외양간을 태울 필요는 없다. 70/20/10 규칙도 아이디어 자체는 좋다. 다만 근무시간 배분이 잘못된 경우다. 베스트셀러 작가 다니엘 핑크는 "20퍼센트는 비중이 너무 크다"고 지적했다. 또한 "욕심이 과했다"고 평가하며 숫자를 조금만 조정한다면 분명히 효과가 있을 것이라고 말했다.[3]

핑크는 그래핀을 발견한 공로로 2010년 노벨 물리학상을 수상한 안드레 가임Andre Geim 교수와 콘스탄틴 노보셀로프Konstantin Novoselov 교수를 예로 들었다. 꿈의 신소재라 불리는 그래핀은 육안으로는 확인이 안 될 정도로 얇은 데다, 인간이 찾아낸 자연 물질 중 가장 강하며, 전기전도성을 지닌다. 미래에는 그래핀을 활용해 바닷물에서 소금을 걸러내고, 지금보다 충전 속도가 5배 이상 빠른 배터리를 만들게 될 것이다. 이외에도 가능성은 무궁무진하다. 안드레 가임과 콘스탄틴 노보셀로프 교수는 이 놀라운 물질을 어떻게 발견할 수 있었을까? 세상을 바꿔놓을 신소재는 자투리 시간에 이런저런 장난을 치는 도중에 툭 튀어나왔다.

가임과 노보셀로프 교수는 일하는 즐거움을 되찾기 위해 매주 금요일 저녁 2시간에서 3시간씩 '재미있는 실험 시간'을 가지며 자유롭게 아이디어를 공유하기로 했다. 실험은 자유롭게 이루어졌지만 딱 하나 제한이 있었다. 이미 정식으로 연구하고 있는 주제나 향후 연구할 주제는 다루지 않는다는 조건이었다.

어느 금요일 저녁, 두 교수는 커다란 탄소흑연질 조각에 끈끈한 테이프를 뗐다 붙이며 실험을 즐기고 있었다. 테이프를 뗄 때마다 표면에는 흑연 조각이 얇게 붙어 나왔다. 얼마 후 분리된 흑연 조각이 세포 몇 개 정도밖에 안 되는 두께의 단단한 띠를 형성했다. 그래핀이었다.[4] 가임과 노보셀로프 교수는 이 신물질이 지닌 특성을 알아보는 실험을 이어나갔고, 곧 활용 가능성이 무궁무진하다는 사실을 깨달았다.

안드레 가임 교수와 콘스탄틴 노보셀로프 교수는 오랜 시간 공들인 연구가 아닌, 자투리 시간에 재미삼아 해본 실험으로 세상을 바꿔놓을 발견을 한 것이다. 물론 한 주에 한두 시간씩 마당에 딸린 창고에 틀어박혀 실험을 한다고 누구나 노벨상을 받을 수 있는 건 아니다. 하지만 잠시 생각을 정리하거나, 아이디어를 나누거나, 마음껏 실험하는 시간은 굉장한 힘을 불어넣어 준다. 현실적으로 눈코 뜰 새 없이 바쁜 직장인이 근무시간의 10퍼센트 또는 20퍼센트를 따로 떼어두고 원하는 대로 쓰기는 어렵다. 하지만 짬짬이 이런저런 시도를 해볼 수는 있을 것이다.

지금의 트위터를 만든 '해크위크'

트위터가 해크위크Hack Week를 도입한 이유가 여기 있다. 짧은 기간 동안 집중해서 아이디어를 쏟아내는 방법을 시도하는 회사는 많다. 하지만 트위터가 실시하는 해크위크는 조직 전체에 깊숙이 뿌리내리고 있다는 점에서 매우 특별한 가치를 지닌다. 트위터 창립자 비즈 스톤은 "트위터는 해크위크에서 탄생했다"고 말했다.[5] "해크위크는 소중한 기업문화인 동시에, 뼛속 깊이 새겨야 할 트위터의 정신이니 한 해도 걸러서는 안 된다." 비즈 스톤이 해크위크를 얼마나 중시했는지 짐작케 하는 말이다.

트위터가 해크위크에서 탄생했다는 표현은 과장이 아니다. 1999년 파이라랩스Pyra Labs를 공동 설립해 블로깅을 위한 사이트 블로거닷컴을 만든 에반 윌리엄스Evan Williams는 2003년 회사를 구글에 매각하고 오데오Odeo라는 스타트업을 세웠다. 비즈 스톤은 당시 파이라랩스를 떠나 에반과 함께한 유일한 직원이었다. 그리고 이 시기에 잭 도시가 오데오에 합류했다. 오데오는 아이팟에서 기회를 포착한 팟캐스트 플랫폼 회사로, 블로거닷컴에서 제공하던 텍스트 콘텐츠를 음성 형태로 선보이는 사업을 추진했다.

아이디어가 점차 형태를 갖춰가던 어느 날 아침, 애플이 아이튠즈를 통해 팟캐스트 서비스를 제공할 것이라는 발표를 내놓았다. 그렇게 한순간에 오데오의 존재 이유가 사라졌다. 임직원 모두 실의에 빠졌다. 하지만 최고경영자 에반 윌리엄스는 포기하지 않고 최소한의 인원으로 오데오를 유지하겠다고 선언했다. 그러곤 "사기를 북돋기 위해 두 명씩 짝을 지어 (…) 해커톤(해킹과 마라톤의 합성어로 일정 기간 동안 아이디어를 내는 행사를 말한다―옮긴이)을 실시하겠다. 2주 동안 무엇이든 마음껏 도전해보라"며 자유롭게 아이디어를 궁리할 자리를 마련해줬다. 누가 어떤 일을 하든 아무런 제약이 없었다.

비즈 스톤과 잭 도시는 모처럼 주어진 자유시간에 '간단하고 세련된' 뭔가를 만들어보기로 했다. 이들은 AOL 인스턴트 메신 저 상태 메시지에서 영감을 얻어 실시간으로 일상을 공유할 수 있는 텍스트 기반 서비스를 만들기 시작했다.[6] 훗날 이 아이디어 에 살이 붙어 트위터가 탄생한 것이다. 트위터가 해크위크에 유 독 큰 애착을 보이는 이유다.

오늘날 트위터에서 실시하는 해크위크에는 몇 가지 간단한 규 칙이 있다. 첫째, 영 터무니없는 아이디어가 나오면 곤란하니 테 마를 정해서 진행한다. 트위터에 근무할 당시에는 기부, 위치기반 서비스, 대화, 뉴스, 스포츠, 프로그램 보수가 테마로 정해졌다. 이렇게 테마가 정해지면 직원은 마치 부족을 이루듯 동료와 조력 자를 찾는다. 비즈 스톤은 이에 관해 이렇게 설명했다. "대부분 이런 식이다. '이런 주제로 해크위크에 참여할 예정인데 iOS 개발 자와 백엔드 엔지니어가 필요하다'라고 말하면 관심이 있는 직원 이 팀에 합류한다. 마음에 드는 프로젝트가 없으면 직접 기획을 하면 된다. 이렇게 주제와 팀이 정해지면 한 주 내내 프로젝트에 매진한다."

엔지니어와 디자이너는 물론 영업직원까지 평소 마음속에 품 고 있던 이상을 실현하기 위해 적극적으로 나선다. 머리로만 그 리던 아이디어가 현실이 되기도 한다. 비즈 스톤 역시 해크위크 로 성과를 낸 적이 있다. "지난 해크위크에서 제안한 아이디어는 2002년부터 고민해오던 것이었다. 단독으로는 크게 화제가 될 것 같지도 않고, 독립실행형 애플리케이션을 만들어도 도저히 성공할 것 같지 않았다. 하지만 매일 수십억 명이 접속하는 네트워크와 결합하면 이야기가 달라진다. 그래서 트위터에 적용하기로 했다. 결과는 보시다시피 성공적이다."

트위터는 1년에 두 번, 크리스마스 휴가가 끝나고 회사에 돌아와 들뜬 마음을 다스리는 새해 첫 주와 여름휴가 전 주에 해크위크를 진행한다. 일단 해크위크에 돌입하면 모든 정규업무와 정기회의가 중지된다. 그리고 금요일에는 지난 한 주 동안 나온 아이디어를 기념하고, 동료의 대담함과 독창성을 칭찬하는 파티를 열면서 해크위크를 마무리한다.

트위터에는 '항상' 급한 일이 넘쳐났고, 해크위크를 취소하고 싶은 마음이 들 만한 상황도 많았다. 실제로 몇 년에 한 번씩 해크위크를 건너뛰어야만 하는 상황이 생길 때도 있었다. 하지만 1부에서 살펴봤듯 점심시간을 포기한다고 생산성이 향상되지는 않는다. 마찬가지로 해크위크를 없애면 오히려 능률이 떨어질 것이다. 상상력이 자유롭게 유랑하기에는 충분하면서도 목적지를 잃고 떠돌 만큼 길지는 않은 휴식이 필요한 이유가 여기에 있다. 잠시 다른 문제로 시선을 돌려 주의를 환기하는 시간은 신선한 아이디어를 떠올리고 지겹게 반복되는 업무에 활력을 불어넣는 데 도움이 된다.

트위터를 성장시킨 수많은 아이디어가 해크위크 기간에 나왔다. 트위터 모멘트, 스레드, 팔로우 추천 개선, 부당한 신고 방지,

트윗 다운로드 기능이 모두 이에 해당한다. 이뿐 아니라 애플리케이션 내 유저 인터페이스 미세 조정, 영업보고서 양식 변경, 마이크로소프트 엑셀 매크로 설정 등 외부인은 알아챌 수 없는 사소한 개선사항도 셀 수 없이 많다.

다니엘 핑크가 이야기했듯, 혁신을 위한 시간을 따로 마련하면 실제로 혁신이 일어날 가능성은 훨씬 커진다. 매일 근무시간의 10퍼센트나 20퍼센트를 떼어두기는 현실적으로 어렵다. 하지만 매주 2시간씩만 절약해 6개월에 한 번, 일주일이 힘들다면 하루나 이틀만이라도 이런 시간을 가져보기를 권한다. 생각지도 못한 변화가 찾아올 것이다.

to-do list

☑ 앞으로 두 달 동안 해크위크 또는 해크데이를 기획해보라. 전체적인 틀을 먼저 구상한 다음 세부사항을 계획하라.

☑ 실현 가능한 목표를 세워라. 해크위크에서 아이폰 같은 어마어마한 제품이 나올지도 모른다는 기대는 접고, 모두가 새로운 마음으로 업무에 임할 수 있도록 주의를 전환하는 시간이라고 생각하라.

☑ 해크위크가 끝나면 뒤돌아보는 시간을 갖고 어떤 부분을 개선해야 할지 생각해보라.

☑ 다음 해크위크 일정을 잡아라.

26

회의시간에
휴대전화 사용을 금하라

핫한 스타트업 우버가 내리막길을 걷는 사연

수잔 파울러Susan Fowler는 세계에서 가장 핫한 스타트업인 우버에 엔지니어로 입사한 지 1년 만에 깊은 환멸을 느끼고 조직을 떠났다. 파울러는 2017년 2월 블로그에 사내 성희롱을 폭로하는 글을 올렸다. 수잔 파울러의 주장에 따르면 성희롱은 입사 초부터 있었다. 2주 동안 연수를 받고 팀에 배정되자마자 상사가 사내메신저로 자유로운 연애를 추구한다며 '잠자리 상대를 찾고 있다'는 내용을 비롯해 성적 수치심을 느낄 만한 메시지를 줄줄이 보내왔다.[1]

이것만으로도 충분히 끔찍했다. 그런데 회사의 대처는 기가 막혀 말이 안 나올 지경이었다. 파울러는 인사팀을 찾아가 팀장이 보낸 메시지를 증거로 제출하며 징계를 요구했으나 인사팀은 그 사람의 실적이 뛰어난 데다 초범이기 때문에 조치를 취하기 곤란하다고 응답했다. 그러고는 전공과 경력에 부합하지 않는 다른 팀으로 이동할지, 아니면 팀에 남아 '인사평가에서 낮은 점수를 받을지' 선택하라고 했다.[2] 어느 쪽이든 최악이기는 마찬가지였다. 커리어를 감안하면 팀 이동은 말도 안 되는 선택이었지만, 그렇다고 팀에 남아 있을 수도 없었다. 결국 파울러는 그나마 팀을 옮기는 편이 낫겠다는 결정을 내렸다.

얼마 후 점심을 먹던 파울러는 불쾌한 메시지를 보낸 상사가 그런 메시지를 보낸 게 처음이 아니라는 사실을 알게 됐다. 며칠 뒤에는 동료 한 명이 또 다른 상사의 부적절한 언행을 신고했지만 인사팀이 파울러에게 그랬던 것처럼 '초범'이라는 이유를 들며 어물쩍 넘어갔다는 소식이 들렸다. 파울러는 팀을 이동한 후에도 수시로 부당한 상황을 마주했다. 부정을 저지른 상사는 인사팀 귀에 한 마디라도 더 들어갔다간 책상을 비우게 될 거라고 협박하기까지 했다. 우버의 기업문화 전체가 썩어 있다는 사실을 깨닫기까지는 오래 걸리지 않았다. 파울러는 이렇게 말했다. "임원급 경영진 사이에서 일어나는 정치 싸움은 〈왕좌의 게임Game of Thrones〉만큼이나 치열했다. (…) 권력 다툼에 끼어들지 않는 경영진은 거의 없는 것 같았다. 이들은 직속 상사를 깎아내리고 그

자리를 차지하는 데 혈안이 돼 있었다." 한번은 "이사 한 명이 다른 임원진의 비위를 맞추려고 한 임원에게만 중요한 정보를 공개하지 않았다고 팀 회의에서 자랑을 한 적도 있다"며 비뚤어진 경쟁의식을 지적했다.

2016년 말 완전히 질려버린 파울러는 우버를 떠나 새로운 직장을 찾기로 결심했다. 구직활동을 하면서 남는 시간에는 블로그 게시물 형태로 우버에서 겪은 일화를 기록했다. 어디든 속 시원히 털어놓고 싶다는 생각도 있었고, 재직 당시에는 힘이 없어 그저 당하고만 있었지만 인터넷에 글을 올리면 뭔가 바뀌지 않을까 하는 희망도 있었다. 2017년 2월 19일 마침내 저장해둔 글을 공개했다. 반응이 폭발적이었다. 4개월 후 우버 최고경영자 트래비스 칼라닉Travis Kalanick이 사임했다. 파울러가 블로그에 올린 글이 꽤 큰 역할을 했다. 그해 수잔 파울러는 한창 이슈였던 미투 운동에 크게 기여한 공로를 인정받아《타임》과《파이낸셜 타임스》에 올해의 인물로 선정됐다. 파울러가 한창 오르막길을 오를 때, 우버는 끝없이 내리막길을 걷고 있었다. 사임 직전 칼라닉이 운전기사에게 막말을 하는 동영상이 유포됐다. 칼라닉이 위치추적 시스템을 악용해 비욘세를 비롯한 유명 인사의 이동경로를 수집했다는 내부 직원의 증언도 나왔다.[3]

혼란의 소용돌이 속에 하버드 경영대학원의 프랜시스 프레이 Frances Frei 교수가 우버 수석부사장 자리에 앉았다. 우버의 기업문화를 바로잡기 위해서였다. 고칠 점이 한두 가지가 아니었지만 프레이 교수는 기업의 신뢰 회복을 최우선으로 삼았다. 내부로는 경영진끼리 신뢰관계 형성이 시급했고, 외부로는 고객의 신뢰를 되찾아야 했다.

"좋은 평판을 쌓는 데는 많은 선행이 필요하지만, 평판을 잃는 데는 한 가지 악행이면 충분하다." 벤저민 프랭클린Benjamin Franklin 의 말처럼 한 번 잃어버린 평판을 되찾기는 몹시 힘들다. 프레이 교수는 신뢰를 회복하려면 진실성, 엄격함, 공감 세 가지가 필요하다고 주장했다. "상대방이 진실하다고 느끼면 신뢰가 높아질 것이다. 논리에 엄격함이 있다고 생각하면 신뢰가 훨씬 높아진다. 여기에 공감대까지 형성되면 신뢰는 한층 더 두터워진다."[4]

회의 중 휴대전화를 치우자 생긴 변화들

이를 어떻게 현장에 적용할 수 있을까? 흥미롭게도 프레이 교수는 가장 먼저 회의시간에 휴대전화와 노트북 사용을 금지했다. 앞에서 여러 번 지적했지만 휴대전화와 노트북은 집중에 방해가 된다. 얼마 전 한 연구진이 휴대전화와 주의 분산의 상관관계를 알아보기 위한 실험을 진행했다. 연구진은 실험 참여자에게 실험 시작 전에 휴대전화를 뒤집어두거나, 가방에 넣어두거나, 다른 방에 보관해달라고 요청했다. 휴대전화를 다른 방에 보관한 참여자는 테스트에서 현저히 높은 성적을 기록했다. 연구진은 실험 결과에 대해 이렇게 설명했다. "참여자는 스마트폰을 의식하지 않았다고 생각했지만, 일부러 의식을 차단하는 과정에서 한정된 인지 자원의 일부를 사용할 수밖에 없다. 이를 두뇌 유출이라고 한다."[5] 휴대전화를 사용할 의도가 전혀 없을 때에도 이 정도니, 다른 사람과 대화를 나누면서 휴대전화 화면을 들여다본다면 '한정된 인지 자원' 유출이 훨씬 더 심할 것이다. 또 다른 실험에서는 강의를 듣거나 회의에 참석할 때 노트북을 사용하는 대신 손으로 메모를 남기면 훨씬 집중력이 높아진다는 결과가 나왔다. 키보드를 사용할 때는 보통 내용을 입력하는 데 그치지만, 직접 글을 쓸 때는 내용을 요약하면서 생각을 훨씬 더 많이 하기 때문이다.[6]

휴대전화와 노트북 사용으로 인한 주의 분산도 큰 문제지만, 프랜시스 프레이 교수는 회의 중 전자기기 사용을 금지해야 하는 가장 중요한 이유는 따로 있다고 했다. 회사가 엉망으로 경영되던 시절, 회의시간에 몇몇 임직원은 휴대전화로 다른 직원을 헐뜯는 메시지를 주고받았다. 타당한 이유 없이 서로를 흉보는 분위기가 조직 전체에 스며 있었다.

프레이 교수는 회의실에서 전자기기를 몰아내고 직원이 바람직한 관계를 맺을 수 있는 환경을 만들고자 했다. 일단 휴대전화가 사라지면 거리낌 없는 대화와 솔직한 의견 교환이 이루어지면서 천천히 공감대와 신뢰가 쌓일 것이라고 주장했다. "꼭 필요한 경우가 아니라면 회의할 때는 휴대전화를 치워둬라. 휴대전화는 집중력을 흐트러뜨리는 가장 큰 요인이며, 화면을 들여다보면서 공감과 신뢰를 형성하기는 매우 어렵다."[7] 서로를 비난하는 메시지를 주고받는 행위도 큰 문제지만, 근본적인 문제는 휴대전화 사용이 대화의 질을 떨어뜨리고 인간적인 교류를 방해한다는 데 있다.

주로 사무실 밖에서 근무하는 사람은 프레이 교수의 조언이 별 도움이 되지 않는다고 생각할 것이다. 이들에게 휴대전화와 노트북은 중요한 소통수단이기 때문이다. 하지만 원격 근로자를 대상으로 실시한 연구 결과를 살펴보고 난 후에는 생각이 바뀔 것이다. 2017년 UN은 전체 사무직 근로자의 25퍼센트가 스트레스에 시달리고 있다는 통계를 발표했다. 사무실 밖에서 일하는 직원은 비교적 스트레스에서 자유로울 것이라고 예상했겠지만 무려 41퍼센트가 스트레스를 느낀다고 응답했다.[8] 매일 꼬박 8시간을 사람들과 부대끼며 일하는 내근직원이 생각하기에, 따로 떨어져서 근무하는 직원은 고요하고 쾌적한 환경에서 아무런 방해도 받지 않고 딥 워크를 할 것만 같다. 하지만 사실 대부분이 고립감과 외로움으로 힘들어한다. 또한 경영 전문가 데이비드 맥스필드 David Maxfield와 조셉 그레니Joseph Grenny가 《하버드 비즈니스 리뷰》에 기고한 글에 따르면 외근직은 자신이 자리를 비운 사이 험담의 대상이 될지도 모른다는 불안을 느낀다고 한다.[9]

사람을 직접 마주보고 대화할 때는 전자기기를 치워야 한다. 떨어져서 대화를 할 때는 상호작용을 할 수 있는 방법을 찾아야 한다. 오늘날 기업은 각기 다른 지점에서 떨어져 근무하는 직원이 의견을 교환할 수 있도록 전화회의나 화상회의를 마련한다. 그러나 한 번이라도 화상회의에 참석해본 사람이라면 화면에 집중하기가 좀처럼 쉽지 않다는 것을 알 것이다. 아무리 집중력이 뛰어난 사람이라도 화면 위에서 기계적으로 넘어가는 파워포인트 슬라이드를 보고 있자면 졸음이 밀려올 수밖에 없다. 앞에서 잠깐 언급했듯, 소소하고 평범한 대화는 장거리 부부가 관계를 유지하는 데 매우 중요하다. 직장에서도 마찬가지다. 서로 다른 지점에 근무하는 직원이 공감을 이루길 바란다면 일상적인 대화를 나눌 수 있는 기회를 마련해줘야 한다. 이렇게 형성된 공감은 업무 수행에 큰 도움이 된다.

신뢰와 대화를 중요시하는 프랜시스 프레이 교수의 접근법은 굉장히 설득력이 있다. 특히 외부 업무를 주로 수행하는 직원에게는 더욱 효과적이다. 맥스필드와 그레니는 "외근직원은 내근직원보다 사내정치를 더욱 심각한 문제로 받아들이며, 동료와 갈등이 빚어지면 해결하는 데 어려움을 겪는다"고 이야기했다. 다소 극단적이긴 하지만, 맥스필드와 그레니가 제시한 연구 결과는 직장에서 진정한 공감을 이끌어내는 데 집중을 방해하는 요소 없이 나누는 대화가 얼마나 중요한지 잘 보여준다.

회의 중 휴대전화를 꺼내드는 이유는 악의가 있어서가 아니다. 단지 회의가 못 견딜 정도로 지겨울 뿐이다. 2부에서 언급한 것처럼 회의시간을 줄이는 등 회의문화를 개선할 방안이 마련되지 않는 한 휴대전화 사용 금지에 대한 반감은 계속될 것이다. 하지만 인간적인 교류 없이는 심리적 안정감을 확보할 수 없다. 회의실 내 휴대전화 사용을 금지하고 서로에게 온전히 집중하는 시간을 갖든, 메신저로 친근한 대화를 주고받든, 적절한 인간관계는 직장을 자극하는 데 꼭 필요하다.

to-do list

- ☑ 회의를 얼굴을 맞대고 상호작용을 하는 시간으로 만들어라.

- ☑ 휴대전화 등 주의를 분산하는 요소를 제거하라. 주의가 분산되면 집중력이 흐트러지고, 집중력이 흐트러지면 신뢰가 떨어진다.

- ☑ 외근직원과 교류할 방법을 찾아라. 동료와 신뢰를 쌓고 소속감을 느끼기 위해서는 공감이 이루어져야 한다. 서로 떨어져서 근무하는 경우에는 더욱 신경 써야 한다.

27

팀을 다양하게
구성하라

비슷한 이들이 모일 때의 함정

미국 대학의 '남학생 클럽'은 술을 엄청나게 마셔대고, 도가 넘은 친목 활동을 추구하며, 여성을 차별하는 것으로 악명이 높다. 이런 부정적인 인식이 사실인지는 알 수 없지만, 한 가지만은 확실하다. 마치 하나의 부족인 양 소속과 정체성을 굉장히 중요하게 생각한다는 것이다. 가입 신청을 하고 기존 회원으로부터 자격을 인정받으면 남학생 클럽의 일원이 될 수 있다. 즉 스스로가 조직에 어울린다는 확신과 실제로 클럽에 어울린다는 승인이 필요하다. 가입 절차가 이렇다 보니 남학생 클럽 회원들은 거의 비숫비슷하다. 끼리끼리라는 표현이 잘 들어맞는다.

비슷한 사람끼리 모여 있으면 생활하기는 편할 것이다. 성향과 취미가 비슷한 사람끼리는 쉽게 어울릴 수 있기 때문이다. 하지만 다양성이 부족해서 생기는 단점도 있지 않을까? 한 연구진은 이런 의문을 해결하기 위해 실험을 해보기로 했다. 실험은 가상 살인현장에서 남학생 클럽 회원이 추리를 통해 범인을 밝혀내는 게임 형식으로 진행됐다. 먼저 한 명씩 살인현장에 들어가 20분 동안 증거를 살펴본다. 그리고 회원 두 명이 합류해 20분 동안 논의를 진행한다. 그리고 대화를 시작하고 5분 후 한 사람이 추가로 합류해 추리에 도움을 준다. 추가로 투입되는 사람은 클럽 회원인 경우도 있고 전혀 모르는 사람인 경우도 있다.

결과는 명백했다. 외부인이 포함된 그룹은 남학생 클럽 회원으로만 구성된 그룹보다 추리게임을 훨씬 더 즐기는 모습을 보였다. 또한 스스로가 내린 결론에 무척 만족스러워했다. 자신감이 넘치는 이유가 있었다. 클럽 회원만으로 이루어진 그룹의 정답률은 29퍼센트에 불과했던 반면, 클럽과 전혀 관계가 없는 사람과 함께 추리를 한 그룹의 정답률은 60퍼센트에 달했다. 무려 두 배가 넘는 엄청난 차이였다.[1]

이는 집단을 구성할 때 다양성을 추구해야 하는 이유를 잘 보여준다. 물론 다양한 성향을 지닌 사람이 서로를 포용하기는 쉽지 않다. 우리는 본능적으로 각자의 기준에서 '정상' 범주에 들어간다고 생각하는 사람과 팀을 이루길 바란다. 하지만 이런 생각은 매우 위험하다. 항상 비슷한 사람끼리 어울리다 보면 타성에 젖어 잘못된 결정을 내릴 확률이 높기 때문이다. 집단사고의 함정에서 빠져나오려면 다양한 관점을 받아들일 줄 알아야 한다.

심리학자 새뮤얼 소머스Samuel Sommers는 배심원이 판결을 내리는 데 인종의 다양성이 어떤 영향을 미치는지 알아보는 실험을 실시했다. 소머스는 실험에 참여한 시민 수백 명을 6명씩 나눠 모의 배심원단을 구성했다. 일부는 전원 백인으로만 이루어졌고, 일부는 백인 4명과 흑인 2명으로 이루어졌다. 각각의 모의 배심원단은 성폭행 혐의로 체포된 흑인 용의자의 재판 영상을 시청했다. 배심원끼리 의견 교환이 이루어지기 전이었음에도 불구하고 다양한 인종으로 구성된 배심원단이 피고의 유죄를 가정할 확률은 백인으로만 구성된 배심원단에 비해 10퍼센트 낮았다.[2] 특별히 놀라운 결과는 아니다. 소머스는 흑인이 포함된 배심원단에서는 인종편견을 경계하는 경향이 높게 나타났다고 설명했다. 흑인과 백인이 섞여 있는 배심원단은 판결을 내리는 데도 훨씬 더 신중을 기했다. 이들이 판결을 내리기까지 걸린 시간은 평균 11분 더 길었으며 증거를 채택하며 실수를 저지를 가능성도 낮았다.

다양성은 기업의 수익도 높인다

다양성은 단순히 여러 관점을 수용하는 데서 그치지 않는다.

다양성은 사회적 배경, 성별, 성적 지향, 정치 성향, 인종 등 수많은 기준에 의해 정의된다. 하지만 지극히 현실적이고 사업적인 관점에서 최선의 결과를 추구한다면, 대개 직원의 출신과 배경이 다양할수록 회사가 창출하는 수익이 커진다는 조사 결과에 주목할 필요가 있다. 2015년, 컨설팅 회사 맥킨지는 인종 및 성별이 다양하게 구성된 기업이 산업 평균보다 높은 수익을 창출한다는 조사 결과를 발표했다. 인종 다양성이 상위 25퍼센트에 해당하는 기업은 평균보다 35퍼센트 높은 수익을 거뒀고, 성별 다양성이 상위 25퍼센트에 해당하는 기업은 평균보다 15퍼센트 높은 수익을 거뒀다.[3] 물론 이는 상관관계일 뿐 인과관계는 알 수 없다. 어쩌면 다양성이 최선의 결과를 유도하는 것이 아니라, 유능한 사람이 다양성이 보장된 직장을 선호하는 것일 수도 있다. 하지만 다양한 관점을 지닌 사람이 함께할 때 더 나은 결정을 내릴 수 있다는 사실만큼은 분명하다.

다양한 배경과 사고방식이 적절히 조화를 이루기란 쉽지 않다. 이민자 사회를 보면 알 수 있듯, 인간에게는 무리를 이루려는 습성이 있다. 이민자는 새로운 경험을 좇아 그들이 나고 자란 나라를 떠나왔지만 여전히 고국에서 온 다른 이민자와 어울리고 싶어 한다. 비슷한 사람과 함께할 때 편안함을 느끼기 때문이다. 동일한 문화적 배경에서 성장한 사람은 의견이 같을 확률이 높을 뿐 아니라, 비슷한 웃음 코드를 공유한다. 그러니 서로에게 맞추기 위해 큰 노력을 할 필요가 없다.

놀랄 만한 이야기는 아니다. 각기 다른 사람이 모여 시너지를 낸다는 주장도 그리 놀랍지는 않다. 이미 1848년에 철학자 존 스튜어트 밀John Stuart Mill은 이런 글을 남겼다. "자신과 닮지 않은 사람과 어울리고, 자신과 다른 사고와 행동을 수용함으로써 얻는 가치는 아무리 높게 평가해도 부족하다. (…) 이렇게 이루어진 소통은 항상 인류의 진보를 가져왔으며, 특히 오늘날에는 더욱 그러하다."[4]

to-do list

☑ 비슷한 직원끼리 팀을 구성하지 마라. 집단사고의 함정에 빠지기 쉽다.

☑ 뛰어난 성공을 거두는 기업은 다양한 배경을 지닌 구성원으로 조직된다는 사실을 기억하라. 우리가 살아가는 세상만큼이나 다채로운 회사를 만들기 위해 노력하라.

28

프레젠테이션 대신
글을 써라

아마존의 회의에는 PPT가 없다

"우리는 될 수 있으면 피자 두 판으로 배불리 식사를 할 수 있는 정도의 인원으로 팀을 구성하려고 한다. 이를 피자 두 판의 원칙이라고 부른다." 아마존 창업자 제프 베조스Jeff Bezos는 이렇게 말했다. 하지만 베조스는 뭔가 단단히 착각하고 있는 듯하다. 다들 알겠지만, 피자 두 판으로는 두 사람의 배밖에 못 채운다. 또한 앞에서 언급했듯 팀원이 8명 또는 9명일 때 업무 효율이 가장 높다. 베조스가 피자 여덟 판의 원칙을 제안했더라면 아마 다들 수긍했을 것이다. 그런데 겨우 두 판이라니.

피자 두 판의 원칙은 납득하기 어렵지만, 베조스가 실시하고 있는 여러 경영 방침 중 한 가지만은 분명 큰 도움이 될 수 있을 듯하다. 아마존의 회의는 고요 속에 시작된다. 조용한 분위기 속에서 각 참여자는 본격적인 논의에 들어가기 전 미리 준비해둔 문서를 정독한다. 베조스는 주주에게 보내는 편지에서 "아마존에서는 파워포인트 형식의 프레젠테이션을 진행하지 않는다"고 밝혔다.[1] "대신 6페이지짜리 문서를 작성한다. 이는 단순한 요점 정리가 아니라 명사와 동사를 포함해 완전한 문장으로 구성된 글이다." 베조스는 "이런 글은 하루나 이틀 만에 뚝딱 나오지 않는다"며 자료를 준비하는 데 짧게는 며칠에서 길게는 몇 주까지 걸린다고 설명했다.[2] 이렇게 작성된 문서는 당일 회의실에서 배포된다. 베조스는 미리 자료를 나눠주면 대강 훑어보고 허세를 부리거나 오히려 위축돼 발언을 꺼릴 수도 있다고 생각했다. "우리는 회의시간에 조용히 글을 읽는다. 자습시간이랑 비슷하다. 다들 테이블에 둘러앉아 아무 말 없이 자료를 꼼꼼히 검토한다. 보통 30분이면 끝나지만, 부족하다면 필요한 만큼 시간을 충분히 갖는다. 그리고 토론을 시작한다."

어떤 면에서 이런 회의 방식은 끔찍하게 들리기도 한다. 기껏 졸업하고 취업까지 했는데, 다시 대학교 시험장에 앉아 있는 기분일 것 같다. 덜덜 떨면서 답안지 한 장을 간신히 채우고 있는데 옆에 앉은 전체 수석이 답안지를 한 장 더 달라고 할 때와 비슷한 기분 아닐까. 하지만 낯설고 불편하다는 이유로 그냥 넘어가

기엔 이런 회의 방식이 지니는 이점이 꽤 많다. 화려한 프레젠테이션은 실속 없이 겉만 번드르르한 경우가 허다하다. 안건 몇 가지를 정해두고 진행하는 회의는 자신감 넘치는 사람이 특히 유리하다. 내용을 아무리 잘 숙지하고 있더라도 목소리를 내지 못하면 소용이 없기 때문이다. 반면 문장형 회의 자료는 꼼꼼히 읽고 생각하는 시간을 갖는다면 논의에 활기를 불어넣는 자극제가 될 수 있다. 지난 15년 동안 아마존이 올린 어마어마한 성과만 보아도 그간 조성된 숙고의 문화가 날카로운 결정을 내리는 데 큰 도움이 됐다는 사실을 인정할 수밖에 없다.

집단지성을 키우는 방법

몇 년 전, 카네기멜론 대학교, MIT, 유니온 대학 출신 연구원으로 구성된 연구진은 '집단지성'의 힘을 알아보는 실험을 실시했다.[3] 연구팀은 실험 참여자 700명을 소규모 그룹으로 나누고 여러 가지 문제를 제시했다. 각 문제를 해결하기 위해서는 다양한 사고 방식을 동원해야 했다. '이 물건의 사용법을 최대한 모두 나열해보시오'처럼 창의적인 사고를 요구하는 문제도 있었고, '정해진 이동 거리 내에서 쇼핑 계획을 세워보시오'처럼 논리적 사고를 요하는 문제도 있었다. 두 가지 사고를 모두 필요로 하는 문제도 제시됐다.

두 가지 명확한 결과가 나왔다. 첫째, 하나의 과제에 뛰어난 성적을 거둔 팀은 다른 과제에서도 좋은 결과를 얻었다. 반대로 하나의 과제에 취약했던 팀은 모든 과제를 망쳤다. 둘째, 각 구성원의 지능 수준은 팀 성적에 큰 영향이 없다. 천재적인 두뇌를 가진 인물이 팀원으로 있다고 해서 팀이 무조건 뛰어난 성과를 거두지는 않았다.

정말 중요한 요소는 팀원이 서로를 대하는 태도였다. 성적이 낮은 팀은 대개 한두 명이 주도해서 팀을 이끌었다. 하지만 성적이 높은 팀에서는 훨씬 민주적인 방식으로 소통이 이루어졌다. 각 팀원은 거의 똑같은 비중으로 의견을 냈다. 연구진의 표현을 빌리자면, 이들은 "발언 분량과 순서를 평등하게 분배했다." 수석연구원 아니타 윌리엄스 울리Anita Williams Woolley는 이렇게 말했다. "발언권이 모두에게 주어진 팀은 뛰어난 성적을 기록했다. 하지만 과제를 수행하는 내내 한 명이 발언을 독점하는 팀에서는 집단지성의 힘이 발휘되지 않았다. (…) 반면 의견을 제시할 기회를 동등하게 나눠 가진 팀은 팀원이 가진 다양한 견해와 정보를 수용함으로써 높은 집단지성을 보여줬다. 이렇게 모두의 노력과 기여가 어우러지며 더 나은 결과를 얻었다."

또한 뛰어난 팀은 '사회적 민감성'이 높다는 특징을 보였다. 의견을 교환하며 서로의 비언어적 반응을 읽고 상대방의 생각을 짐작해 그에 맞게 행동하는 데 능숙했다. 덕분에 자신감에 가득 차 다른 팀원들을 무시하거나, 좋은 아이디어가 떠올라도 앞에 나서기가 껄끄러워 기회를 놓치는 일은 일어나지 않았다.

'사회적 민감성'을 평가하기 위해 사용한 테스트는 원래 자폐증을 진단하기 위해 개발된 것이었다. 자폐증 환자는 타인의 표정에서 감정을 읽는 데 어려움을 겪는다. 이런 특성을 활용해 임상심리학자 사이먼 배런 코헨Simon Baron Cohen은 '눈을 통해 감정 읽기' 테스트를 고안했다. 테스트는 1990년대 잡지에 실린 사진 36장을 보여주고 모델의 감정 상태를 판단하는 방식으로 진행된다. 홈페이지를 통해 직접 테스트해보길 권하지만, 일단 참고를 위해 두 문제만 소개한다. 아래 사진을 보고 인물이 느끼는 감정을 가장 잘 표현한 단어를 골라라. 정답은 주석에 기재해뒀다.[4]

윌리엄스 울리를 비롯한 연구진은 실험 참여자의 테스트 결과를 통해 사진의 인물이 느끼는 감정을 파악하는 직관이 뛰어날수록 집단지성을 발휘하는 데 큰 기여를 했다는 사실을 알아냈다. 아나타 윌리엄스 울리는 "이런 직관은 전통적인 인지심리학에서 다루는 개념으로, 타인의 심리를 이해하고, 그들의 행동을 예측하고, 사소한 신호를 잡아내 생각과 감정을 파악하는 능력 전

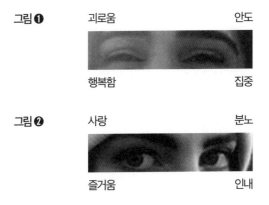

그림❶   괴로움   안도

행복함   집중

그림❷   사랑   분노

즐거움   인내

반을 의미한다"고 설명했다.[5]

일반적으로 남성보다 여성이 직관이 더 뛰어나다. 실제로 높은 집단지성을 발휘한 팀은 대부분 여성 비율이 높았으며, 그중에서도 여성이 과반을 차지하는 팀의 집단지성이 가장 높았다. 하지만 여성이 소수집단에 속할 때는 토론에 소극적인 모습을 보였다. 실험 결과에 따르면 "여성은 다수집단에 속할 때 팀 활동에 훨씬 활발하게 참여했다." 윌리엄스 울리는 "남성은 다수집단에 속하지 않아도 토론에 적극적인 모습을 보였다. 따라서 팀원의 참여를 최대한 이끌어내고 싶다면 여성과 남성 비율을 비슷하게 맞추되 여성이 다수집단에 속하도록 팀을 구성하는 게 좋다"는 결론을 내렸다.

온라인에서 진행된 실험에서도 똑같은 결과가 나왔다. 윌리엄스 울리가 한 말을 인용하자면, "오프라인에서 우수한 성적을 거둔 팀은 온라인에서도 월등한 모습을 보였다. 더욱 놀라운 사실은 소통 매체가 바뀌었음에도 탁월한 팀을 만드는 조건은 그대로였다는 점이다. 대화가 활발하게 이루어지고, 발언권이 평등하게 주어지고, 타인의 감정을 읽는 능력이 뛰어난 팀은 훌륭한 결과를 얻었다."[6] 유독 생동감이 넘치고 의견 교환이 잘 이루어지는 팀을 본 적이 있을 것이다. 이들은 끊임없이 아이디어를 주고받는다. 서로에게 편안함을 느끼며, 상대방이 입을 떼기도 전에 무슨 말을 하려는지 알아채기도 한다. 윌리엄스 울리는 이런 상태를 창조적 기여의 '폭발'이라고 지칭했다. 모든 팀원은 적극적으로 참여한다. 모든 팀원은 자신의 참여가 기꺼이 받아들여질 것이라는 사실을 알고 있다. 모든 팀원은 긍정적 정서와 심리적 안정감을 느낀다. 그리고 마침내 진정한 자극에 도달한다.

이 내용들이 침묵으로 시작되는 아마존의 회의와 무슨 연관이 있을까? 베조스는 요점만 간단히 정리한 파워포인트 프레젠테이션을 회의실에서 몰아내고 그 자리를 깊은 성찰과 사고로 대신함으로써 회의의 수준을 한 단계 높였다. 또한 아니타 윌리엄스 울리와 동료 연구진이 집단지성의 강력한 원동력으로 꼽은 평등한 발언권을 회의에 도입했다. 회의의 질을 높이려면 모든 직원의 의견을 귀담아들어야 한다. 그리고 모든 직원은 자신감을 가지고 적극적으로 참여해야 한다. 모든 조건이 갖춰졌는데도 의견을 내지 않는 사람이 있다면 그냥 회의에서 제외시키는 게 낫다.

회의의 목적은 활발한 토론을 통한 의사결정과 문제해결이다. 목적이 달성되지 않는다면 회의를 할 이유가 없다.

to-do list

☑ PPT 대신 문서를 활용하는 회의를 도입해보라. 처음에는 고통스럽겠지만 어느 정도 시간이 지나면 새로운 회의 방식이 여러분의 회사에 잘 맞는지 확인할 수 있을 것이다.

☑ 카리스마 넘치는 한 사람의 목소리만 부각되는 회의를 경계하라.

29

'사전'부검을
실시하라

보잉의 비행 전 점검 목록

1935년 10월 30일 보잉Boeing은 수많은 엘리트 미군 앞에서 B17 폭격기를 자랑스레 선보였다. '하늘의 요새'라는 별칭이 붙은 B17 은 이전 모델보다 최대 속도가 훨씬 빨랐고, 항속거리가 무려 두 배에 달했으며, 기존에 군대에서 요청했던 것보다 다섯 배나 많은 폭탄을 탑재할 수 있었다.[1] 역작을 세상에 공개하는 날, 미끈한 기체가 완벽한 모습으로 활주로를 달려 하늘로 날아올랐지만 이륙한 지 몇 초 후 돌연 비행을 멈췄다. 폭격기가 기우는가 싶더니 비행장으로 추락했다. 곧이어 불길이 치솟았다. 이 사고로 기장과 기내에 탑승했던 승무원 한 명이 사망했다. 부기장과 승무원 두 명은 중상을 입었지만 다행히 목숨은 건졌다.

사고 경위를 조사해본 결과, 기체에는 아무런 이상이 없었다. 기장이 거스트 록Gust Rock(항공기를 지상에 계류할 때 바람에 의해 조종면이 정지장치에 부딪히는 것을 방지하기 위한 잠금장치—옮긴이) 해제를 깜빡 잊으면서 문제가 생겼다는 사실이 밝혀졌다. 하지만 진짜 원인은 복잡한 기체 설계에 있었다. 일부에서는 인간의 기억 저장 능력이 감당하기에 B17이 '지나치게 복잡하다'는 주장이 나오기도 했다.[2] 그럼에도 불구하고 개발은 계속됐고, B17은 사고 발생 2년 만에 마침내 작전에 투입됐다. 그리고 2차 세계대전에서 321만 8,700킬로미터가 넘는 거리를 비행하며 놀라운 활약을 펼쳤다.

B17이 지니고 있던 고질적인 문제는 비행 전 점검 목록을 만들고 하나씩 꼼꼼히 확인하는 방법을 도입함으로써 아주 간단히 해결됐다. 물론 오늘날에는 이런 체크리스트가 아주 흔히 사용된다. 실제로 미군 전투기 조종사는 비상상황에 대응할 수 있도록 군복 주머니에 항상 체크리스트를 지니고 다닌다. 사실 체크리스트가 없어도 될 정도로 단순한 일은 거의 없다. 유입되는 정보가 많아지면 우리 뇌는 과부하에 걸려 주어진 일을 처리하는 데 어려움을 겪는다. 이때 중요 항목을 간단히 요약해둔 종이가 진가를 발휘한다. 작업 기억 속 뒤죽박죽 섞여 어떻게 해도 정리가 안 되던 일거리가 착착 제자리를 찾아가 한눈에 쏙 들어오는 목록

을 구성하며 길잡이 역할을 톡톡히 해낸다.

체크리스트가 지니는 힘은 이뿐만이 아니다. 업무를 단순한 목록 형태로 제시하면 자의적 해석이 개입할 확률이 낮아진다. 그저 체크리스트에 충실하게 각자 할 일을 하면 된다. 누가 무슨 업무를 수행할지, 어떤 순서로 일을 처리할지 정하느라 시간과 노력을 낭비할 필요가 없다. 또한 항공사와 공연장에서 체크리스트를 활용하는 목적은 실수와 오류를 줄이려는 것도 있지만, 문제가 생겼을 때 서로에게 책임을 돌려 갈등이 빚어지는 상황을 방지하기 위해서이기도 하다. 체크리스트를 통해 문제의 원인을 정확히 규명할 수 있게 되면 근거 없이 비난받을 염려가 없어진다. 이는 당연히 팀워크를 유지하는 데 큰 도움이 된다.

물론 체크리스트를 적용하기 불가능한 분야도 있다. 하지만 목록을 하나씩 지워나가는 방법이 통하지 않더라도 사전부검을 실시하면 거의 동일한 수준의 심리적 안정감을 얻을 수 있다. 사후부검에 관해서는 많이 들어봤을 것이다. 의문의 사망 사건이 발생했을 때 그 원인을 밝히기 위해 실시하는 검진을 말한다. 경영의 세계에서 이야기하는 사후부검 역시 사건의 경위를 파악하고 문제 원인을 찾는다는 점에서 이와 비슷하다. 여담이지만 사건 발생 후 시간이 흐르면서 자연스럽게 전후 정황이 밝혀지는 경우가 대부분이기에 6개월이 지나면 사후부검을 실시하는 의미가 없다.

호기심은 확증편향의 오류를 막는다

'사전'부검은 미래지향적으로 이루어진다. 이미 완전히 틀어져 버려 바로잡을 수 없는 일을 두고 더듬어가며 원인을 찾는 대신, 앞으로 발생 가능한 문제를 예측하고 미리 대응책을 마련하는 것이다. 예를 들어 다음 해에 프로젝트가 예정돼 있으면 팀원은 프로젝트가 실패로 돌아갈 수 있는 요인을 모두 나열하고 이유를 설명하는 시간을 갖는다. 체크리스트와 달리 옳고 그름은 따지지는 않는다. 단지 수정 구슬을 들여다보며 미래를 점쳐볼 뿐이다. 이때 이야기하는 미래는 단지 가정에 불구하니, 혹시 부정적인 사람으로 인식되지 않을까 걱정할 필요 없이 솔직하게 불안을 표현하고 프로젝트의 허점을 지적할 수 있다. 이렇듯 절차는 단순하지만 사전부검은 어마어마한 효과를 지닌다.

와튼 비즈니스 스쿨의 데보라 미첼Deborah Mitchell 교수와 동료 연구진은 단순히 '어떤 부분에서 계획이 잘못될 수 있을까?'라는 질문만으로 예측 정확도를 30퍼센트 높일 수 있다는 사실을 발견했다. 실제로 포춘 500대 기업의 한 최고경영자는 자신이 은퇴하면 수십억 달러를 투자한 친환경 프로젝트가 엎어질 것이라고 미래를 정확히 예견했다. 또 다른 기업은 정부의 정책 변화가 새롭게 추진하고 있는 벤처 프로젝트에 장애물로 작용한다는 변수를 꿰뚫어봤다.[3]

사전부검의 성패를 결정짓는 열쇠는 호기심이다. 안타깝지만 현대 직장에서 찾아보기는 어려운 자질이다. 하버드 경영대학원의 프란체스카 지노 교수는 다양한 산업에 근무하는 직장인을 대상으로 설문조사를 실시했는데, 설문 대상자 중 궁금한 점이 있을 때 거리낌 없이 질문을 던지는 비율은 30퍼센트에 불과했다. 지노 교수는 고용주에게서 원인을 찾았다. 이들은 직원이 개인적인 호기심을 충족하려고 이것저것 묻고 다니면 사무실 기강이 무너진다고 생각했으며, 탐구보다 효율에 더 큰 가치를 뒀다.[4] 하지만 지노 교수는 "호기심은 확증편향에 빠질 가능성을 줄여준다"고 이야기하며 호기심의 힘을 무시해서는 안 된다고 강조했다.

프랑스 MBA 과정인 인시아드INSEAD에서 조직행동론을 가르치는 스펜서 해리슨Spencer Harrison 교수는 호기심이 콜센터처럼 이직률이 높은 직군에 종사하는 직장인의 업무 능력을 향상시키는 데 도움을 준다고 말했다. 10개 기업 콜센터에 입사한 신입사원을 대상으로 설문조사를 실시한 결과, 호기심이 왕성한 직원은 동료로부터 더 많은 정보를 얻었을 뿐 아니라 고객의 문의 전화에도 훨씬 융통성 있게 대처했다.[5] 또한 지노 교수가 실시한 설문조사에 참여한 직장인 3,000명 중 무려 92퍼센트가 팀이 아이디어를 떠올리는 데 있어 팀원들의 호기심이 매우 큰 기여를 했다고 응답했다.

앞서 말했듯 직장에서 호기심을 표현하는 사람은 매우 드물다. 하지만 더 큰 문제는 시간이 지남에 따라 호기심이 점점 줄어든다는 데 있다. 지노 교수의 연구가 이를 뒷받침한다. 지노 교수는 회사를 옮긴 지 얼마 안 된 직장인 250명의 호기심이 이직 6개월 후 평균 20퍼센트 이상 감소했다는 통계를 제시했다. 일이 너무 많아 질문을 할 시간이 부족했기 때문이다.[6]

호기심을 가감 없이 드러내는 기업문화를 형성해 사전부검의 효과를 높이기 위해서는 많은 노력이 필요하다. 하지만 특별히 어렵지는 않을 것이다. 질문을 많이 하는 직원을 격려해주고 대우해주기만 하면 된다. 지노 교수는 4주 동안 매일 '오늘은 어떤 주제가 궁금한가요?'라는 문자메시지를 보냈다. 단 한 문장이었지만 호기심을 자극하기에는 충분했고, 문자메시지를 받은 직장인의 창의력은 눈에 띄게 향상됐다. 앞에서 설명했듯 학습 접근법을 도입해 팀원이 모두 함께 문제를 고민하고 편하게 의견을 내놓을 수 있는 분위기를 조성하는 것 역시 큰 도움이 된다.

프로젝트에 관해 진솔한 대화를 이끌어내고 싶다면 사전부검을 실시하라. 결과를 걱정하지 않고 자유롭게 이야기를 나누다 보면 프로젝트를 보강할 방법을 찾을 수 있을 것이다. 또한 호기심을 감추지 않고 편하게 질문을 주고받는 문화가 자리 잡는다면 사전부검은 한층 더 강력한 효과를 발휘할 것이다.

to-do list

☑ 여러 단계를 거쳐야 하는 복잡한 업무가 주어지면 체크리스트를 작성하라. 체크리스트는 심리적 안정감을 줄 뿐 아니라, 중요한 작업의 누락을 방지해 사고가 일어날 확률을 줄여준다.

☑ 복잡하고 까다로운 장기 프로젝트를 개시하기 전 사전부검을 실시하라. 몇 주, 몇 달 후를 미리 내다보면서 프로젝트를 보완할 아이디어를 얻을 수 있을 것이다. 사전부검은 비행기에서 뛰어내리기 전 마지막으로 안전장치를 확인하는 절차나 다름없다.

30

긴장을
풀어라

'유쾌한 선수'를 투입시킨 조정팀이 이겼다?

지금쯤이면 일하는 즐거움과 보람을 되찾는 방법을 어느 정도 익혔을 것이라 믿는다. 우리는 먼저 에너지와 열정, 창의력을 충전하는 방법 12가지를 살펴봤다. 그리고 뒤이어 팀워크를 다지고, 협력이 가진 힘을 끌어올리고, 집단지성을 발휘함으로써 마침내 공감을 이루어내는 전략 8가지를 살펴봤다. 마지막으로는 혼자 일할 때보다 팀을 이루어 일할 때 훨씬 큰 성취를 달성할 수 있으며, 긍정적 정서와 심리적 안정감이 모두 충족되면 팀이 자극 상태에 다다르면서 엄청난 시너지 효과가 생긴다는 것을 살펴봤다.

하지만 자극을 완성시킬 마지막 퍼즐 조각이 아직 남아 있다. 앞서 공감을 이루는 방법을 이야기하면서 공감대와 유대를 형성하고, 활기를 북돋고, 신뢰를 쌓고, 상상력을 발휘하는 데 웃음이 얼마나 중요한 역할을 하는지 설명했다. 이제 웃음이 팀을 자극하는 데 어떤 역할을 하는지 알아보자.

우리 대부분은 다른 사람 앞에서 꾸밈없는 모습을 드러내는 데 거리낌을 느낀다. 그리고 이는 자극을 어렵게 만드는 큰 이유 중 하나다. 어린 시절, 완전히 다른 사람처럼 고상한 목소리로 전화를 받던 어머니를 보고 자란 영향일 수도 있다. 청소년기에 접어들어 어느 정도 자아가 형성되고 나서부터는 무리에서 따돌림당하지 않기 위해 스스로를 검열했을 것이다. 직장인이 되어서는 회사에 어떻게든 좋은 인상을 남기려고 애를 쓴다. 하버드 경영대학원의 에이미 에드먼드슨 교수가 지적했듯, 우리는 타인에게 호감 이미지를 심어주기 위해 말과 행동을 조정한다.

회의 중 시원하게 트림을 해대다간 승진에 제한이 있을지도 모르니 조심해야 한다는 등 기본적인 사회생활 매너에 관한 이야기를 하는 것이 아니다. 직장인은 성과평가나 스택 랭킹뿐 아니라 이메일을 보내는 방식이나 회의에 참여하는 태도 등 자신의 일거수일투족이 평가받는다는 사실을 알고 있기에 되도록 눈에 띄는 행동을 하지 않으려 한다. 이 과정에서 개성은 사라지고 성격은 둥글둥글하게 변한다. 쓸데없이 참견하길 좋아하는 사람들에게 괜한 소리를 들을까 봐 수화기를 들기 전에 목소리를 가다듬던 어머니처럼, 우리는 상사와 동료에게 별나다는 이야기를 들을까 직장에 어울리는 가면을 쓴다. 집에서 무릎 나온 트레이닝 바지와 목 늘어난 티셔츠를 입고 뒹굴던 모습은 온데간데없다. 직장에서 우리는 완전히 다른 사람이 된다.

케임브리지 대학교 저지 경영대학원의 마크 드 롱은 짧게는 몇 주, 길게는 몇 달 동안 이 팀 저 팀 쫓아다니며 뛰어난 팀워크를 구축하려면 어떤 조건을 갖춰야 하는지 연구했고, 끈질긴 노력 끝에 비밀을 낱낱이 밝혀냈다. 드 롱은 팀원 간 신뢰를 쌓기 위해서는 웃음이 필수적이라고 주장했다. 그는 2007년 옥스퍼드 대학 조정팀을 상대로 케임브리지 대학 조정팀이 승리를 거둘 수 있었던 비결이 바로 다름 아닌 웃음이었다고 말했다.

조정은 그야말로 분석의 스포츠라고 할 수 있다. 예를 들어 선수의 기량은 힘, 체력, 순발력, 실전대응력을 모두 분석하고 종합해 평가된다. 하지만 심리적인 측면도 무시할 수 없다. 드 롱은 선수 선발을 앞둔 선수들은 어떻게든 보트에서 한 자리를 차지하기 위해 치열한 심리 작전을 벌인다고 이야기했다. 즉 출전 선수가 정해지고 난 다음에는 팀워크가 중요하지만, 최종 라인업이 결정되기 전까지는 철저히 '개인의 손익을 계산'해서 행동한다는 것이다.

하지만 드 롱은 "가장 뛰어난 선수 여섯 명을 보트에 태운다고 최고의 팀이 탄생하지는 않는다"고 말했다. 2007년 케임브리지 대학교 조정팀은 코치의 조언을 무시하고 와일드카드를 기용했다. '최고의 선수'는 아니었지만 '최고로 유쾌한' 선수였다. 그 선수 특유의 유머감각 덕분에 선수들은 잔인할 정도로 강도 높은 훈련을 받으면서도 유대와 신뢰를 쌓을 수 있었다.[1]

이 선수가 이끌어낸 심리적 안정감과 긍정적 정서가 어떤 작용을 했는지는 알 수 없지만, 자신감에 가득 차 있던 케임브리지 조정팀은 2007년 조정 경기를 겨우 열흘 앞두고 이례적으로 대담한 결정을 내렸다. 몰시 보트 클럽과의 경기에서 참패한 직후였다. 이들은 변화가 필요하다고 생각했다. 허심탄회한 대화를 주고받은 끝에 그들은 콕스를 맡았던 러스 글렌Russ Glenn을 후보 선수로 돌리기로 했다. 코치의 반대는 일거에 무시당했다.[2] 열흘 후 케임브리지 조정팀은 새로운 콕스 레베카 도비긴Rebecca Dowbiggin의 리드 하에 3년 만에 우승컵을 되찾았다.

케임브리지 대학교 조정팀이 이런 결과를 낳을 수 있었던 원인을 논리적으로 설명하기는 어렵다. 하지만 '유쾌한' 팀원이 뿜어내는 긍정적 에너지가 강력한 심리적 안정감을 형성하는 데 도움이 됐고, 그 덕분에 솔직한 논의와 대담한 결정이 이뤄질 수 있었다는 사실만은 분명하다. 결과가 모든 것을 말해준다.

케임브리지 대학교 조정팀은 유머와 긍정적 정서의 직접적인 상관관계와, 심리적 안정감의 간접적인 상관관계를 보여줬다. 하지만 옥스퍼드 대학과 런던 글로벌 대학의 연구진은 유머가 심리적 안정감 형성에도 직접적인 영향을 미친다는 사실을 증명했다.

웃음은 직장생활에 어떤 영향을 미칠까?

로빈 던바, 브라이언 파킨슨Brian Parkinson, 앨런 그레이Alan Gray 교수는 웃음이 협력 의지에 어떤 영향을 미치는지 알아보기로 했다. 앞서도 이야기했지만, 직장에서 웃음을 찾기는 쉽지 않다. 하루에 수백 번도 넘게 웃음을 터뜨리던 어린아이는 세월이 지나면서 점차 웃음을 잃고 심각한 어른이 된다. 이유는 간단하다. 직장 동료에게 얕보이고 싶지 않기 때문이다. 직장에서는 다들 잔뜩 날을 세우고 있다. 한 순간도 긴장을 놓지 않는다. 당연히 웃지도 않는다.

던바 교수를 비롯한 연구진은 웃음의 힘을 알아보기 위한 실험을 진행했다. 이들은 실험에 참여한 사람을 네 명씩 묶어 코미디 영상을 틀어줬다. 참여자는 미카엘 매킨타이어Michael McIntyre의 코미디 쇼를 시청한 후 함께 영상을 본 사람들에게 '자신을 소개하는' 짧은 글을 작성했고,[3] 자신을 얼마나 솔직하게 드러냈는지에 따라 점수가 매겨졌다. '1월에 폴 댄스를 하다가 폴에서 떨어져 쇄골이 부러졌다'거나 '쥐가 우글대는 판잣집에서 살고 있다'는 글을 작성한 참여자는 높은 점수를 받았다.

실험 결과 코미디 프로그램을 시청하며 함께 웃은 실험집단은 감정적 교류가 없었던 통제집단에 비해 사적인 이야기를 공유하고 진솔한 모습을 드러내는 빈도가 훨씬 높았다. 여기에는 생리적 작용도 영향을 끼쳤다. 연구진은 코미디 쇼를 보고 나서 친밀도가 확연히 높아지는 이유는 웃음이 엔도르핀 분비를 촉진하기 때문이라고 주장하며 이런 설명을 덧붙였다. "마약성 진통제와 비슷한 효과를 지니는 엔도르핀은 긴장을 완화시켜 소통을 원활하게 만든다. 또한 남의 시선을 지나치게 의식하는 경향을 낮춰줌으로써 상호작용을 촉진시킨다. 자신이 쓸데없는 말을 너무 많이 하고 있지는 않은지, 비호감으로 비치진 않을지와 같은 걱정이 누그러지고 이는 다시 친밀한 대화를 촉진시킨다." 간단히 말하자면, 웃음에는 사람의 자연스러운 모습을 이끌어내고 타인의 개성을 열린 태도로 받아들이게 하는 힘이 있다.

그렇다면 웃음은 직장생활에 어떤 영향을 미칠까? 편안하게 웃을 수 있는 직장에서는 모든 팀원이 논의에 적극적으로 참여하며 창조적 기여의 '폭발'을 이루어낼 가능성이 높다. 어떤 의견을 내도 비웃음을 사거나 무시당하지 않을 거라는 믿음이 있기 때문이다.

웃음은 안전지대를 만들어준다. 그리고 보다 자유롭게 아이디어를 펼칠 수 있도록 해준다. 던바 교수가 이야기했듯, "웃음은 스스로에게 집중된 신경을 분산시켜 자신이 얼마나 개인적인 이야기를 하고 있는지 알아채지 못하게 만든다." 그리고 타인의 시선을 덜 의식하게 되면 자유로운 사고가 가능해지면서 참신한 아이디어가 떠오르기 마련이다. 앞서 에이미 에드먼드슨 교수의 연구에 등장한 의료진은 심리적 안정감이 확보되자 기발한 방법을 생각해내기 시작했다. 예를 들어 한 간호사는 새로운 심장 수술 중 문제가 생기자 활용도가 워낙 낮아 존재 자체가 거의 잊힌 '무쇠 인턴' 클램프를 사용하자고 제안했다. 결과는 성공적이었다.[4]

코미디 센트럴 채널에서 방영하는 〈더 데일리 쇼The Daily Show〉 진행자 트레버 노아Trevor Noah는 팀이 창의력을 발휘하는 데 웃음이 어떤 역할을 하는지 묻는 질문에 이렇게 답했다. "우리는 각본실에서 그날 쇼의 소재를 찾는다. (…) 나는 담배 냄새가 옷에 배듯, 웃음이 인간의 본질에 스며든다고 믿는다."[5] 편안함, 긍정적 정서, 심리적 안정감이 모두 갖춰졌을 때 우리는 비로소 최고의 아이디어를 생각해낼 수 있다.

조정팀은 솔직한 생각을 확실히 표명할 수 있었고, 간호사는 자기 의견을 제안할 수 있었으며, 실험 참여자는 마음을 열고 자신의 진솔한 모습을 드러낼 수 있었다. 무엇보다, 웃음에는 돈이 들지 않는다. 웃음은 자극의 원동력인 동시에 결과이기도 하다.

to-do list

☑ 유쾌한 팀원 한 명이 웃음이 가진 힘을 이끌어내는 기폭제 역할을 할 수 있다.

☑ 웃음은 긍정적 정서와 심리적 안정감을 유도해 팀을 자극한다는 사실을 기억하라.

#우리회사최고

트위터 런던 사무실이 문을 연 지 1년쯤 됐을 무렵, 상상도 못한 일이 벌어졌다.

런던 사무실은 그레이트티치필드 가 귀퉁이 허름한 건물에 자리를 잡고 있었다. 본사가 한창 몸집을 불려가던 시기였지만, 실리콘밸리 스타트업의 으리으리한 사무실과는 비교도 안 되는 좁은 공간에서 소프트웨어 엔지니어, 영업사원, 마케팅 담당자 모두가 일할 공간을 두고 경쟁을 벌였다. 원년 멤버 6명으로 시작해 직원이 어느새 40명으로 늘어났지만 유대감은 여전히 끈끈했고, 같은 목표를 향해 나아간다는 목적의식은 건재했다. 일주일에 꼭 한두 번은 근처 술집에 모여 술잔을 기울이며 이런저런 이야기를 나눴다.

사무실에는 항상 에너지가 넘쳤다. 일도 잘 풀리고 있었다. 유저는 꾸준히 늘어났고, 광고 수익도 눈에 띄게 증가했다. 하지만 근무 여건은 그야말로 난장판이었다. 현재 상무이사로 일하는 다라 나스르_{Dara Nasr}는 당시 영업부장으로 직급이 꽤 높았음에도 겨우 쟁반 하나 올라갈까 싶은 자리를 골랐다. 게다가 뒤편에는 기둥까지 있어서 서서 키보드를 쳐야 할 정도였다. 하지만 이는 아주 현명한 선택이었다. 팀장이 저런 팔다리를 주물러가며 구석에서 일하고 있는데 창가 자리를 차지하지 못했다고 투덜댈 사람은 없었으니 말이다. 회사 분위기는 더없이 좋았다.

가을이 다가올 무렵 마케팅 팀장이었던 루시 모슬리_{Lucy Mosley}가 이메일로 병가를 신청했다. 루시는 회사의 핵심 구성원이자 모두에게 사랑받는 직원이었다. 대놓고 능력을 과시하거나 아이디어를 뽐내지는 않았지만, 창의력을 발휘해야 하는 팀의 수장으로서 항상 부하 직원의 의견을 물어보며 좋은 아이디어를 낼 수 있도록 이끌어줬다. "이건 어떻게 생각하나요? 또 저건 어떻게 생각하나요?" 루시에게는 주변 사람에게서 뛰어난 생각을 끄집어내는 특별한 재능이 있었다. 그리고 매일 황금 한 조각을 찾기 위해 좁쌀 더미를 뒤지는 일을 마다하지 않았다. 병가를 낸 루시는 의사의 조언에 따라 간단한 수술을 받고 직원들의 성화에 못 이겨 한 달간 휴식을 취한 뒤 회사로 돌아왔다. 그러던 어느 금요일 점심시간, 루시는 말없이 노트북을 덮고 집으로 갔다. 대부분이 기억하는 루시의 마지막 모습이다.

다음 날 아침 전화가 걸려왔다. 루시의 몸 전체에 암세포가 전이돼 입원했다는 안타까운 소식이었다. 앞으로 살날이 얼마 안남았다는 말에 가슴이 찢어질 것 같았다. 암은 잔인했다. 감히 병을 이겨낸 환자의 사례를 들며 위로하거나, '포기하지 말라'고 격려할 수도 없었다. 암은 이미 전신에 퍼져 있었고, 병마와 제대로 싸워볼 시간조차 주어지지 않았다. 희망을 이야기해봤자 환자에게는 상처밖에 되지 않을 터였다.

루시가 입원한 병동은 규칙이 엄격했다. 꽃가루 알레르기를 유발할 수 있으니 꽃 반입은 불가능했다. 설탕은 암세포를 증식시키기 때문에 식단에도 제한이 많았다. 게다가 루시의 약혼자는 루시가 어떤 감정기복이나 스트레스도 겪지 않길 바란다며 병문안을 정중히 거절했을 뿐 아니라 문자나 트위터를 통한 연락도 삼가달라고 부탁했다. 이런 규칙과 부탁을 거스르지 않으면서 어떻게 우리 마음을 전하면 좋을지 고민에 고민을 거듭했다.

아무리 생각해도 답이 나오지 않았다. 그때 린지Lyndsay가 모두 힘을 합쳐 커다란 털실 담요를 떠서 선물하자고 제안했다. 놀라운 아이디어였다. 하지만 한 가지 중대한 문제에 부닥쳤다. 직원 중 뜨개질을 할 줄 아는 사람이 단 한 명도 없었다. 우리는 돌아오는 월요일 오후에 바로 뜨개질 선생님을 초청해 뜨개질을 배웠다. 각자 최소 20줄씩 떠야 담요를 완성할 수 있었다. 남은 시간이 얼마나 되는지 알 수 없으니 한시라도 바삐 손을 움직여야 했다.

Bruce Daisley
@brucedaisley

Today's meetings have featured knitting. Lots of knitting.

6:36 PM - 14 Oct 2013

1 Retweet 11 Likes

Bruce Daisley
@brucedaisley

When you're reminded that you work with the best people in the world... Our week's work for someone we truly love.

6:58 PM - 18 Oct 2013

8 Retweets 66 Likes

"오늘 회의 주제는 뜨개질. 뜨개질 삼매경."   "세상에서 가장 좋은 사람들과 일하고 있음을 깨닫는 하루…… 우리의 일주일이 고스란히 담긴 작품."

딸깍딸깍, 뜨개바늘이 부딪히는 소리에 마음이 편안해졌다. 보드라운 털실은 어느새 그럭저럭 담요 같은 형태를 갖춰나갔다. 마치 마법을 만들어가는 기분이었다. 우리는 한 코 한 코에 사랑이 담기길 간절히 기도했다. 생전 뜨개바늘을 손에 쥐어본 적 없는 초보들이 며칠 만에 2.5미터짜리 담요를 완성했다. 보기에는 볼품없을지 몰라도 애정이 가득 담겨 있었다.

곧바로 담요를 세탁하고 사진과 편지를 넣어 포장했다. 루시의 사투가 끝을 향해 가고 있다는 소식을 들은 터라 마음이 다급했다. 우리의 마음을 전하겠다는 일념이 부질없는 희망이 될지도 모른다는 생각에 제일 빠른 배송 수단을 통해 루시가 머무는 호스피스로 담요를 보냈다. 그리고 기다렸다. 어느새 해가 기울고

있었다. 그날 저녁 7시쯤 루시의 트위터에 새 글이 올라왔다. 몇
주 만에 올라온 글이었다.

Lucy Mosley
2013년 10월 21일

"트위터 런던 사무실 식구가 떠준 담요 덕분에
따뜻하게 지내고 있습니다."
#우리회사최고 #가족

그날 밤 모두 기쁨의 눈물을 흘렸다. 루시의 곁을 지키지는 못
했지만 어설픈 뜨개질 속에 사랑을 담아 전해줄 수 있어 다행이
었다.

루시의 '#우리회사최고LoveWhereYouWork' 해시태그는 이제 우리
조직에 하나의 문화로 자리 잡았다. 다른 회사도 그렇겠지만, 트
위터 런던 사무실에 근무하면서 나는 정말 일하기 좋은 직장이
라 느낄 때가 많다(물론 아닐 때가 더 많다). 그리고 우리는 이런
순간을 공유하기 위해 루시의 해시태그를 사용한다.

회사생활이 어떠냐는 질문을 받으면 우리는 "트위터에 #우리
회사최고를 검색해보라"고 대답한다. 하지만 이 해시태그는 가끔

오해를 사기도 한다. 언론은 기업 구성원이 단체로 애사심을 드러내는 모습을 보면 일단 의혹의 눈길을 보낸다. 그럴 만도 하다. 일을 하면서 자연스럽게 형성된 유대감이 애정으로 이어지면 가장 좋겠지만, 애사심을 거의 세뇌하다시피 주입하는 회사도 더러 있기 때문이다. 트위터에 근무하지 않는 사람은 우리끼리 사용하는 해시태그를 보고 '우리 회사 최고라니, 이게 무슨 헛소리야?'라고 생각할 것이다. 남들에게 보여주기 위한 목적으로 붙이는 해시태그가 아니니 어쩌면 당연한 반응일 것이다.

#우리회사최고 해시태그를 클릭해보면 온갖 사소한 게시물이 뜬다. 동료가 타준 커피를 마시며 수다를 떠는 평범한 일상 사진도 있고, 퇴근 후 지역 아동 돕기 봉사활동을 하는 좀 특별한 사진도 있다.

나에게 '#우리회사최고'는 단순한 해시태그가 아닌 그 이상의 의미가 있다. 어느새 이것은 내 삶의 기준이자 목표가 됐다. 나는 이 해시태그를 볼 때마다 트위터 런던 사무실의 부사장으로서 해야 할 의무를 되새긴다. 직원이 마음껏 역량을 발휘하고, 매주 금요일 직장을 나설 때 자부심을 느끼고, "우리 회사 최고"라고 당당히 말할 수 있는 직장을 만들어야겠다는 목표를 마음에 새긴다. 물론 루시의 해시태그 이후에도 일하는 즐거움을 잃은 것 같은 직원은 있었다. 표정은 우울했고, 매일 저녁 어깨가 축 처져 터덜터덜 회사를 나섰다. 이럴 땐 나 스스로 목표에 미달했다는 생각이 간혹 들긴 했지만 오히려 더 열심히 노력해야겠다는 다짐이 더 굳어졌다.

누구나 지금 하고 있는 일에서 자부심을 느끼고 싶어한다. 그리고 우리 모두 직장 동료와 함께 웃으며 즐겁게 일하길 원한다. 나는 팟캐스트를 진행하고, 책을 쓰고, 트위터와 링크트인에서 만난 사람들과 대화를 나누며 일하는 즐거움을 되찾는 비법을 알아내기 위해 노력했다. 또한 점심시간은 뺀질이들의 전유물이라거나, 회사는 웃고 떠드는 곳이 아니라 바짝 긴장해야 하는 곳이라고 주장하는 이들의 입을 다물게 할 증거를 열심히 찾아다녔다. 희한하게도 그런 증거들은 대부분 전문서적과 연구논문 속에 꽁꽁 숨겨져 있었다. 그런 자료들을 더 많은 이들과 공유하고자 이 책에 정리해놓았다.

앞서 소개한 30가지 아이디어 중 여러분에게 잘 맞는 방법을 골라 시도해보고, 일하는 즐거움을 꼭 되찾길 바란다. 트위터 @brucedaisley 또는 @eatsleepwkrpt 계정, 혹은 이메일 brucedaisley@gmail.com으로 성공 후기가 들려오길 기다리겠다.

여러분이 어떻게 다시 "우리 회사 최고"를 외치게 될지 매우 궁금하다.

주

서문

1. https://www.gallup.com/services/190118/engaged-workplace.aspx
   https://news.gallup.com/opinion/gallup/219947/weak-workplace-cultures-help-
   explain-productivity-woes.aspx
2. http://www.telegraph.co.uk/technology/mobile-phones/9646349/Smartphones-
   and-tablets-add-two-hours-to-the-working-day.html
3. https://www.ccl.org/wp-content/uploads/2015/04/AlwaysOn.pdf
4. http://news.gallup.com/poll/168815/using-mobile-technology-work-linked-
   higher-stress.aspx
5. https://www.researchgate.net/publication/6360061_The_moderating_role_of_
   employee_well_being_on_the_relationship_between_job_satisfaction_and_job_
   performance
6. http://news.gallup.com/poll/168815/using-mobile-technology-work-linked-
   higher-stress.aspx
7. https://www.theguardian.com/us-news/2017/jun/26/jobs-future-automation-
   robots-skills-creative-health
8. https://hbr.org/2018/01/the-future-of-human-work-is-imagination- creativity-
   and-strategy
9. https://www.gov.uk/government/publications/good-work-the-taylor-review-of-
   modern-working-practices
10. https://eatsleepworkrepeat.fm/are-the-robots-taking-over/

1부

인트로

1. https://news.efinancialcareers.com/uk-en/159654/salaries-and-bonuses-goldman-
   sachs-jpmorgan-citi-baml-morgan-stanley

2. http://alexandramichel.com/ASQ%2011-11.pdf

3. http://www.dailymail.co.uk/news/article-2397527/Bank-America-Merrill-Lynch-intern-Moritz-Erhardt-dead-working-long-hours.html

4. https://www.newyorker.com/magazine/2014/01/27/the-cult-of-overwork and https://news.efinancialcareers.com/uk-en/213166/what-goldman-sachs-j-p-morgan-cs-baml-and-barclays-have-done-to-cut-junior-bankers-working-hours

5. 나는 10년 넘는 긴 세월 동안 유튜브, 트위터, 구글을 비롯한 여러 IT기업에 근무했지만, 휴대전화를 항상 곁에 두라고 조언하고 싶지는 않다. 맥도날드 점원이 여러분에게 1년 내내 햄버거만 먹으라고 강요한다면 기분이 어떻겠는가.

6. 2015년 유고브가 실시한 설문조사에 따르면 직장인의 51퍼센트가 극심한 피로와 에너지 고갈을 느낀다고 한다. 또한 커뮤니티케어의 설문조사에 따르면 사회복지 산업에 종사하는 근로자 73퍼센트가 같은 증상을 호소하고 있다.
https://www.theguardian.com/women-in-leadership/2016/jan/21/spot-the-signs-of-burnout-before-it-hits-you

7. 미국에서 발표한 통계자료는 지난 20년 사이 극심한 피로를 느끼는 노동자가 32퍼센트나 증가해 오늘날 전체 노동인구의 절반가량이 번아웃 증후군에 시달리고 있다는 사실을 보여준다.
https://hbr.org/2017/06/burnout-at-work-isnt-just-about-exhaustion-its-also-about-loneliness

8. https://www.telegraph.co.uk/women/work/rising-epidemic- workplace-loneliness-have-no-office-friends/

01. 짧게 일하고 충분히 쉬어라

1. https://en.wikipedia.org/wiki/Continuous_partial_attention

2. 기여에 따라 가산점을 부과할 예정이었다. http://assets.csom.umn.edu/assets/113144.pdf

3. https://twitter.com/DavidLawTennis/status/1011279272823189505

4. http://uk.businessinsider.com/yahoo-ceo-marissa-mayer-on-130- hour-work-weeks-2016-8

5. https://archive.nytimes.com/www.nytimes.com/learning/general/onthisday/big/0105.html#article

6. http://ftp.iza.org/dp8129.pdf

7. https://www.economist.com/blogs/freeexchange/2014/12/working-hours

---

* 저자가 참고한 도서의 페이지는 번역서가 아닌 원서 기준임.

8. 제프 서덜랜드의 저서 《스크럼》 101페이지에서 인용

9. https://www.linkedin.com/pulse/why-best-bosses-ask-employees- work-less-scott-maxwell/

10. 제프 서덜랜드, 《스크럼》, 102페이지

11. 물론 여기에는 닭이 먼저냐 달걀이 먼저냐 하는 논쟁이 뒤따른다. 하지만 이는 펜카벨 혼자만의 주장이 아니다. https://www.economist.com/blogs/freeexchange/2013/09/working-hours

12. https://theenergyproject.com/

13. https://www.nytimes.com/2017/01/06/business/sweden-work-employment-productivity-happiness.html

02. 일이 잘 안 풀릴 땐 산책에 나서라

1. 알렉스 수정 김 방Alex Soojung-Kim Pang, 《일만 하지 않습니다Rest》, 95페이지에서 인용

2. https://www.ted.com/talks/marily_oppezzo_want_to_be_more_ creative_go_for_a_walk

3. https://www.apa.org/pubs/journals/releases/xlm-a0036577.pdf

4. https://web.stanford.edu/group/mood/cgi-bin/wordpress/wp-content/uploads/2012/08/Berman-JAD-2012.pdf

5. 팟캐스트 〈먹고 자고 일하고 반복하라Eat Sleep Work Repeat〉. https://www.acast.com/eatsleepworkrepeat/thoughtleaders2-chrisbarezbrown?autoplay

6. https://www.nytimes.com/2011/04/13/nyregion/13mob.html?_r=1&hp

03. 이어폰 사용을 허하라

1. 인사관리 포럼은 검색해볼 생각조차 하지 마라.

2. https://hbr.org/2012/04/workers-take-off-your-headphon

3. 크게 궁금하진 않겠지만, 전임대표 이름은 더글러스 코넌트Douglas Conant다. https://hbr.org/2014/03/turn-your-next-interruption-into-an-opportunity

4. 리사 펠드먼 배럿, 《감정은 어떻게 만들어지는가?How Emotions Are Made》 169페이지에서 발췌

5. https://www.britannica.com/science/memory-psychology/Working-memory#ref985180

6. 신경과학과 창의력을 주제로 한 놀라운 연구는 인터넷 기사에서 확인 가능하다. https://www.frontiersin.org/articles/10.3389/fnhum.2013.00330/full

7. 서덜랜드와 저자가 나눈 대화에서 발췌. https://eatsleepworkrepeat.fm/rory-sutherland-on-work-culture/

8. https://www.tandfonline.com/doi/abs/10.1207/s15326934crj1004_2

9. https://hbr.org/2017/05/to-be-more-creative-schedule-your-breaks

10. https://www.researchgate.net/publication/277088848_Alternating_Incubation_ Effects_in_the_Generation_of_Category_Exemplars

11. James Webb Young, A Technique for Producing Ideas.

12. https://www.fs.blog/2014/08/steve-jobs-on-creativity/

13. https://work.qz.com/1252156/do-open-offices-really-increase- collaboration/

14. http://journals.sagepub.com/doi/10.1177/0170840611410829

04. 빨리빨리 증후군에서 벗어나라

1. 1990년, 미국 장애인법은 엘리베이터 최소 개방 시간을 3초로 지정했다. 2010년, 영국 은 정부 건물 규정에 따라 엘리베이터 문 최소 개방 시간을 5초로 법제화했다.

2. https://www.nytimes.com/2004/02/27/nyregion/for-exercise-in-new-york-futility- push-button.html

3. https://www.radicati.com/wp/wp-content/uploads/2015/02/Email-Statistics- Report-2015-2019-Executive-Summary.pdf

4. 영국 통계: https://www.managementtoday.co.uk/uk-workers-waste-year-lives- useless-meetings/article/1175002

    미국 통계: https://hbr.org/2017/07/stop-the-meeting-madness

5. 대니얼 레비틴, 《정리하는 뇌》, 6페이지

6. http://www.hse.gov.uk/statistics/causdis/stress/stress.pdf

7. 제이슨 프라이드Jason Fried, 데이비드 하이네마이어 핸슨David Heinemeier Hansson, 《똑바로 일하라Rework》, 268페이지

8. 마누시 조모로디Manoush Zomorodi의 테드 강연에서 발췌. https://www.ted.com/talks/ manoush_zomorodi_how_boredom_can_lead_to_your_most_brilliant_ideas

9. 위와 동일

05. 점심시간을 사수하라

1. 〈먹고 자고 일하고 반복하라〉 팟캐스트 중 로라 아처 출연 에피소드. https://eatsleepwork repeat.fm/honey-i-hacked-my-job/

2. https://www.bupa.com/sharedcontent/articles/take-a-break

3. https://www.researchgate.net/publication/242337761_Momentary_work_recovery_ The_role_of_within-day_work_breaks

4. https://www.ncbi.nlm.nih.gov/pubmed/26375961

5. 테오 마이만과 지스베르투스 멀더, 〈작업량의 심리적 측면Psychological Aspects of Workload〉,

5페이지

6. 다니엘 핑크, 《언제 할 것인가》, 50페이지

7. https://hbr.org/2016/02/dont-make-important-decisions-late-in-the-day

8. https://www.theguardian.com/society/2018/may/23/the-friend-effect-why-the-secret-of-health-and-happiness-is-surprisingly-simple

9. https://eatsleepworkrepeat.fm/work-culture-follow-the-data/

10. https://journals.aom.org/doi/abs/10.5465/amj.2011.1072?journalCode=amj

06. 오전시간은 수도승 모드로!

1. https://www.inc.com/business-insider/google-ceo-sundar-pichai-daily-routine.html

2. http://uk.businessinsider.com/netflix-ceo-reed-hastings-doesnt-have-an-office-2016-6?r=US&IR=T and http://uk.businessinsider.com/gap-ceo-doesnt-have-desk-office-2014-11?r=US&IR=T

3. https://www.ft.com/content/f400ae8c-9894-11e7-a652-cde3f882dd7b

4. http://fortune.com/2018/02/16/apple-headquarters-glass-employees-crash/

5. https://www.archdaily.com/884192/why-open-plan-offices-dont-work-and-some-alternatives-that-do

6. https://www.economist.com/business/2018/07/26/open-offices-can-lead-to-closed-minds

7. https://www.sciencedirect.com/science/article/pii/S0003687016302514

8. https://www.bizjournals.com/sanjose/news/2017/08/08/apple-park-employees-floor-plan-hq-spaceship-aapl.html

9. https://www.ncbi.nlm.nih.gov/pubmed/?term=21528171

10. https://www.telegraph.co.uk/science/2017/10/01/open-plan-offices-dont-work-will-replaced-coffice-says-bt-futurologist/

11. https://hbr.org/2014/07/the-cost-of-continuously-checking-email

12. 제럴드 웨인버그Gerald Weinberg의 저서 《소프트웨어 품질 관리Quality Software Management》에서 발췌. 제프 서덜랜드의 저서 《스크럼》에 인용됨

13. https://ideas.repec.org/a/eee/jobhdp/v109y2009i2p168-181.html

14. http://edition.cnn.com/2005/WORLD/europe/04/22/text.iq/ http://www.ics.uci.edu/~gmark/CHI2005.pdf

15. https://hbr.org/2011/05/the-power-of-small-wins

16. https://www.wired.com/1996/09/czik/

17. https://hbr.org/2002/08/creativity-under-the-gun

07. 농장주 마인드는 버려라

1. http://www.businessinsider.com/best-buy-ceo-rowe-2013-3?IR=T
2. http://www.nj.com/politics/index.ssf/2016/01/christie_stupid_law_assuring_kids_recess_deserved.html
3. 다행히도 크리스티가 사회에 남긴 흔적은 폐쇄된 뉴저지 해안에서 해수욕하는 모습을 담은 항공사진 정도밖에 없다. 현대 사회에서는 언제 어떻게 찍힌 사진이 인터넷에서 유머로 소비될지 모른다. 이렇게 찍힌 사진은 모델의 위선적인 면모를 낱낱이 밝혀주니 네티즌 입장에서는 가려운 부분을 긁어주는 기분이다. https://www.nytimes.com/2017/07/03/nyregion/chris-christie-beach-new-jersey-budget.html

08. 원래 그런 규칙이란 없다

1. http://www.bbc.co.uk/news/magazine-22447726
2. https://ppc.sas.upenn.edu/sites/default/files/ learnedhelplessness.pdf
3. https://www.ted.com/talks/leslie_perlow_thriving_in_an_ overconnected_world#t-232888
4. 원문에서는 '이곳' 대신 '업무'라는 단어를 사용했다.
5. https://hbr.org/2009/10/making-time-off-predictable-and-required
6. 위와 동일

09. 휴대전화 알림 기능을 꺼라

1. 리사 펠드먼 배럿은 《감정은 어떻게 만들어지는가?》 70페이지에서 뇌와 감정 사이에 어떤 작용이 일어나는지 매우 명료하게 설명하고 있다.
2. https://www.sciencedirect.com/science/article/pii/ 002432059600118X
3. https://hbr.org/2002/08/creativity-under-the-gun
4. https://www.theguardian.com/sport/2008/feb/03/features.sportmonthly16
   이는 선수에게 가해지는 스트레스에 차이가 있어서만은 아니다. 경기 관계자들은 홈팀에 반칙을 선언했을 때 쏟아지는 질책을 피하려는 모습을 보였다. 과학자들은 이를 '회피'라고 일컬었다.
5. http://believeperform.com/education/crowd-and-the-home- advantage/
6. http://news.bbc.co.uk/sport1/hi/football/teams/n/newcastle_united/7122616.stm
7. https://www.belfasttelegraph.co.uk/sport/football/cut-out-the-negativity-and-get-behind-us-sterling-urges-england-fans-36747143.html
8. https://www.telegraph.co.uk/culture/comedy/9465052/Harry-Hill-on-his-next-big-thing.html
9. https://www.mirror.co.uk/tv/tv-news/harry-hill-tv-burp-left-131864

10. https://hbr.org/2002/08/creativity-under-the-gun

11. 위와 동일

12. 쥐가 웃는 모습을 찍은 사진은 다소 기괴하다. 쥐의 두개골에는 줄이 연결돼 있다. 사진을 볼 때마다 불쾌하지만, 적어도 학문적으로는 큰 가치가 있는 듯하다.

13. http://discovermagazine.com/2012/may/11-jaak-panksepp-rat-tickler-found-humans-7-primal-emotions

14. 2018년 애드위크 때 진행한 〈먹고 자고 일하고 반복하라〉 생방송 녹음본에서 발췌. https://eatsleepworkrepeat.fm/bringing-laughter-back-to-work/

15. https://pdfs.semanticscholar.org/c140/ 533bfa3d841fc016e6f82ab9e5fbd67f2d75.pdf

16. http://www.lboro.ac.uk/news-events/news/2013/june/098email-stress.html

17. http://news.gallup.com/poll/168815/using-mobile-technology-work-linked-higher-stress.aspx

18. https://www.theguardian.com/small-business-network/2014/oct/03/have-emails-had-day-modern-office-business

19. 안드로이드 휴대전화에서 순서대로 설정→지메일(혹은 다른 이메일 애플리케이션)→애플리케이션 알림에 들어가 알림을 비활성화하라. 아이폰에서는 설정→알림→메일→모든 알림 끔을 선택하면 된다.

20. https://www.academia.edu/20670805/_Silence_Your_Phones_Smartphone_Notifications_Increase_Inattention_and_Hyperactivity_Symptoms?ends_sutd_reg_path=true

21. https://pdfs.semanticscholar.org/8637/ 403e90d5a6451ad99b96827d00db63ef3d88.pdf

22. http://journals.plos.org/plosone/article?id=10.1371/journal.pone.0054402

23. https://pielot.org/pubs/PielotRello2017-MHCI-DoNotDisturb. pdf

24. https://www.newscientist.com/article/2142807-one-day-without-notifications-changes-behaviour-for-two-years/

25. https://pielot.org/2017/07/productive-anxious-lonely-24-hours- without-push-notifications/

26. http://oro.open.ac.uk/47011/1/Design%20Frictions_CHI2016LBW_v18.camera.ready.pdf

27. https://www.newscientist.com/article/2142807-one-day-without-notifications-changes-behaviour-for-two-years/

10. 주말에 이메일 보내지 말라

1. 나는 제프 로이드Geoff Lloyd의 표현을 그대로 가져와서 사용했고, 제프 로이드는 옛 동

료의 표현을 그대로 가져왔다고 털어났다. 이 표현 자체가 번지고 있는 듯하다.

2. https://hbr.org/2018/01/if-you-multitask-during-meetings- your-team-will-too

3. https://eatsleepworkrepeat.fm/is-deep-work-the-solution/

4. https://www.aeaweb.org/articles?id=10.1257/jep.14.4.23

5. https://hbr.org/1988/01/the-coming-of-the-new-organization

11. 숙면을 취하라

1. 매슈 워커의 저서 《우리는 왜 잠을 자야 할까Why We Sleep》는 숙면이 우리 몸에 미치는 영향을 가장 포괄적으로 설명하고 있다.

2. https://onlinelibrary.wiley.com/doi/full/10.1002/brb3.576

3. 나는 어린 시절 애니멀에이드Animal Aid와 그린피스Greenpeace 멤버로 활동했을 만큼 동물을 사랑한다. 동물실험 사례를 들을 때마다 가엾다는 생각은 하지만, 어쩌겠는가. 과학은 과학으로 받아들이자. 매슈 워커, 《우리는 왜 잠을 자야 할까》, 81페이지

4. http://citeseerx.ist.psu.edu/viewdoc/download?doi=10.1.1.409.683&rep=rep1&type=pdf

5. http://citeseerx.ist.psu.edu/viewdoc/download?doi=10.1.1.409.683&rep=rep1&type=pdf

6. 매슈 워커, 《우리는 왜 잠을 자야 할까》, 3페이지

7. https://www.ncbi.nlm.nih.gov/pmc/articles/PMC4340449/

12. 한 가지 일에 집중하라

1. http://worldhappiness.report/wp-content/uploads/sites/2/2017/03/HR17-Ch6_wAppendix.pdf

2. 위와 동일

3. http://www.pnas.org/content/109/49/19953

4. https://www.aft.org//sites/default/files/periodicals/TheEarlyCatastrophe.pdf

5. https://warwick.ac.uk/fac/soc/economics/staff/dsgroi/impact/hp_briefing.pdf

6. http://www.danielgilbert.com/KILLINGSWORTH%20&%20GILBERT%20(2010).pdf

2부

인트로

1. https://www.historyanswers.co.uk/kings-queens/emperor-frankenstein-the-truth-behind-frederick-ii-of-sicilys-sadistic-science-experiments/

2. https://pdfs.semanticscholar.org/5744/ 8ececb4f70edd8b31ab1fc9625b398afcd29.pdf

3. http://www.apa.org/news/press/releases/2017/08/lonely-die.aspx

4. 올리바아 오네일Olivia O'Neill과 낸시 로스바드Nancy Rothbard가 소방관들을 대상으로 진행한 연구: https://journals.aom.org/doi/pdf/10.5465/amj.2014.0952

5. https://www.independent.co.uk/voices/grenfell-tower-fire-fighter-what-it-was-like-a7798766.html

6. 시걸 바르세이드, '직장에서 필요한 것은 사랑뿐인가?', https://www.youtube.com/watch?v=sKNTyGW3o7E,
https://hbr.org/2014/01/employees-who-feel-love-perform-better

7. 크리스 보스, 《우리는 어떻게 마음을 움직이는가Never Split the Difference》, 33페이지

8. https://onlinelibrary.wiley.com/doi/full/10.1111/ j.1475-6811.2010.01285.x

9. 2016년 자료: https://news.gallup.com/opinion/gallup/219947/weak-workplace-cultures-help-explain-productivity-woes.aspx

10. https://hbr.org/2017/03/why-the-millions-we-spend-on-employee-engagement-buy-us-so-little

11. 모든 변수가 포함되지 않았을 가능성도 염두에 둬야 한다. 기술 기업은 경험 중심 환경을 나타내는 지수를 적극적으로 포함할 가능성이 높으며, 사회적 특성에 따라 성장률, 매출, 수익이 모두 높게 나타날 수밖에 없다.

12. 기업문화 문서는 다음 웹사이트에 기재돼 있다.
https://tettra.co/culture-codes/culture-decks/

13. http://uk.businessinsider.com/leadership-styles-around- the-world-2013-12

14. 스티븐 런딘Stephen Lundin, 해리 폴Harry Paul, 존 크리스텐슨John Christensen, 《펄떡이는 물고기처럼Fish!》

15. 이런 분위기를 조성하는 데는 켄 블랜차드Ken Blanchard의 영향이 컸다. 블랜차드는 《1분 매니저One Minute Manager》로 성공을 거둔 후 잇달아 베스트셀러를 출간했는데, 시간이 갈수록 본질이 흐려지는 것 같았다.

16. https://www.recode.net/2018/6/30/17519694/adam-grant-psychology-management-culture-fit-kara-swisher-recode-decode-podcast

17. 로빈 던바, 《그루밍, 가십, 언어의 진화Grooming, Gossip and the Evolution of Language》, 271 페이지

18. https://www.linkedin.com/pulse/long-slow-death-organisational- culture-dr-richard-claydon/

19. 다니엘 핑크, 《드라이브》, 29페이지

20. http://journals.sagepub.com/doi/pdf/10.1177/0146167282083027

21. https://pdfs.semanticscholar.org/abbc/acaa273b8fea38d142e795e968051fa368ea.pdf

22. 다니엘 핑크, 《직장에서 살아남기Alive at Work》

23. https://eatsleepworkrepeat.fm/dan-pink-on-the-secret-of-drive/

24. https://hbr.org/2014/11/cooks-make-tastier-food-when-they-can-

25. https://www.fastcompany.com/3069200/heres-what-facebook-discovered-from-its-internal-research-on-employee-happiness

26. 올포트는 실험을 통해 이런 결론을 내렸지만 이는 실제 사회에도 똑같이 적용된다. https://brocku.ca/MeadProject/Allport/Allport_1920a.html

27. https://www.theguardian.com/science/2009/sep/16/teams-do-better-research-proves

28. http://downloads.bbc.co.uk/6music/johnpeellecture/brian-eno-john-peel-lecture.pdf

29. https://www.ncbi.nlm.nih.gov/pmc/articles/PMC4856205/

30. https://www.tandfonline.com/doi/abs/10.1300/J002v05n02_05?journalCode=wmfr20

31. https://www.researchgate.net/publication/19261005_Stress_Social_Support_and_the_Buffering_Hypothesis

13. 커피머신 위치를 옮겨라

1. 소시오메트릭 배지에 관해 더 알아보길 원한다면 펜틀랜드의 《사회물리학Social Physics》을 참고하라.

2. 알렉스 펜틀랜드, 〈사회물리학: 아이디어는 어떻게 확산하는가Social Physics: How Good Ideas Spread〉 https://www.youtube.com/watch?v=HMBl0ttu-Ow

3. 알렉스 펜틀랜드, 〈사회물리학: 아이디어에서 행동으로Social Physics: From Ideas to Actions〉: https://www.youtube.com/watch?v=o6lyeMJPo6I

4. 알렉스 펜틀랜드, 《사회물리학》, 103페이지

5. 위와 동일, 104페이지 및 https://hbr.org/2012/04/the-new-science-of-building-great-teams

6. https://eatsleepworkrepeat.fm/work-culture-follow-the-data/

14. 동료와 함께 차 한 잔의 여유를 즐겨라

1. 벤 웨이버의 실험에 관한 상세한 내용은 내 팟캐스트 채널에서 확인 가능하다. https://eatsleepworkrepeat.fm/work-culture-follow-the-data/ or in his groundbreaking book, People Analytics.

2. 벤 웨이버, 《인적자본Human Capital》, 87페이지

15. 회의시간을 절반으로 줄여라

1. http://www.businessinsider.com/david-sacks-paypal-exec-hates- meetings-2014-3?IR=T.
   https://www.quora.com/PayPal-product/What-strong-beliefs-on-culture-for-entrepreneurialism-did-Peter-Max-and-David-have-at-PayPal
2. https://www.quora.com/Why-did-David-Sacks-crack-down-on- meetings-at-PayPal
3. https://eatsleepworkrepeat.fm/rory-sutherland-on-work-culture/
4. https://www.youtube.com/watch?v=1p5sBzMtB3Q
5. https://www.ted.com/talks/tom_wujec_build_a_tower#t-45675
6. http://www.bbc.co.uk/news/world-us-canada-43821509
7. https://hbr.org/2017/07/stop-the-meeting-madness
8. https://hbr.org/2018/01/if-you-multitask-during-meetings-your-team-will-too
9. https://www.researchgate.net/publication/258187597_Meetings_Matter_Effects_of_Team_Meetings_on_Team_and_Organizational_Success
10. 톰 우젝이 실시한 테스트 평균 점수
    경영대학원 학생: 28센티미터
    변호사: 41센티미터
    유치원생: 66센티미터
    건축가 및 엔지니어: 99센티미터(이들은 후에 테스트에 따로 참가했다. 항공기나 안테나 구조에 익숙한 사람은 예외적으로 높은 성적을 기록했다.)

16. 마음을 움직이는 사교 활동을 만들어라

1. https://eatsleepworkrepeat.fm/work-culture-follow-the-data/
2. 셰인 페리쉬Shane Parrish와 헤퍼넌의 인터뷰에서 발췌. https://www.fs.blog/2018/03/margaret-heffernan/
3. http://www.telegraph.co.uk/news/2016/09/01/drinks-after-work-are-unfair-on-mothers-jeremy-corbyn-claims/
4. https://econpapers.repec.org/article/eeejhecon/v_3a30_3ay_3a2011_3ai_3a5_3ap_3a1064-1076.htm and https://www.bbc.co.uk/news/uk-england-london-20308384
5. https://eatsleepworkrepeat.fm/rituals-emotions-and-food/
6. 스티브 워즈니악 자서전, 《스티브 워즈니악iWoz》
7. https://eatsleepworkrepeat.fm/rituals-emotions-and-food/
8. 셰인 페리쉬와 헤퍼넌의 인터뷰에서 발췌. https://www.fs.blog/2018/03/margaret-heffernan/

17. 웃음 장벽을 낮춰라

1. 로렌스 곤잘레스, 《생존Deep Survival》, 제1장
2. https://eatsleepworkrepeat.fm/the-culture-of-teams/
3. 위와 동일
4. 앨 시버트, 《생존력》
5. 로버트 R. 프로바인, 《웃음Laughter》. 개인적으로 몹시 좋아하는 책이다. 수화를 배운 침 팬지의 유머가 유치원생 수준에 이르렀다는 사실을 알게 됐다는 것만으로 책값을 톡 톡히 해냈다고 생각한다(92~97페이지).
6. 위와 동일, 7페이지
7. 위와 동일, 6페이지
8. 소피 스콧 교수가 참여한 팟캐스트 〈먹고 자고 일하고 반복하라〉. https://www.acast. com/eatsleepworkrepeat/ laughter-howtobringthelolsbacktotheoffice?autoplay
9. https://www.youtube.com/watch?v=YcSI7irpU4U
10. https://www.newyorker.com/books/page-turner/the-two-friends-who-changed-how-we-think-about-how-we-think
11. http://journals.sagepub.com/doi/abs/10.1111/j.1467-8721.2009.01638.x and https:// www.ncbi.nlm.nih.gov/pubmed/18578603
12. https://link.springer.com/article/10.1007%2Fs12110-015-9225-8

18. 신입 환영 오리엔테이션에 신경 써라

1. https://www.kronos.com/resources/new-hire-momentum-driving-onboarding-experience-research-report
2. 대이얼 케이블, 《직장에서 살아남기》, 55페이지
3. https://sloanreview.mit.edu/article/reinventing-employee- onboarding/
4. 대니얼 케이블, 《직장에서 살아남기》, 58페이지
5. 칩 히스와 댄 히스, 《순간의 힘The Power of Moments》, 20페이지

19. 악질 상사 짓을 그만둬라

1. http://usatoday30.usatoday.com/news/health/story/2012-08-05/apa-mean-bosses/56813062/1
2. http://gruberpeplab.com/teaching/psych231_fall2013/documents/231_Kahneman2004.pdf
3. https://warwick.ac.uk/fac/soc/economics/research/workingpapers/2015/twerp_1072_oswald.pdf
4. http://usatoday30.usatoday.com/news/health/story/2012-08-05/apa-mean-

bosses/56813062/1

5. https://www.ncbi.nlm.nih.gov/pmc/articles/PMC2602855/

6. https://warwick.ac.uk/fac/soc/economics/research/workingpapers/2015/twerp_1072_oswald.pdf

7. https://hbr.org/2015/01/if-your-boss-thinks-youre-awesome-you-will-become-more-awesome

8. https://onlinelibrary.wiley.com/doi/abs/10.1111/ j.1475-6811.2010.01285.x

9. https://academic.oup.com/jeea/article-abstract/5/6/1223/ 2295747

10. 《행복한 월요일Happy Mondays》의 저자 리처드 브로디와 저자의 대화. https://eatsleepworkrepeat.fm/friends-and-flow/

11. https://eatsleepworkrepeat.fm/bad-bosses/

12. https://hbr.org/ideacast/2018/04/why-technical-experts- make-great-leaders

13. 2018년 8월 톰 리치와 저자의 대화

14. https://eatsleepworkrepeat.fm/bad-bosses/

15. http://eprints.whiterose.ac.uk/93685/1/WRRO_93685.pdf

20. 혼자만의 시간을 가져라

1. https://www.nytimes.com/2012/01/15/opinion/sunday/the-rise-of-the-new-groupthink.html

2. https://www.linkedin.com/pulse/20141007161621-73685339-why-steve-jobs-obsessed-about-office-design-and-yes-bathroom-locations/?trk=tod-home-art-list-large_0&trk=tod-home-art-list-large_0&irgwc=1

3. https://www.newyorker.com/magazine/2012/01/30/groupthink

4. 위와 동일

5. http://www.musicweek.com/interviews/read/diamonds-are-forever-elton-john-bernie-taupin-on-their-50-year-songwriting-partnership/070518

6. https://www.youtube.com/watch?v=ItGqvIFpbPk

7. 톰 디마르코Tom DeMarco와 티모시 리스터Timothy Lister, 《피플웨어Peopleware》, 43페이지

8. https://www.gwern.net/docs/cs/2001-demarco-peopleware-whymeasureperformance.pdf

9. https://dl.acm.org/citation.cfm?id=274711

10. https://eatsleepworkrepeat.fm/work-culture-follow-the- data/

3부

인트로

1. 앨리스 아이센, 마거릿 클라크Margeret Clark 〈긍정적 감정이 미치는 영향의 지속시간: "시간의 모래에 새겨진 발자국"Duration of the Effect of Good Mood on Helping: "Footprints on the Sands of Time"〉, 1976년: https://clarkrelationshiplab.yale.edu

2. https://www.psychologie.uni-heidelberg.de/ae/allg/mitarb/ms/Isen_2001.pdf

3. https://www.ncbi.nlm.nih.gov/pmc/articles/PMC3122271/

4. 위와 동일

5. https://www.psychologie.uni-heidelberg.de/ae/allg/mitarb/ms/Isen_2001.pdf

6. https://onlinelibrary.wiley.com/doi/abs/10.1111/j.1559-1816.2002.tb00216.x

7. http://psycnet.apa.org/record/1980-22992-001

8. 궁금해하는 사람을 위해 말해주자면, 답은 '욕조bath'다.

9. https://www.psychologie.uni-heidelberg.de/ae/allg/mitarb/ms/Isen_2001.pdf

10. 언스플래시Unsplash 사이트에서 가져온 사진 이미지. 집 이미지 사진작가 루크 스택폴Luke Stackpool. 남자 이미지 사진작가 타냐 헤프너Hanja Heffner.

11. http://www.pnas.org/content/103/5/1599

12. https://greatergood.berkeley.edu/article/item/are_you_getting_enough_positivity_in_your_diet and http://www.jneurosci.org/content/32/33/11201

13. https://www.psychologie.uni-heidelberg.de/ae/allg/mitarb/ms/Isen_2001.pdf

14. http://www.acrwebsite.org/search/view-conference-proceedings.aspx?Id=6302

15. https://www.independent.co.uk/life-style/72-of-people-get-their-best-ideas-in-the-shower-heres-why-a6814776.html

16. https://www.youtube.com/watch?v=EOF-AB5c-ko and http://www.hollywood.com/general/aaron-sorkin-showers-up- to-eight-times-a-day-59438552/

17. https://www.ncbi.nlm.nih.gov/pmc/articles/PMC3132556/pdf/nihms90226.pdf and https://www.sciencedirect.com/science/article/pii/0749597889900320

18. https://www.ncbi.nlm.nih.gov/pubmed/11934003

19. https://www.ncbi.nlm.nih.gov/pmc/articles/PMC3132556/

20. https://www.ncbi.nlm.nih.gov/pmc/articles/PMC3122271/

21. 위와 동일

22. http://www.scirp.org/(S(351jmbntvnsjt1aadkposzje))/reference/ReferencesPapers.aspx?ReferenceID=1389597 and http://www.psy.ohio-state.edu/petty/PDF%20Files/1995-JPSP-Wegener,Petty,Smith.pdf

23. https://www.youtube.com/watch?v=LhoLuui9gX8

24. 애덤 그랜트의 팟캐스트 〈워크 라이프Work Life〉 시리즈 1 에피스드 10(말콤 글래드웰과 나눈 대화 참고). https://itunes.apple.com/gb/podcast/bonus-a-debate-with-malcolm-gladwell/id1346314086?i=1000411094716&mt=2

25. 이런 현상은 외과의사에게서도 똑같이 관찰된다. 외과의사 사례는 그가 속한 수술팀 전체를 반영한다. 다른 병원으로 이직을 할 경우 새로운 팀과의 친밀도를 잘 보여준다. http://citeseerx.ist.psu.edu/viewdoc/download?doi=10.1.1.361.1611&rep=rep1&type=pdf

26. https://www.newstatesman.com/2014/05/how-mistakes-can- save-lives

27. http://qualitysafety.bmj.com/content/early/2015/05/13/bmjqs-2015-004129

28. http://www.hbs.edu/faculty/Publication%20Files/02-062_0b5726a8-443d-4629-9e75-736679b870fc.pdf and https://www.researchgate.net/publication/8902776_Social_Influence_Compliance_and_Conformity

29. https://eatsleepworkrepeat.fm/rory-sutherland-on-work-culture/

30. https://www.fastcompany.com/3027135/inside-the-pixar-braintrust

31. https://variety.com/2016/film/features/disney-pixar-acquisition-bob-iger-john-lasseter-1201923719/

32. https://uk.ign.com/articles/2016/02/18/how-disneys-story-trust-helped-change-big-hero-6-frozen-wreck-it-ralph-and-more?page=1

33 https://www.slideshare.net/reed2001/culture-1798664/

21. 문제를 바라보는 태도를 바꿔라

1. 안드레 스파이서, 《비즈니스 허풍Business Bullshit》, 138페이지

2. https://www.cnet.com/news/nokia-hangs-on-to-second-place- in-mobile-phone-market/

3. http://journals.sagepub.com/doi/10.2307/41166164

4. 로렌스 곤잘레스, 《생존》

5. 2005년 조셉 T. 매긴 2세Joseph T. McGinn가 처음으로 절개를 최소화한 심장 수술을 고안했다. 이 수술법이 상용화되는 데는 5년이 걸렸다. https://www.prnewswire.com/news-releases/new-study-confirms-minimally-invasive-heart-surgery-the-mcginn-technique-mics-cabg-as-a-safe-and-feasible-procedure-232558201.html

6. https://www.youtube.com/watch?v=LhoLuui9gX8

7. https://www.hbs.edu/faculty/Publication%20Files/02-062_0b5726a8-443d-4629-9e75-736679b870fc.pdf

22. 제발, 실수를 인정하라

1. https://www.forbes.com/sites/erikakelton/2018/05/07/uk-decision-about-jes-

staley-in-barclays-whistleblower-case-is-a-disaster/#3ca50ea9394c

2. https://www.telegraph.co.uk/news/uknews/defence/8472610/SAS-the-chosen-few-who-are-a-force-like-no-other.html

3. http://phd.meghan-smith.com/wp-content/uploads/2015/09/katzsports.pdf

4. http://web.mit.edu/curhan/www/docs/Articles/15341_Readings/Group_Dynamics/Gersick_1988_Time_and_transition.pdf

23. 팀 규모를 줄여라

1. 제프 서덜랜드, 《스타트업처럼 시작하라Scrum》, 43페이지

2. 스크럼을 사용하는 기업 리스트를 기록한 구글 자료. https://docs.google.com/spreadsheets/d/1fm15YSM7yzHl6IKtWZOMJ5vHW96teHtCwTE_ZY7dP7w/edit#gid=5

3. https://www.hbs.edu/faculty/Publication%20Files/02-062_0b5726a8-443d-4629-9e75-736679b870fc.pdf

24. 사람이 아닌 문제에 초점을 맞춰라

1. 여기서 나온 200시간은 직장 분석 기업 CEB의 조사 결과로, CEB는 미국 기업이 직원 한 명당 스택 랭킹에 소비하는 평균 시간을 추정해 200시간을 산출했다. https://www.washingtonpost.com/news/on-leadership/wp/2015/07/21/in-big-move-accenture-will-get-rid-of-annual-performance-reviews-and-rankings/?utm_term=.2ed33229088a

2. 혹은 미국 드라마 〈오피스Office〉의 주요 배경인 던더 미플린Dunder Mifflin 같은 회사 분위기를 생각해보라. 물론 던더 미플린의 분위기가 훨씬 더 낫긴 하다.

3. http://www.nber.org/papers/w19277

4. http://citeseerx.ist.psu.edu/viewdoc/download?doi=10.1.1.118. 1943&rep=rep1&type=pdf

5. https://www.dezeen.com/dezeenhotlist/2016/architects-hot-list/

6. https://eatsleepworkrepeat.fm/architecture-of-work/

25. 해크위크를 도입하라

1. https://abc.xyz/investor/founders-letters/2004/ipo-letter.html

2. http://uk.businessinsider.com/mayer-google-20-time-does-not- exist-2015-1?r=US&IR=T

3. https://eatsleepworkrepeat.fm/dan-pink-on-the-secret-of-drive/

4. https://www.independent.co.uk/news/science/the-graphene-story-how-andrei-

geim-and-kostya-novoselov-hit-on-a-scientific-breakthrough-that-8539743.html

5. https://eatsleepworkrepeat.fm/designing-great-culture/

6. 비즈 스톤, 《나는 어떻게 일하는가Things a Little Bird Told Me》, 제4장

26. 회의시간에 휴대전화 사용을 금하라

1. https://www.nytimes.com/2017/10/21/style/susan-fowler-uber.html

2. https://www.susanjfowler.com/blog/2017/2/19/reflecting-on- one-very-strange-year-at-uber

3. https://www.theguardian.com/technology/2016/dec/13/uber-employees-spying-ex-partners-politicians-beyonce

4. https://www.ted.com/talks/frances_frei_how_to_build_and_rebuild_trust?language=en

5. https://hbr.org/2018/03/having-your-smartphone-nearby-takes- a-toll-on-your-thinking

6. http://journals.sagepub.com/doi/abs/10.1177/0956797614524581

7. https://www.ted.com/talks/frances_frei_how_to_build_and_rebuild_trust/transcript?utm_source=tedcomshare&utm_ medium=email&utm_campaign=tedspread#t-544013

8. http://ilo.org/global/about-the-ilo/newsroom/news/WCMS_544108/lang--en/index.htm and http://ilo.org/wcmsp5/groups/public/--dgreports/--dcomm/--publ/documents/publication/wcms_544138.pdf

9. https://hbr.org/2017/11/a-study-of-1100-employees-found-that-remote-workers-feel-shunned-and-left-out

27. 팀을 다양하게 구성하라

1. https://hbr.org/2016/09/diverse-teams-feel-less-comfortable-and-thats-why-they-perform-better

2. https://www.apa.org/pubs/journals/releases/psp-904597.pdf

3. https://www.mckinsey.com/business-functions/organization/our-insights/why-diversity-matters

4. 존 스튜어트 밀, 《정치경제학 원리Principles of Political Economy》, 1948년 초판

28. 프레젠테이션 대신 글을 써라

1. https://www.sec.gov/Archives/edgar/data/1018724/ 000119312518121161/d456916dex991.htm

2. https://blog.aboutamazon.com/2017-letter-to-shareholders/

3. http://www.cs.cmu.edu/~ab/Salon/research/Woolley_et_al_Science_2010-2.pdf

4. 그림 1: 행복(사진작가 하이언 올리비라Hian Oliveira, 출처 언스플래시)

   그림 2: 분노(www.pexels.com)

   누구나 인터넷에서 테스트를 해볼 수 있다. 10분짜리 테스트에 참여해보고 싶다면 다음 웹사이트를 참고하라.

   https://socialintelligence.labinthewild.org/mite/

5. https://eatsleepworkrepeat.fm/the-collective-intelligence-of-teams/

6. https://www.nytimes.com/2015/01/18/opinion/sunday/why-some-teams-are-smarter-than-others.html

29. '사전'부검을 실시하라

1. 아툴 가완디Atul Gawande, 《체크리스트 매니페스토The Checklist Manifesto》, 32페이지

2. https://hackernoon.com/happy-national-checklist-day-learn-the-history-and-importance-of-october-30-1935-17d556650b89

3. https://hbr.org/2007/09/performing-a-project-premortem

4. https://hbr.org/2018/09/curiosity

5. https://www.researchgate.net/profile/Blake_Ashforth/publication/49764184_Curiosity_Adapted_the_Cat_The_Role_of_Trait_ Curiosity_in_Newcomer_Adaptation/links/53eb7e6f0cf202d087cceb59/Curiosity-Adapted-the-Cat-The-Role-of-Trait-Curiosity-in-Newcomer-Adaptation.pdf

6. https://hbr.org/2018/09/curiosity

30. 긴장을 풀어라

1. https://eatsleepworkrepeat.fm/the-culture-of-teams/

2. https://www.telegraph.co.uk/news/uknews/1547597/Replacement-of-Cambridge-cox-creates-ripples-in-rowing-world.html

3. https://www.researchgate.net/publication/273467469_Laughter's_Influence_on_the_Intimacy_of_Self-Disclosure

4. http://www.hbs.edu/faculty/Publication%20Files/02-062_0b5726a8-443d-4629-9e75-736679b870fc.pdf

5. 2018년 4월, 애덤 그랜트의 팟캐스트 〈워크 라이프〉에서 실시한 인터뷰 발췌. http://www.adamgrant.net/worklife

▒ 참고문헌

단행본

Amabile, Teresa, *The Progress Principle: Using Small Wins to Ignite Joy, Engagement and Creativity at Work*, Harvard Business Review Press, 2011

Archer, Laura, *Gone for Lunch: 52 Things to Do in Your Lunch Break*, Quadrille, 2017

Cable, Daniel, *Alive at Work: The Neuroscience of Helping Your People Love What They Do*, Harvard Business Review Press, 2018 〔대니얼 M. 케이블, 《그 회사는 직원을 설레게 한다 : 직원을 모험가로 만드는 두뇌 속 탐색 시스템의 비밀》, 이상원 역(갈매나무, 2020)〕

Cain, Susan, *Quiet: The Power of Introverts in a World That Can't Stop Talking*, Penguin, 2013 〔수전 케인, 《콰이어트 : 시끄러운 세상에서 조용히 세상을 움직이는 힘》, 김우열 역(알에이치코리아, 2012)〕

Catmull, Ed, *Creativity, Inc.: Overcoming the Unseen Forces that Stand in the Way of Inspiration*, Bantam Press, 2014 〔에드 캣멀, 에이미 월러스, 《창의성을 지휘하라 : 지속 가능한 창조와 혁신을 이끄는 힘》, 윤태경 역(와이즈베리, 2014)〕

Colgan, Stevyn, *One Step Ahead: Notes from the Problem Solving Unit*, Unbound, 2018

Currey, Mason, *Daily Rituals: How Great Minds Make Time, Find Inspiration*, and Get to Work, Picador, 2014 〔메이슨 커리, 《리추얼》, 강주헌 역(책읽는수요일, 2014)〕

Dalio, Ray, *Principles: Life and Work*, Simon & Schuster, 2017 〔레이 달리오, 《원칙》, 고영태 역(한빛비즈, 2018)〕

DeMarco, Tom and Lister, Timothy, *Peopleware: Productive Projects and Teams*, 3rd edition, Addison Wesley, 2016 〔톰 드마르코, 티모시 리스터, 《피플웨어 - 3판》, 이해영, 박재호 역(인사이트, 2014)〕

de Rond, Mark, *Doctors at War: Life and Death in a Field Hospital*, ILR Press, 2017

de Rond, Mark, *The Last Amateurs: To Hell and Back with the Cambridge Boat Race Crew*, Icon Books, 2009

de Wolff, Charles et al., *Work Psychology* vol. 2, Psychology Press, 1998

Dolan, Paul, *Happiness by Design: Finding Pleasure and Purpose in Everyday Life*, Penguin, 2015 〔폴 돌런, 《행복은 어떻게 설계되는가 : 경제학과 심리학으로 파헤친 행복 성장의 조건》, 이영아 역(와이즈베리, 2015)〕

Dunbar, Robin, *Grooming, Gossip and the Evolution of Language*, Faber & Faber, 2004

Feldman Barrett, Lisa, *How Emotions Are Made: The Secret Life of the Brain*, Pan, 2018

Foster, Dawn, *Lean Out*, Watkins Publishing, 2016

Fried, Jason and Heinemeier Hansson, David, *Rework: Change the Way You Work Forever*, Vermilion, 2010

Gawande, Atul, *The Checklist Manifesto: How to Get Things Right*, Profile, 2011

Gawdat, Mo, *Solve for Happy: Engineer Your Path to Joy*, Bluebird, 2017〔모 가댓,《행복을 풀다 : 구글X 공학자가 찾은 삶과 죽음 너머 진실》, 강주헌 역(한국경제신문, 2017)〕

Gonzales, Laurence, *Deep Survival: Who Lives, Who Dies, and Why*, W. W. Norton & Co., 2017

Grant, Adam, *Give and Take: Why Helping Others Drives Our Success*, W&N, 2014〔애덤 그랜 트,《기브앤테이크 : 주는 사람이 성공한다》, 윤태준 역(생각연구소, 2013)〕

Grant, Adam, *Originals: How Non-conformists Change the World*, W. H. Allen, 2017〔애덤 그 랜트,《오리지널스 : 어떻게 순응하지 않는 사람들이 세상을 움직이는가》, 홍지수 역(한국경 제신문, 2016)〕

Heath, Chip and Heath, Dan, *The Power of Moments: Why Certain Experiences Have Extraordinary Impacts*, Bantam Press, 2017〔칩 히스, 댄 히스,《순간의 힘 : 평범한 순간을 결정적 기회로 바꾸는 경험 설계의 기술》, 박슬라 역(웅진지식하우스, 2018)〕

Ingels, Bjarke, *YES Is More: An Archicomic on Architectural Evolution*, Taschen, 2009〔비야케 잉겔스,《Yes is More : 건축 진화에 관한 코믹북》(아키라이프, 2013)〕

Ito, Joi and Howe, Jeff, *Whiplash: How to Survive Our Faster Future*, Hachette USA, 2016〔제 프 하우, 조이 이토,《나인 : 더 빨라진 미래의 생존원칙》, 이지연 역(민음사, 2017)〕

Kay, John, *Obliquity: Why Our Goals Are Best Achieved Indirectly*, Profile Books, 2011〔존 케이, 《직진보다 빠른 우회전략의 힘》, 정성묵 역(21세기북스, 2010)〕

Layard, Richard, *Happiness: Lessons from a New Science*, Penguin, 2011

Lencioni, Patrick, *The Advantage: Why Organizational Health Trumps Everything Else in Business*, John Wiley & Sons, 2012〔패트릭 렌치오니,《무엇이 조직을 움직이는가 : 당신이 간과하고 있는 명료함의 힘》, 홍기대, 박서영 역(전략시티, 2014)〕

Levitin, Daniel, *The Organized Mind: Thinking Straight in the Age of Information Overload*, Penguin, 2015〔대니얼 J. 레비틴,《정리하는 뇌 : 디지털 시대, 정보와 선택 과부하로 뒤엉킨 머릿속과 일상을 정리하는 기술》, 김성훈 역(와이즈베리, 2015)〕

Lundin, Stephen, Paul, Harry and Christensen, John, *Fish! A Remarkable Way to Boost Morale and Improve Results*, Hodder & Stoughton, 2014〔스티븐 C. 런딘, 해리 폴, 존 크리 스텐슨,《펄떡이는 물고기처럼》, 유영만 역(한언, 2017)〕

Lyons, Dan, *Disrupted: Ludicrous Misadventures in the Tech Start-up Bubble*, Atlantic Books, 2017〔댄 라이언스,《천재들의 대참사 : 스타트업의 잘못된 모험》, 안진환 역(한국경제신문, 2017)〕

McCord, Patty, *Powerful: Building a Culture of Freedom and Responsibility*, Silicon Guild, 2018〔패티 맥코드,《파워풀 : 넷플릭스 성장의 비결》, 허란, 추가영 역(한국경제신문, 2018)〕

Mill, John Stuart, *Principles of Political Economy*, Oxford University Press, reprint edition 2008〔존 스튜어트 밀,《정치경제학 원리 1~4》, 박동천 역(나남, 2010)〕

Moore, Bert S. and Isen, Alice M. (eds), *Affect and Social Behavior*, Cambridge University

Press, 1990

Newport, Cal, *Deep Work: Rules for Focused Success in a Distracted World*, Piatkus, 2016 〔칼 뉴포트, 《딥 워크 : 강렬한 몰입, 최고의 성과》, 김태훈 역(민음사, 2017)〕

Pentland, Alex, *Honest Signals: How They Shape Our World*, MIT Press, 2010

Pentland, Alex, *Social Physics: How Social Networks Can Make Us Smarter*, Penguin Random House USA, 2015 〔알렉스 펜틀런드, 《창조적인 사람들은 어떻게 행동하는가 : 빅데이터와 사회물리학》, 박세연 역(와이즈베리, 2015)〕

Pfeffer, Jeffrey, *Power: Why Some People Have It – And Others Don't*, HarperBusiness, 2010 〔제 프리 페퍼, 《권력의 기술 : 조직에서 권력을 거머쥐기 위한 13가지 전략》, 이경남 역(청림출 판, 2011)〕

Pink, Daniel H., *Drive: The Surprising Truth About What Motivates Us*, Canongate Books, 2011 〔다니엘 핑크, 《드라이브 : 창조적인 사람들을 움직이는 자발적 동기부여의 힘》, 김주환 역(청림출판, 2011)〕

Pink, Daniel H., *When: The Scientific Secrets of Perfect Timing*, Canongate Books, 2018 Drive 〔다니엘 핑크, 《언제 할 것인가 : 쫓기지 않고 시간을 지배하는 타이밍의 과학적 비밀》, 이경 남 역(알키, 2018)〕

Provine, Robert R., *Laughter: A Scientific Investigation*, Penguin, 2001

Reed, Richard, *A Book About Innocent: Our Story and Some Things We've Learned*, Penguin, 2009

Reeves, Richard, *Happy Mondays: Putting the Pleasure Back into Work*, Momentum, 2001

Ressler, Cali and Thompson, Jody, *Why Work Sucks and How to Fix It: The Results-Only Revolution*, Portfolio, 2011

Sandberg, Sheryl, *Lean In: Women, Work and the Will to Lead*, W. H. Allen, 2015 〔셰릴 샌드버 그, 《린 인》, 안기순 역(와이즈베리, 2013)〕

Schwartz, Tony, *The Way We're Working Isn't Working*, Simon & Schuster, 2016

Seligman, Martin, *Learned Optimism: How to Change Your Mind and Your Life*, Nicholas Brealey Publishing, 2018 〔마틴 셀리그만, 《마틴 셀리그만의 낙관성 학습 : 어떻게 내 마음 과 삶을 바꿀까?》, 우문식, 최호영 역(물푸레, 2012)〕

Seppälä, Emma, *The Happiness Track: How to Apply the Science of Happiness to Accelerate Your Success*, Piatkus, 2017 〔에마 세팔라, 《해피니스 트랙 : 스탠퍼드대학교가 주목한 행복프레 임》, 이수경 역(한국경제신문, 2017)〕

Siebert, Al, *The Survivor Personality: Why Some People Are Stronger, Smarter and More Skillful at Handling Life's Difficulties*, Tarcher Perigee, 2010

Soojung-Kim Pang, Alex, *Rest: Why You Get More Done When You Work Less*, Basic Books, 2016

Spicer, André, *Business Bullshit*, Routledge, 2017

Stone, Biz, *Things a Little Bird Told Me: Confessions of the Creative Mind*, Macmillan, 2014 〔비

즈 스톤,《나는 어떻게 일하는가 : 트위터 공동창업자 비즈 스톤》, 유향란 역(다른, 2014)〕

Stone, Brad, *The Upstarts: Uber, Airbnb and the Battle for the New Silicon Valley*, Corgi, 2018 〔브
래드 스톤,《업스타트 : 실리콘밸리의 킬러컴퍼니는 어떻게 세상을 바꾸었나》, 이진원 역(21
세기북스, 2017)〕

Sutherland, Jeff, *Scrum: The Art of Doing Twice the Work in Half the Time*, Random House
Business, 2015 〔제프 서덜랜드,《스타트업처럼 생각하라》, 김원호 역(알에이치코리아, 2015)〕

Tokumitsu, Miya, *Do What You Love: And Other Lies About Success and Happiness*, Regan
Arts, 2015

Ton, Zeynep, *The Good Jobs Strategy: How the Smartest Companies Invest in Employees to Lower
Costs and Boost Profits*, Amazon Publishing, 2014

Voss, Chris, *Never Split the Difference: Negotiating as if Your Life Depended on It*, Random
House Business, 2017 〔크리스 보스, 탈 라즈,《우리는 어떻게 마음을 움직이는가 : FBI 설
득의 심리학》, 이은경 역(프롬북스, 2016)〕

Waber, Ben, *People Analytics: How Social Sensing Technology Will Transform Business and
What It Tells Us About the Future of Work*, Financial Times/Prentice Hall, 2013 〔벤 웨이버,
《구글은 빅데이터를 어떻게 활용했는가 : 기업의 창의성을 이끌어내는 사물인터넷과 알고리
즘의 비밀》, 배충효 역(북카라반, 2015)〕

Walker, Matthew, *Why We Sleep: The New Science of Sleep and Dreams*, Penguin, 2018 〔매슈
워커,《우리는 왜 잠을 자야 할까 : 수면과 꿈의 과학》, 이한음 역(열린책들, 2019)〕

Webb Young, James, *A Technique for Producing Ideas*, McGrawHill Education(new edition),
2003 〔제임스 웹 영,《아이디어 생산법 : 60분 만에 읽었지만 평생 당신 곁을 떠나지 않을
책》, 이지연 역(월북, 2018)〕

Wozniak, Steve, *iWoz: Computer Geek to Cult Icon*, Headline Review, 2007

<u>TED 토크와 그 밖의 영상</u>

때로는 책보다 한 편의 영상이 당신의 팀이 더 나은 논의를 시작할 수 있게 해준다. 아래 9개의
영상이 각 주제별 논의를 시작하는 데 있어 도움이 될 것이다.

공간과 창의적인 아이디어 생산과의 관계
How boredom can lead to your most brilliant ideas – Manoush Zomorodi
https://www.youtube.com/watch?v=c73Q8oQmwzo

회의 문화 바꾸기
Want to be more creative? Go for a walk – Marily Oppezzo
https://www.youtube.com/watch?v=j4LSwZ05laQ

일에서의 소속감과 우정

All you need is love ... at work? - Sigal Barsade

https://www.youtube.com/watch?v=sKNTyGW3o7E

휴대폰 의존도를 줄이는 방법

Being online all the time - Leslie Perlow

https://www.youtube.com/watch?v=YVyEtSFW6UA

사무실에서의 잡담이 갖는 힘

Social physics: how good ideas spread - Alex 'Sandy' Pentland

https://www.youtube.com/watch?v=HMBl0ttu-Ow

직장에서 대화를 더 많이 나누는 방법

Using analytics to measure interactions in the workplace - Ben Waber

https://www.youtube.com/watch?v=XojhyhoRI7I&t=2s

회의 시간 중 휴대폰을 금지한다면

How to build (and rebuild) trust - Frances Frei

https://www.ted.com/talks/frances_frei_how_to_build_and_rebuild_trust/

마시멜로 챌린지 (시도해본 사람은 넘겨도 무방함)

Build a tower, build a team - Tom Wujec

https://www.ted.com/talks/tom_wujec_build_a_tower#t-45675

팀 내 심리적 안정감의 역학 관계

Building a psychologically safe workplace - Amy Edmondson

https://www.youtube.com/watch?v=LhoLuui9gX

옮긴이 | **김한슬기** 성균관대학교 글로벌경제학과를 졸업하고 현재 번역 에이전시 바른번역에서 전문 번역가로 활동하고 있다. 주요 역서로는 〈태평양 이야기〉, 〈마르크스 2020〉 등이 있다.

조이 오브 워크
최강의 기업들에서 발견한 일의 기쁨을 되찾는 30가지 방법

초판 1쇄 발행 2020년 3월 5일

지은이 | 브루스 데이즐리
옮긴이 | 김한슬기

발행인 | 문태진
본부장 | 서금선
책임편집 | 김예원   편집2팀 | 김예원 정다이
표지디자인 | 어나더페이퍼   본문디자인 | 김현철   교정 | 김시경

기획편집팀 | 김혜연 이정아 박은영 오민정 전은정   저작권팀 | 박지영
마케팅팀 | 이주형 김혜민 정지연   디자인팀 | 김현철
경영지원팀 | 노강희 윤현성 이보람 조샘
강연팀 | 장진항 조은빛 강유정 신유리
오디오북기획팀 | 이화진 이석원 이희산

펴낸곳 | (주)인플루엔셜
출판신고 | 2012년 5월 18일 제300-2012-1043호
주소 | (06040) 서울특별시 강남구 도산대로 156 제이콘텐트리빌딩 7층
전화 | 02)720-1034(기획편집) 02)720-1024(마케팅) 02)720-1042(강연섭외)
팩스 | 02)720-1043 전자우편 | books@influential.co.kr
홈페이지 | www.influential.co.kr

한국어판 출판권 ⓒ 인플루엔셜, 2020
ISBN 979-11-89995-52-2 (03320)